国際ソーシャルワークを知る
世界で活躍するための理論と実践

木村真理子、小原眞知子、武田丈 = 編著

中央法規

序　なぜ国際ソーシャルワークが必要なのか

　グローバリゼーションは加速し世界中にさまざまな影響を及ぼしている。この現象はグローバルとローカルを接近させ、グローカルという言葉を生み出し、グローバルノース（地球の北側に位置する先進諸国）とグローバルサウス（地球の南側に位置する開発途上の諸国）の関係はさらに複雑化・深刻化している。地球全体に影響を及ぼす課題は、世界のさまざまなレベルを超えた調整や資源調達、関係機関や多セクターの連携・協働による状況の改善を求めている。これらの課題の多くは人々のウェルビーイングやエンパワメントにかかわるソーシャルワークが関係するとして、国際ソーシャルワーク・社会開発組織による効果的な介入方策を求める声が拡大している。

　国際ソーシャルワークの3組織（IFSSW; IASSW; ICSW）は、ソーシャルワークの「グローバルアジェンダ」（以下、GA）の取組みを行うことを2010年の香港の世界会議で合意した。GAの目的は、国際ソーシャルワーク実践のプロセスと成果を可視化し、国際社会にソーシャルワークの貢献を示す活動を通じて、ソーシャルワークの存在意義を高めるとともに、多セクターとの連携を促進させ、グローバリゼーションがもたらす社会問題への効果的な対応を図ろうとするものである。国際ソーシャルワーク専門職組織のなかでは、強制的移住、移住労働、難民の発生、子どもの虐待、人身売買の激化など、問題の規模と深刻度が拡大していることに対し、実践、教育、研究の観点から効果的な対応を促進し、関係諸機関との連携と協働を進めようとしている。

　ソーシャルワークが世界各地で成果をもたらしているかについては途上である。なぜなら、1990年代から、植民地主義に根差したそれまでの教育に対する批判とともに、それぞれの地域の伝統的な社会構成の仕組み、相互支援の方法、価値観、文化に根差し、かつ発展に結びつく社会開発の実践方法が提唱されているからである。例えば、1960年代以降次々と独立を果たしたアフリカに代表される幾多の旧植民地諸国では、旧宗主国の個人に焦点化した治療的、矯正的なソーシャルワーク実践方法とその影響が根強く残されている。変化する開発途上の社会に対してこうした実践モデルや思考方法が有効であるのか、社会開発や持続可能性、財源、社会サービス制度が限定された状況にとって有効であるかという批判と適合性のある新たな方法が模索されてきた。2014年に採択されたソーシャルワークの定義には、新たなソーシャルワーク実践に対する多様な理念と方法が盛り込まれている。

　国際ソーシャルワーク専門職組織は世界の社会問題を解決するうえで、国際ソーシャルワークの課題に対する適合性を高める時期に来ている。

世界の社会問題とは、貧困撲滅、グローバリゼーション、移住問題、人権、気候変動などを含む。これら世界の問題は、社会正義、人権や人間の尊厳の保持に価値をおくソーシャルワークへの適合性が高く、ソーシャルワークの訓練を受けた人材がより多く参入することで、社会変化に貢献できるとの認識や声が専門職組織内からも高まっている。なぜならば、国際的なソーシャルワークとは、上記であげた世界の問題に対応できる、人権尊重と社会環境調整を伴う支援技術を統合させたソーシャルワークの実践にほかならないからである。

　また、ソーシャルワークの訓練には、異なるレベルの間、セクターの間、そして多様な組織を連結し、連携を促進し、組織単体よりも多様な機能のつながりを通じて、相乗的・複合的な成果をもたらす役割を担うことが含まれている。これは、国内だけでなく、国際レベルでも機能を果たし得る専門技術である。

　上に述べたグローバルな環境における課題に直面している現在、グローバリゼーションの実情に即した人材養成と国際場面で機能を果たす力量を備えた人材をより多く輩出していくうえでのソーシャルワークに求められる教育や訓練の重要性や緊急性が示されている。一方、主としてこのことは諸国の教育のあり方と国際ソーシャルワークのニーズへの対応をするためには、変化への課題があることも指摘されている。

　国際ソーシャルワークの人材養成には、当該分野での実践経験をもつ教員による経験の伝達、実習を含めた知識と技術の統合が有効である。同時に、インターンシップや実習を含むカリキュラムの整備も課題とされる。すでに、ソーシャルワークの分野では、上記のニーズに意識的に対応するために、必要とされる要素を総合的に組み立て、グローバリゼーションとグローカルな状況理解を促し、実践への人材を送り出すカリキュラムの実践例や提案も存在する。

　国際的ヒューマンサービス領域にはコミュニティ開発、人道支援、システムの調整など、多レベルの仕事が含まれるが、ソーシャルワークがよりよく機能するとの主張に対する説得性のある応答も必要であろう。国際政治・経済社会問題の渦中にある人々への介入支援では、人権、人を基本とするエンパワメント、人を生活の場に位置づけ人々との関係樹立を支援基盤の確保や経済的保障を基盤に据え、それに伴う支援を組み入れ、多レベルの調整を図り政策やシステムに介入するソーシャルワークが必要である。

　こうした課題に、西欧諸国をはじめとする諸外国で教育を受けたソーシャルワーカーが介入することについては、議論も必要である。ソーシャルワーク教育のグローバルなスタンダード文書作成と設定の取組みは、ソーシャルワークの教育と実践の水準を担保するうえでは設定の意義を認めつつも、多様な配慮を求める声が上がっている。

　グローバリゼーションの進展に伴う国際ソーシャルワーク教育の課題は、土着化（indigenisation）、ユニバーサリズム（universalism）、帝国主義（imperialism）などの観

点からも問題提起がなされている。これまで差別を受け、抑圧的な位置におかれ、権利や尊厳を十分認められてこなかった人々に対しては、まず復権をとの主張である。専門職は被抑圧者の立場から学び、そのうえで対等な立場で議論すべきという建設的な教育のあり方を模索すべきとの声である。国際ソーシャルワーク実践の場が拡大し、社会問題が国境を越えて発生する状況下においては、国際ソーシャルワークの人材養成や教育カリキュラムの普及が早急に必要である。

　ソーシャルワーク教育のグローバルスタンダードを設定することに対して、西洋諸国や先進諸国の研究者による批判もある。同スタンダードの設定により、途上国がその影響を被り、その土地固有かつ実情を反映したテキストや文献の活用が教育場面で制限を受ける状況が生まれており、その土地固有の文化や価値の尊重、状況の改善の遅延にとっては深刻な事態であるとの指摘がある。こうした状況は、現在のソーシャルワーク教育カリキュラムとグローバリゼーションがもたらす影響、グローカルなソーシャルワークが包含する課題の複雑さ、またそれらの改革の緊急性を如実に表している。

　現在の国別のソーシャルワーク専門職養成がもつ課題も指摘されている。先進諸国ではこれまで、ソーシャルワーカーが習得するのはその国の社会サービス体系や支援制度の枠組みのなかで機能するソーシャルワークの内容と技術であり、教育カリキュラムも主としてこの範囲に限定される方式で提供されてきた。これは、北の諸国、先進国で発展してきたソーシャルワークの制度とそれぞれの国の法規に規定されたものともいえる。

　上記のさまざまな議論は異なる点はありながら、グローバリゼーションがもたらす貧困やそれ以外の多くの社会問題において、個人の人権やエンパワメントを実現させ、社会開発に寄与するうえで、国際ソーシャルワークが果たす役割が大きいことを指摘しており、国際ソーシャルワークの対応が喫緊の課題であることは、南と北の国々のソーシャルワーク専門職が共通に主張している。

　本書では、国際ソーシャルワークの課題を、主としてこれらの３領域（実践、教育、研究）から探る。また、国際ソーシャルワークの実践の実態を紹介し、日本における国際ソーシャルワークの事例との相互関連性を理解する。そのうえで、グローバリゼーションのただなかにある世界各地域の国際ソーシャルワークと日本のソーシャルワークの課題を提示する。

『国際ソーシャルワークを知る』

編集委員　木村真理子

目次

第 **I** 章

国際ソーシャルワークとは何か

グローバリゼーションの進展は、社会にさまざまな課題を生み出している。人々は経済活動を求めて越境し、国際的な人口移動は家族や地域にあらゆる問題を引き起こす。

今日ソーシャルワークが介入する課題には、世界と国内が類似の性質を帯びる傾向（グローカリゼーション）がみられる。一方、現在のソーシャルワークの養成制度は、国の制度に制約を受けており、グローカルな課題に対応する機能が十分に整備されていない。

こうした制約は国際ソーシャルワークの実践において課題とされている。本章では国際ソーシャルワークが求められているグローバルとローカルの状況について概説する。

第1節 ソーシャルワークの グローバル定義が示す規範

学習のポイント

● 世界のソーシャルワーカーが範とするソーシャルワークの定義と国際ソーシャルワークとの関連性を学ぶ。
● 国際ソーシャルワークが必要とされる世界の状況の概要を学ぶ。
● 国際ソーシャルワークを構成する要素を学ぶ。

1 「ソーシャルワーク専門職のグローバル定義」

　ソーシャルワークはグローバルな専門職であるとの意識を世界のソーシャルワーカーたちはもっている。それは、世界のソーシャルワーカーたちが世界共通の「ソーシャルワークの定義」を範としてもっていることがある。ソーシャルワークの定義は、時代背景と社会の変化に呼応して改定されてきた。以下に現在の定義（以下、グローバル定義）を示す。

> 　ソーシャルワークは、社会変革と社会開発、社会的結束、および人々のエンパワメントと解放を促進する、実践に基づいた専門職であり学問である。
> 　社会正義、人権、集団的責任、および多様性尊重の諸原理は、ソーシャルワークの中核をなす。
> 　ソーシャルワークの理論、社会科学、人文学および地域・民族固有の知を基盤として、ソーシャルワークは、生活課題に取り組みウェルビーイングを高めるよう、人々やさまざまな構造に働きかける。
> 　この定義は、各国および世界の各地域で展開してもよい。
>
> 出典：IFSW and IASSW, 2014, 日本ソーシャルワーカー連盟, 日本ソーシャルワーク教育学校
> 　　　連盟共同訳)

2 グローバル定義の背景となる世界

　上記のグローバル定義は 2014 年に改定されたものである。今日、ソーシャルワークが展開される場は地球規模に広がり、活動分野も広範囲に拡大している。また、ソーシャルワークが扱う課題および国内と世

界の境界はあいまいになっている（グローバルとローカルを合わせてグローカルと呼称することもある）。ソーシャルワークの実践は対応課題も含め、国内、地域（地球上の地域5地域の区分）、国境を越えグローバルな広がりをもち、課題解決に伴う実践のレベルは重層性を帯びている。

3 国際ソーシャルワークの定義

ソーシャルワークの定義

　DominelliとHealyは、ソーシャルワークは、国の政策、国の法制度、および市民社会において、国の文化と伝統多様な歴史と密接にかかわっている多様な歴史に影響を受けているローカルと国際の専門職であると定義づけている。

　LionsとChahalは、ソーシャルワークを「グローカル」専門職であると述べている。この言及は、グローバリゼーションの進展とともに、いかにソーシャルワーカーが、ローカルな対応者としてグローバルな課題に対応する事案が増加しているかに起因している。こうした対応は、難民のグローバルな移動や運動の増加、「自然」（気候に影響を受けた）災害および人によりつくられた災害、例えば原油の流出、火災、水害、地震などの対応をも含んでいる。

国際ソーシャルワークの定義

　一方、国際ソーシャルワークの定義もソーシャルワーク研究者らによって探求されてきた。これらの試みから共通部分を抽出すると、「国際ソーシャルワークは、国際諸組織[★1]が係る人権や移住問題に焦点化したグローバルな社会問題と政策課題、社会政策の比較、ソーシャルワーク実践を開発すること」と定義づけられる。

4 国際ソーシャルワークのアプローチ

　今日、国際ソーシャルワークの実践は、横断的（国と地域を越えて世界規模に広がる多様な組織間の協力体制や制度の枠を越えた連携）であるとともに、縦断的（地元のサービス体系、自治体の制度、国の制度や政治的行動、国境を越えた国際合意に基づく支援の仕組みの構築、地域を越えて世界規模に広がる多セクターの連携や国際合意の構築に伴う基盤づくり）に拡大している。

★1 国際諸組織：ソーシャルワークにかかわる世界組織には、IASSW（国際ソーシャルワーク教育連盟）、IFSW（国際ソーシャルワーカー連盟）、そしてICSW（国際社会福祉協議会）がある。

グローバル化がもたらす経済格差、貧困問題、環境問題、健康問題、教育などが世界の特に貧困地域で生活する人々にもたらす課題に対しては、国家間、セクター間、他部門による対応が求められる。

　今日、ソーシャルワークの複合的な支援技術と社会の多セクターや多部門を連結する機能が、国際ソーシャルワークという分野において、必要かつ有効性を発揮するとの考え方をソーシャルワーク専門職の実践家および教育者の間で高まっている。上記の分野と対応技術を提供することは、ソーシャルワークの定義に照らして、ローカルとグローバルをつなぐ可能性をもつといえる。

　国際ソーシャルワーク分野の実践課題としてソーシャルワークは以下を強調している。

　例えば国際的な移住や難民問題では、定住から生活者に至る支援には、心理社会的支援や物的支援、介在組織が連携できるシステムづくりに加えて、基本的な人権、適応、貧困問題などの問題解決が含まれる。

　また、定住・移住先においては、人々との直接的接触を含む支援から、地域の関係や経済活動への導入、新しい地域での生活の仕組みの構築、滞在場所での支援から長期的生活の安定化を図る支援、教育の支援、エンパワメントなど包括的な支援が含まれる。

参考文献

・IASSW, ICSW, IFSW, Global agenda for social work and social development; Second report, Promoting the Dignity and worth of peoples, International Federation of Social Workers, 2014.

・Dominelli, L., Social work in a Globalizing World, Polity Press, 2010.

・Healy, L.M., International social work : Professional action in an interdependent world, Oxford University Press, 2008.

・Healy, L.M. and Link, R.J., Handbook of international social work : Human rights, development, and the global profession, Oxford Scholarship Online, 2011.

ソーシャルワークの
グローバルアジェンダ

学習のポイント

● ソーシャルワークにとってのグローカル（グローバルとローカル）な課題を
理解する。
● グローバルな課題に対するソーシャルワークのアプローチを理解する。
● 国際ソーシャルワークの課題とソーシャルワークの介入によってもたらされ
る変化（ミクロ・メゾ・マクロ（個人、コミュニティ、政策への影響））の可
能性を理解する。

1 SDGs とソーシャルワーク

　国連の場では北と南の間で拡大する格差の解消と状況の改善を求め、
時限を定めたミレニアム開発目標（MDGs）に続き、現在は持続可能な
開発目標（Sustainable Development Goals：SDGs）を定め取組みが進
められている。これらの領域は、貧困撲滅、飢餓、質の高い教育、健康
と福祉、ジェンダーの平等、人や国の不平等の是正、持続可能なコミュ
ニティと環境維持に対する先進諸国が関与して目標を達成する責任を含
む。

SDGs については第
2章第4節参照

　SDGs は国連加盟国の合意に基づき経済的な格差を是正し、劣悪な状
況にある人々の生活を向上させるべく、保健、衛生、環境、教育など多
様分野の取組みを促進させる。ソーシャルワークは、グローバルな課題
への取組みという点で SDGs と課題を共有している。

　ソーシャルワークの特色を述べるならば、SDGs が示す課題や到達目
標を、ソーシャルワーカーの介入によって変化を生み出す触媒の役割を
果たすということにある。

　SDGs の目標達成には、各国政府、他部門、他セクターによる取組み、
特に経済の発展を伴う開発が重要である。

　一方ソーシャルワークは、社会正義や人々のエンパワメントを目指し
ている。SDGs の目標の達成の具体的方策の一部として、グローバル定
義に示された考え方に即した実践をする。具体的には、人、コミュニ

ティ、地域の開発、政策レベルにおいて、当事者が参画して社会変化を生み出し、発展を実現することを目指している。

2 グローバルアジェンダの目標と課題へのアプローチ

「ソーシャルワークのグローバルアジェンダ」には、世界5地域の課題とソーシャルワーク組織による実践成果、地域の社会経済政治背景とともに報告されている[1]注1。

グローバルアジェンダの役割は、第一に、国際ソーシャルワーク専門職組織が、各地域や社会構造に着目し、組織的取組みを行い、一連の支援過程からもたらされる成果を、国際コミュニティに可視化すること。

第二に、ソーシャルワークが現実に機能する専門職であり社会変革の技術を有していることを証明し、存在意義を示し、広く国際コミュニティの諸セクターとの協働関係を構築する必要性と説得性をもつに至ることを目指している。

世界のソーシャルワーク専門職の間では、1990年代以降、国際ソーシャルワークに対する関心が高まりを見せている。

国連は現在SDGsを掲げ、加盟国や関係セクターの間の協力を得ながら貧困撲滅、飢餓、ジェンダー平等、質の高い教育の確保、衛生と保健、持続可能なコミュニティと環境の実現などの取組みを進めている。SDGsの目標達成に加え、ソーシャルワークは人間の尊厳や社会的正義、平等な社会の実現という基本理念を加えた社会変革を求めることにより、個人のエンパワメントを促進することが専門職の使命であり、SDGsの推進力にも寄与するとの考え方がある。内紛や災害に伴う強制的移住、移住労働、難民の発生、子どもの虐待、人身売買の激化など、問題の規模と深刻度が拡大しているこれらの国際的課題に対して、ソーシャルワークの実践、教育、研究は、効果的な対応策を提供することができ、同時に関係諸機関との連携と協働を進められる可能性をもつからである[2]。

3 国際ソーシャルワークが目指すもの

先進諸国のソーシャルワークの教育と実践の枠組みはいまだに「国の背景と制度の制約を受けている」との指摘がある。

多くのソーシャルワークの実践の方法、実践の場所、教育カリキュラムなどが、国が規程する制度の枠内でソーシャルワークが機能する設計

となっており、この制約が国際ソーシャルワーク分野へのソーシャルワークの参入を制限している。

一方、この制度の枠を超えて実践を志す人々、国際ソーシャルワークに関心をもつ人々も近年増加する傾向がみられ、日本においても例外ではない。

国際ソーシャルワークは異なる文化、政治、経済、社会制度の枠を超えた実践を求めており、この分野で働くうえでは、分野の知識、実践技術、そして、文化的多様性に対する謙虚さを日々蓄積してゆく努力と研鑽が求められる。

本書では、国際ソーシャルワークの多様な分野の実践と日本のソーシャルワーカーの養成および教育や実習とのかかわり、研究がもたらす意義を論じるとともに、コラムを通じて、国際場面で働くソーシャルワーカーの実践経験も紹介する。

注

注1　IFSW の Web サイトで閲覧可能

引用文献

1) IASSW, ICSW, IFSW, Global agenda for social work and social development; Second report, Promoting the Dignity and worth of peoples, International Federation of Social Workers, 2014.
2) IASSW, ICSW, IFSW, Global agenda for social work and social development; Second report, Promoting the Dignity and worth of peoples, International Federation of Social Workers, 2014.

児童福祉×ソーシャルワーカー ×青年海外協力隊×多文化共生

　みなさんは海外、しかも日本からはるか遠く離れたアフリカでソーシャルワーカーとして活動することって、なんだかとても特殊なことのように感じませんか？

　学生時代は海外経験もほとんどなく、語学もあまり得意ではなかった私が「ソーシャルワーク」という共通言語を使って、アフリカ大陸の南に位置するボツワナ共和国でソーシャルワーカーとして活動した経験を少しご紹介したいと思います。

　みなさんは「青年海外協力隊」を知っていますか？　これは、日本政府が行う政府開発援助（ODA）の一環として、外務省所管の独立行政法人国際協力機構（JICA）が実施するボランティア派遣制度です。これは、日本の知識や技術、また文化や考え方を開発途上国の人々に伝えるために日本からボランティアが派遣され、現地の人々と同じものを食べ、喜怒哀楽を共有し、ともに生活を送りながら交流を深めることで、ボランティア自身も現地の人々から多くのことを学ぶ、いわば長期間にわたったフィールドワークのようなものということができます。

　私はこのボランティア制度を使って2年間、ボツワナ共和国にあるNGOでソーシャルワーカーとして活動をしました。私が活動していたCHILD LINE BOTSWANAというNGOは、日本でいうところの児童相談所の役割をもつ施設です。日本には公的な機関として、児童相談所が児童や保護者からの相談に応じたり、関係機関と連携を図りながら虐待などの緊急対応をしますが、ボツワナではそのような専門的な公的機関がありません。そのためボツワナでは、CHILD LINE BOTSWANAが、一民間団体ではありますが、国内唯一の児童相談機関として、それらの業務を一手に引き受けています（相談所に付置された保護所は国内全土から来た子どもたちでいつも定員オーバーのような状態でした）。

　そこでの私の役割は、日々かかってくる相談の電話受付や来談者との定期面接といった個別の対応から、地域の児童養護施設で働くハウスマザー（日本では指導員の役割を担う人）に対しての研修会の実施、また児童虐待の啓発活動として、地域で活躍する人形劇団と一緒に企画した劇をするために国内の小学校を数か月かけて行脚するなど、ミクロからマクロまで多岐にわたる活動に携わらせてもらうことができました。

　さまざまな私の活動のなかでも、同僚のソーシャルワーカーたちに最も喜ばれたことは、相談所内で取り扱ってきたケース記録を電子化し、簡単なデータベースをつくったことでした。「面接の記録をパソコンでいつでも見られるようにする」ということは、それまで私が働いてきた日本の施設では当たり前のことでしたが、同僚のソーシャルワーカーにとっては、それまで使用してきた記録用紙を電子化するという発想が斬新だったようでした。

　私にとっての「当たり前」が、同僚たちに喜ばれたということに驚きながらも、日本の「普通」がこれほどまでに評価されることに、なんだか誇らしい気持ちにもなりました。

　私は、高校生の頃から「青年海外協力隊になりたい」という想いをずっともっていました。

社会人になり、ソーシャルワーカーとして、児童福祉施設などで仕事をするなかでも、その気持ちは変わりませんでしたが、それまで海外での経験もほとんどなく、そもそも日本語でソーシャルワーカーとして仕事をするのに精一杯の私が海外、しかも途上国の"現場"で通用するのだろうかと、なかなか夢に向かって踏み出すことができませんでした。

しかし、どうしても高校生の頃からの夢があきらめきれず、日本でソーシャルワーカーとして仕事を5年ほど経験した後、思い切って青年海外協力隊に応募しました。

海外ボランティアは、長期間にわたった"フィールドワークのようなものである"と紹介しました。ボランティアは、**地域に根差した活動を、地域の人々の生活の質の向上のために、地域の人々とともに**行っています。

これは、ソーシャルワーク専門職のグローバル定義にある「社会変革と社会開発、社会的結束、および人々のエンパワメントと解放を促進する」ことであり「地域・民族固有の知を基盤として」人々の「生活課題に取り組みウェルビーイングを高めるよう、人々やさまざまな構造に働きかける」まさにソーシャルワークそのものでした。また海外ボランティアに求められる「現地にある課題を見つけ出す力」「課題を解決するアイデアを発想する力」「周囲を巻き込みアイデアを実現する力」は、ソーシャルワーカーが対人援助の実践のなかで日々求められ、トレーニングしてきているものです。

このボランティア活動は、ソーシャルワークの理念そのものとの親和性が高く、ソーシャルワークという実践学問をしてきた人にとっては、それまでの学びや経験が、とても強い武器に、そして現地の人々との共通言語になると感じています。私の2年間の活動も、それまで海外へ飛び出すことに躊躇していたのが嘘のように、本当に充実したものにすることができました。

グローバル定義の最後の注釈には「この定義は、各国および世界の各地域で展開してもよい」という文言がありますが、実際に、今日も世界の各地域で、その地域に根差したソーシャルワークが実践されています。今回は、ボツワナ共和国で活動した経験について、お話しましたが、日本にもさまざまな国や地域にルーツをもつ人が暮らす今、多文化ソーシャルワークは、どこでも実践することが可能です。

みなさんは、自分の住んでいる地域にどんなルーツをもつ人が多く住んでいるかご存じですか？　どんな人も社会から排除されることなく、自分らしく、居場所のある社会をつくるソーシャルワークを自分の手の届く範囲から始めてみるのも世界に広がる一歩かもしれません。

神田　歩（埼玉福祉保育医療専門学校）

参考文献

・Lady Khama Charitable Trust　http://ladykhamatrust.org/
・JICA 海外協力隊　https://www.jica.go.jp/
・ふじみの国際交流センター　https://www.ficec.jp

第**2**章

国際ソーシャルワークの実践理論と実践モデル

　ソーシャルワークの実践は、さまざまな実践理論や実践モデルを基盤として提供される。本章では、国際ソーシャルワークの実践に不可欠な四つの鍵概念を紹介したうえで、国際ソーシャルワークの理論的枠組みとなる文化的コンピテンスを説明する。そして、一般的なソーシャルワーク実践の実践モデルのなかでも特に国際ソーシャルワークに有効であると考えられる「エンパワメント・アプローチ」「ストレングス・アプローチ」「コミュニティを基盤とするアプローチ」を解説するとともに、開発学における「人権を基盤としたアプローチ（RBA）」と「潜在能力アプローチ」を紹介していく。

国際ソーシャルワークの鍵概念

1 ソーシャルワークにおける理論と概念

　ソーシャルワークにおける理論には、対象となる人や環境を理解するために他領域で生成された諸理論である「ソーシャルワークのための理論」や、ソーシャルワークの社会的機能論や発展過程論などを説明する「ソーシャルワークについての理論」に加えて、ソーシャルワークという実践活動の基盤となる考え方や方法を示す「ソーシャルワークの実践理論」が存在する[1]。

　理論とは、社会のなかのある現象を存在させている諸要因の関連性を説明する仮説、あるいは検証された仮説を意味する。言い換えると、理論とは現象を正確に説明するとともに、そののちを予想するのに役立つため、ソーシャルワークの実践を導く枠組み、つまり実践モデルにもなり得る。

　理論は諸要因の関連性を説明するものなので、一般的に複数の概念によって構成される。本節では、国際ソーシャルワークに有効な実践理論や実践モデルを紹介するまえに、国際ソーシャルワークに不可欠な四つの鍵概念を紹介する。

2 国際ソーシャルワークに不可欠な四つの鍵概念

　国際ソーシャルワークに不可欠な四つの鍵概念は、全体的な国際ソーシャルワークの背景を表す「グローバル」、実践の価値のベースとなる「人権」、人間と環境をつなげる「エコロジカル」、実践の方向性を示す「開発」である[2]。これらの概念は、国際ソーシャルワークの実践のための重要な視点を与える。

グローバルという視点は、国際ソーシャルワークの対象範囲を規定し、必要不可欠な世界の連帯を表す。しかし、グローバルという概念は単純な一つの意味をもつのではなく、ときに相反する複雑な視点を提供する。例えば、グローバルという概念は「ワンワールド」や「グローバルビレッジ」といった連帯を想起させるが、同時にこの連帯のなかには文化的および社会的多様性が存在する。つまり、この視点はグローバリゼーション（人、物、金、企業などの国境を越えた移動に伴う地球規模での一体化）と同時に、ローカリゼーション（それぞれの国や言語、地域、文化に合うように局地化）の重要性も浮かび上がらせてくる。いずれにしろこのグローバルという包括的な視点は、次に紹介する人権やエコロジカルという視点とともに、すべての人や地域で重要だとされる。

　人権という概念は、国際ソーシャルワークの鍵となる価値観である。国際ソーシャルワークのすべての側面は、国際的な規約や宣言によって世界的に支持されている基本的権利と自由に基づくべきである。また人権はグローバルの視点の基盤となるものであり、エコロジカルおよび社会開発の視点を通して形づけられていく。そして国際ソーシャルワークの展望や目標を規定していくのである。

　一方、エコロジカルという概念、特に「環境の中の人間」という枠組みはソーシャルワーク全般の鍵概念であるが、国際ソーシャルワークにおいては人間が生活する自然環境の重要性を表す。近年、環境保護に対する注目が世界的に集まっているが、そのアプローチには複数のものが存在する。特定の課題に対して個別の解決法を提案するという直線思考的なアプローチがあり、この短期的な改善策に対して、長期的で持続的な改善のためには社会的、経済的、政治的な変化をもたらす必要があるというアプローチも存在する。このエコロジカルという概念は、グローバルの概念の一部でもあり、次に紹介する社会開発の一側面でもある。

　社会開発の目的と価値は国際ソーシャルワークの基礎をなす。経済的な成長に重きをおく経済開発と異なり、社会開発はその社会の人たちのウェルビーイングの向上を最終目標として、社会の開発を、経済、政治、文化、法律、環境といった多元的なレベルで行うアプローチである。どんな状況やニーズであっても、国際ソーシャルワークの実践では、最終的にはその人たちの社会開発の向上を目指すのである。

３ 四つの鍵概念の関係性

　上記の四つの概念はそれぞれが独立して重要であるが、お互いに強化・補足し合う役割を担う。国際ソーシャルワークのなかで取り組むさまざまな課題およびその対応を、これらの四つの視点から考えることが大切である（図2—1）[3]。

　例えば、難民として庇護を求めて来日した人のニーズへの対応の場合、緊急のニーズに対して短期的な支援を提供することも大切だが、四つの視点に立って根本的な支援を行うことが、国際ソーシャルワークでは重要となってくる。つまり、グローバルな視点でみれば庇護を求めているのは、世界規模での問題の結果であり、そうしたグローバルな視点をもつことによって、より適切な国内におけるローカルの支援を提供できるようになる。

　また、当然その人が抱えるニーズは人権にかかわるものであり、人権という視点から分析したうえで、適切な支援方法を選択する必要がある。エコロジカルという概念は、その人の母国の状況がその人の出国やニーズの原因にどのように関係しているかという視点を与え、それに基

図2—1 国際ソーシャルワークの実践における統合的視点

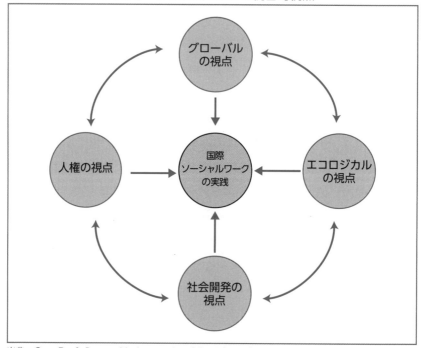

出典：Cox, D., & Pawar, M., International Social Work：Issues, Strategies, and Programs, Sage, p. 26, 2006. の Figure2.1 をもとに筆者が作成

づいて支援の方向性も定まってくる。目標は、その庇護を求めている難民の**ウェルビーイング**★1 の向上や社会開発の促進である。

　つまり、この四つの鍵概念は、国際ソーシャルワークのあらゆる状況を多角的な視点で分析するツールである。国際ソーシャルワークの実践は、これから紹介する特定の実践理論や実践モデルのどれかだけでは不十分であり、幅広いアプローチを包括的に活用することが必要で、そのためにはここで紹介した多元的な視点が不可欠となってくる。

【引用文献】

1) 久保紘章・副田あけみ「ソーシャルワークの実践モデル」久保紘章・副田あけみ編著『ソーシャルワークの実践モデル――心理社会的アプローチからナラティブまで』川島書店, pp. 3-16, 2005.

2) Cox, D., & Pawar, M., International Social Work：Issues, Strategies, and Programs, Sage, pp. 25-47, 2006.

3) 同上

【参考文献】

・久保紘章・副田あけみ編著『ソーシャルワークの実践モデル――心理社会的アプローチからナラティブまで』川島書店, 2005.

・J. ミッジリー, 京極高宣・萩原康生監訳『国際社会福祉論』中央法規出版, 1999.

★1 ウェルビーイング：福利や幸福などとも訳される。個人の権利や自己実現が保障され、身体的、精神的、社会的に良好な状態にあることを意味する概念。

第2節 国際ソーシャルワークの理論的枠組みとしての文化的コンピテンス

学習のポイント

● 国際ソーシャルワークにおける理論の位置づけを知る。
● 文化的コンピテンスの定義を知る。
● 国際ソーシャルワークが文化的コンピテンスに基づいてどのように実践されるかを知る。

1 国際ソーシャルワークにおける実践アプローチ

　先述のように、理論は現象を正確に説明するとともに、そののちを予想するのに役立つため、実践を導く枠組みとなる。では、国際ソーシャルワークの実践に有効な実践アプローチとはどんなものがあるのであろうか。国際ソーシャルワークの実践では、入国管理法（移民政策）、経済状況、国民の外国人に対する意識といった社会的・法的状況、そして移住の理由、適応能力、家族や親族を含む社会的資源、心身の健康状態、文化といった外国人の個人的特性を総合的に考慮して対応する必要があるため、ミクロ、メゾ、マクロの多元的な実践が必要であり、そのために多元的な理論が不可欠である。移住先の社会のなかで抑圧された状況にある外国人へのソーシャルワークの場合、文化の異なるソーシャルワーカーと外国人との間の信頼関係の形成や、外国人の文化や言語への理解を示すミクロレベルの技法が不可欠である一方、**アドボカシー**[★1]や必要なサービスや政策を提言していくためにはマクロレベルの技法も非常に重要である。外国人への支援の場合、生物学的、心理社会的、文化的、そしてスピリチュアリティといった個人の特性、および移住のプロセスに伴う個人、家族、地域、社会、経済、政治といった多元的なレベルでの適応に関して考慮する必要がある。

2 国際ソーシャルワークの実践における理論的枠組み

　国際ソーシャルワークにおける多元的レベルでの実践の理論的枠組みを提供してくれるのが、文化的コンピテンス（cultural competence）

★1 アドボカシー：「権利擁護」と訳されることもある。クライエントの権利を守り、周縁化された人たちの立場に立って代弁をすることである。当事者一人ひとりの権利を守るための代弁行為はケースアドボカシーと呼ばれ、同じ状況におかれている集団やコミュニティを代弁する活動はコーズ（＝原因）アドボカシーと呼ばれる。また、当事者が自らの権利を主張していくことはセルフアドボカシーと呼ばれる。

である。歴史的に移民を積極的に受け入れてきた北米では多様な文化的なバックグランドをもつ人たちに対するソーシャルワークが昔から実践されてきている。そして、1980年代後半ぐらいからこの文化的コンピテンスという概念が生み出され、1990年代後半に移民や難民に対するソーシャルワークだけでなく、すべてのソーシャルワークの実践の枠組みとして広く受け入れられるようになっていった。

全米ソーシャルワーカー協会は、文化的コンピテンスを以下のように定義している[1]。

> ソーシャルワークにおける文化的コンピテンスは、文化的に多様な背景をもつ人たちが社会のなかでどのような固有の経験をし、社会文化的な違いや共通点とどのように向き合っているかに十分な注意を払うことである。
>
> したがって、文化的コンピテンスはソーシャルワーカーに対して、人種・民族、移民・難民といった地位、宗教・スピリチュアリティ、性的指向・性自認・性表現★2、社会階級、能力といった多様性に関連する抑圧、差別、支配に十分に注意を払い、多元的なアプローチを実践することを求める。
>
> さらに、文化的コンピテンスに基づく実践では、ソーシャルワーカーは支援の対象となる人たちに対して自分が有する「パワー」を自覚し、「文化的謙虚さ★3（cultural humility）」を実践する必要がある。（筆者訳）

一方、スー（Sue, D. W.）は文化的コンピテンスを次のように定義している[2]。

> クライエントおよびクライエントのシステムを最適化するための活動に従事したり、それに必要な状況をつくり出す能力である。
>
> 文化的コンピテンスに基づくソーシャルワークとは、サービス提供者が多元的で民主的な社会のなかで効果的に機能するのに必要な洞察力、知識および技術（文化的に多様な背景をもったクライエントに対してコミュニケーション、交流、交渉、介入することのできる能力）を獲得することであり、また、組織・社会レベルでは、すべてのグループに対応できる新しい理論、実践、政策および組織の構造を効果的に開発することを提唱していくことである。（筆者訳）

文化的コンピテンスに基づくソーシャルワークでは、単に1対1での臨床的な実践だけでは不十分であり、社会的に周縁化された人たちが直面する差別や偏見、制度や法律の制限といった社会・政治・文化に根差

★2 性的指向・性自認・性表現：性的指向とは、異性愛、同性愛、両性愛のように、人の恋愛・性愛がどういう対象に向かうのかを示す概念。性自認とは、男性、女性、どちらでもないように、自分の性をどのように認識しているのかを示す概念。性表現とは、服装や髪型、仕草、言葉遣いなどの外見に表れる性（ジェンダー）を、自分がどう表現したいかを示す概念。

★3 文化的謙虚さ：ソーシャルワーカーとクライエントの間の力関係の不平等性の解消のために、お互いにとって有益で父権的でない関係を利用者との間に築くために、また対象集団のアドボカシーを行うようなパートナーシップをコミュニティとの間に構築するために、ソーシャルワーカーが自分の有するパワーについての自己評価や自省を生涯にわたって実践すること。

す問題に対抗するために、こうした人たち自身やその家族だけでなく、こうした人たちの属する組織、コミュニティ、政策、社会といった環境やシステムに働きかける必要がある。つまり、文化的コンピテンスは、支援のなかの生物学的、心理的、社会的、そして内的でスピリチュアルな要素を含む全人的なアプローチである。

　このように、文化的コンピテンスはすべてのソーシャルワーカーにとって不可欠な倫理的責任だが、国際ソーシャルワークでは特に不可欠となる[3]。なぜなら国際ソーシャルワークでは、移住前、移住の過程、そして移住先でのそれぞれの段階で、移住者が抱える社会文化的、経済的、そして心理的な負担の全体像を理解する必要があるからである。

　文化的コンピテンスに基づくアプローチには、文化・歴史・世界観・価値観・信念に関する幅広い知識、コミュニケーションの様式の理解や適切な面接技法、多様なエスニックグループ内の**ストレングス★4**やグループ間の相違、文化に基づく期待や支援要請行動、それぞれの文化に固有なスピリチュアルなニーズに対する適切な実践などが含まれる。

　文化的コンピテンスに基づくアプローチでは、単に利用者の言語を話せるとか、特定の文化に関する知識があるだけでは不十分である。利用者にとって文化の価値や、文化がその人の行動にどのように影響を与え、日常生活のなかにどのような意味をもたらすのかを理解する必要がある。文化はその人の健康、精神衛生状態、行動、介入の結果にも影響を与える。なぜなら文化は、高齢者をどう扱うかということから、何をもって子どもから成人へと成長したと判断するか、病気のときにどう対処するかといったことまで、あらゆることに影響を与えるからである。

★4 ストレングス：ソーシャルワークの支援を必要としている人やコミュニティのもっている意欲、能力、機会、希望、長所など。

引用文献

1) NASW Standards and Indicators for Cultural Competence in Social Work Practice, 2015. https://www.socialworkers.org/LinkClick.aspx?fileticket=7dVckZAYUmk%3d&portalid=0, 2006

2) Sue, D. W., Rasheed, M. N., & Rasheed, J. M., Multicultural Social Work Practice, 2nd ed, John Wiley & Sons, p. 67, 2016.

3) Hendricks, C. O., Culturally competent social work practice with immigrant populations, F. Chang-Muy & E. P. Congress (Eds.), Social Work with Immigrants and Refugees : Legal Issues, Clinical Skills, and Advocacy, Springer, pp. 65-78, 2009.

参考文献

・石川久美子『多文化ソーシャルワークの理論と実践——外国人支援者に求められるスキルと役割』明石書店, 2012.

・S. ファーネス・P. ギリガン, 陳麗婷監訳『ソーシャルワーク実践のためのカルチュラルコンピテンス——宗教・信仰の違いを乗り越える』明石書店, 2020.

国際ソーシャルワークに活用できる ソーシャルワーク理論と実践モデル

> **学習のポイント**
>
> ● エンパワメント・アプローチの概要を理解したうえで、国際ソーシャルワークにおいてどのように活用できるかを理解する。
> ● ストレングス・アプローチの概要を理解したうえで、国際ソーシャルワークにおいてどのように活用できるかを理解する。
> ● コミュニティを基盤とするアプローチの概要を理解したうえで、国際ソーシャルワークにおいてどのように活用できるかを理解する。

ソーシャルワークにはさまざまな理論や実践モデルが存在するが、本節はそのなかでも特に国際ソーシャルワークに有効だと考えられるものを紹介していく。

1 エンパワメント・アプローチ

エンパワメント理論は、社会正義やアドボカシーを促進するとともに、社会におけるパワーや格差に対抗し、力関係における個人、対人、そして政治的レベルに対して働きかけるものであり、国際ソーシャルワークの実践の鍵となる原則であり、方策である[1]。

エンパワメントの定義と理論

「エンパワメント」という概念の定義はさまざまな分野で発展・活用されてきたため多様である。例えばグティエーレス（Gutierrez, L.）[2]は、エンパワメントを「自分の生活状況を改善するためのアクションを起こせるようになるために個人的、対人的、あるいは政治的なパワーを高めるプロセス」と定義している。一方、ラパポート（Rappaport, J.）[3]は、「相互の尊重、批判的内省、共感、グループ参加を含む、地域コミュニティにおける意図的で継続的なプロセスであり、それによって重要な資源への平等なアクセスがない人たちが、それらの資源にアクセスでき、それをコントロールする力を得ていく」としている。

このように、エンパワメントは、特定のコミュニティにおいて相互尊

重、批判的内省、共感、参加を通して、重要な資源に平等にアクセスできない人たちが、それらの資源に対するコントロールやアクセスを回復していく意図的で継続的な「プロセス」と定義されるとともに、そのようなプロセスの結果としてエンパワーされた状態となる「結果（outcome）」の両方の側面をもつ [4]。

　したがって、エンパワメント理論とは、社会正義やアドボカシーを促進し、社会におけるパワーや格差に対抗し、力関係における個人、対人、そして政治的レベルに対して働きかけるものである。アドボカシーを実践する際に、エンパワメント理論は批判的思考、そして個人や集団の目的を達成するために必要な資源、戦略、能力の開発を促進するのである。

エンパワメント理論に基づく実践

　エンパワメント理論に基づくエンパワメント実践は、「当事者と援助者との対等でバランスのとれたパートナーシップを媒介にしながら、社会構造的に生み出される問題によって無力感を抱いている当事者自身が、①問題の社会構造的な特質を理解し、②パワーレスネス（無力の状態）からの脱却が可能であると自覚し、③問題解決に必要な知識やスキルを習得し、④それらを用いて資源を効果的に活用して問題（個人的・対人関係的・社会的）の解決を図るための一連のプロセスを促進・支援するアプローチ」[5] である。

　エンパワメント実践のなかでも、移民のように社会のなかで抑圧された集団への個人的、対人的、そして政治的な実践に不可欠な五つの視点には以下のものがあげられる。

・抑圧に関する歴史的な見方（抑圧された人たちに関連した社会政策に関する歴史）

・生態学的な視点（個人が潜在的にもっている能力に関する知識やパワー、パワーの乱用と抑制、構造的な不公平、社会経済的な汚染に関する知識）

・人種・階級的な視点（人種的偏見と階級的偏見、また両者の相互作用という現象についての知識）

・フェミニストの視点（内外の抑圧の要因を批判し、解放する）

・批判的な視点（あらゆる形態の抑圧を批判することが、個人の変革と社会の変革を結びつける具体的な方法を発展させるために必要）

つまり、エンパワメント実践は、個人的および構造的の両側面とこの両者の関係に焦点がおかれ、問題や課題を個人内の病理とするのではなく、問題を社会政治的な視点からとらえる。そのうえで、当事者のストレングスの活用やソーシャルネットワークの生成・再活性化を通して、集団での相互支援や認め合いを促進し、社会正義の実現を目指すのである[6]。

エンパワメントを基盤とする実践でのソーシャルワーカーと当事者の関係は、「パワーの共有」「パワーの共同行使」あるいは「参加者主導」といったものであり、ソーシャルワーカーは援助者や支持者ではなく、**ファシリテーター**[★1]の役割となる。つまり、エンパワメント実践では、役割や責任は相互的に分担され、当事者とソーシャルワーカーはパートナーとして行動する。このパートナーシップが、ソーシャルワーカーと当事者の間の対話と批判的分析を促進し、**批判的意識化**[★2]に結びついていく。

実践のレベル

エンパワメント実践には、四つの次元の実践レベルがある[7]。最初の次元は関係の構築であり、ソーシャルワーカーは当事者（あるいは当事者の属するコミュニティの人たち）と連携関係を構築し、ニーズと資源を評価する。ニーズが確認されれば、サービスや手当を受ける権利を保障することが、援助プロセスの第一歩となる。このアセスメントは、問題に関する当事者の見解や、問題に対応する当事者のパワーに関しても行われる。問題が引き起こされる社会構造的な特質や因果関係の明確化を通して、自責的な態度、意識、信念などが変容されていくのである。

二つ目の次元は技能の開発やセルフ・ヘルプを含む教育で、認識された問題を克服するために必要な知識や技能を当事者に提供する。そのために、会議、ワークショップ、講義、グループワークなどが活用され、お互いの長所を認識し合ったり、コミュニティの人たちが問題解決に必要なコミュニケーション・スキル、社会的スキル、アドボカシーや媒介などのスキルを習得していく。このスキルは、ワーカーとの相互作用だけでなく、自助的および互助的なグループとのかかわりや相互作用によって高められる。

三つ目の次元は資源の確保であり、当面の環境を変革もしくは調停することに焦点がおかれる。当事者はソーシャルワーカーとともに、環境

★1 ファシリテーター：当事者の主体性を促し、それぞれのストレングスを尊重しながら、それぞれの意見、アイデア、動機、活動を促進する役割の人。
★2 批判的意識化：ブラジルの教育学者で教育理論家のパウロ・フレイレ（Freire, P.）によって開発された教育および社会的概念であり、抑圧や差別の対象となっている人たちが、自分たちがおかれた状況に対して疑問を抱き、それと向き合っていくように意識していくこと。

システム内の顕在化された資源や潜在的な資源の評価を行う。その結果をもとに、組織や機関への働きかけ、意思決定プロセスへの参画・関与、各種プログラムや組織の創設といったことを通して、必要な資源を獲得・開発していく。

　そして最終の次元のソーシャルアクションでは、問題の政治的側面に当事者を関与させていく。したがって、そのために、まず個人の問題と政治経済システムとの関連を明確にしたうえで、個人の問題に影響を与える環境要因に働きかけるソーシャルアクションや、集団的な活動を実施する。具体的には、各種のキャンペーンや請願活動、交渉などの活動であり、それらを効果的に行うためのスキルの習得の機会を設けることがソーシャルワーカーの役割となる。

　このように、エンパワメント理論に基づく実践は、個人レベルのニーズの充足から社会変革のためのソーシャルアクションまで幅広いものである。したがって、外国人が移民として移住先社会で直面するニーズを満たすとともに、社会正義や社会経済的構造における不平等の是正を目指す国際ソーシャルワークには不可欠なアプローチとなるといえるであろう。グループやコミュニティと協働してのソーシャルアクションを伴うエンパワメント実践では、社会正義、問題解決、歴史的視点は、階級、民族、性別に関連する課題の理解に有効であるのと同時に、移民が往々にして直面する孤立や周縁化を軽減させるのにも有効である。一人では無理だと感じてもコミュニティや組織のなかで協働することでしだいに自信が高まり、共通の目標のために多様な視点、経験、能力を活用できるようになり、自信を回復するとともに、自分の環境をコントロールできることを実感することが可能となるのである。

２　ストレングス・アプローチ

　ストレングス・アプローチは理論というよりも、社会的に周縁化されたコミュニティの当事者を支援する際のソーシャルワーク実践における視座である。医学モデルや治療モデルのように当事者の病理、欠陥、足りない側面に着目して問題の原因を特定して支援しようとするのではなく、当事者（およびその人の属するコミュニティ）の強さ、能力、スキル、可能性に焦点を当てて支援するアプローチである。

　このアプローチは、すべての人は、すでに活用しているもの、あるいは活用されていないものも含めてさまざまな能力やスキルを有してお

り、自ら成長や改善していける能力を備えているという考えに基づくものである。そして、こうした成長や改善は、その人の問題や欠陥に焦点を当てるよりも、その人の強みに当てることで促進されるとするのが、ストレングス・アプローチである。

ストレングス・アプローチの六つの原則

ストレングス視座に基づくソーシャルワーク実践では、以下の六つの原則が重要視される[8]。

① ストレングスの尊重

一つ目の原則は、個人、家族、コミュニティのストレングスの尊重である。ソーシャルワーカーは当事者を、必ずしも現在は認識していなかったり、活用していないかもしれないが、さまざまなスキルやストレングスを有する存在だと認識することが重要である。また、各当事者は個人のストレングスに加えて、家族や所属するコミュニティの資源を有しているので、そうした資源に関しても認識して、活用できるように支援する必要がある。

② 病理や葛藤を「機会」ととらえる

二つ目の原則は、その人が抱える病理や葛藤を問題としてではなく、「機会」としてとらえるということである。当事者は単に困難な状況を克服できるだけでなく、そのプロセスで新しいスキルや能力を身につけることができる存在だと認識するのである。

③ 願望を尊重し高い期待を寄せる

三つ目の原則は、当事者の願望を尊重するとともに、当事者に対して高い期待を寄せるというものである。ソーシャルワーカーは「専門家」としての見地から往々にして当事者が立てた目標を達成不可能だと考えてしまい、当事者から成長の機会や可能性を奪ってしまう。ストレングス・アプローチでは、ソーシャルワーカーが当事者に対して高い期待を寄せることで、当事者自身が課題を克服して、自ら立てた目標を達成できると信じられるようになるのである。

④ 協働する

四つ目の原則は、当事者との協働である。ソーシャルワーカーがすべての課題の解決方法を知る「専門家」としての役割を演じてしまうと、当事者からその人の有するストレングスや資源を活用する機会を奪ってしまう可能性がある。したがってストレングス・アプローチでは、当事

者とソーシャルワーカーの協働が重要視されるのである。

⑤ 資源の活用

　五つ目の原則は、環境内の資源の活用である。貧困や差別といった課題を抱えるコミュニティであっても、知識、支援、資産、リーダーシップに関連する何らかの資源を有する。こうした資源は、当事者にとっても非常に大きな資源となる。

⑥ 助け合いや思いやりの尊重

　最後の原則は、コミュニティ内の助け合いや思いやりの尊重である。ストレングス・アプローチではコミュニティの重要性を認識し、社会正義の理念のもとに社会のすべての人の包摂を目指す。この視点は、コミュニティ内の市民参加を促進し、互いへの思いやりや助け合いを生み出すのである。

国際ソーシャルワークにおけるストレングス・アプローチ

　ストレングス・アプローチを国際ソーシャルワークに活用する場合には、海外への移住過程におけるサバイバル体験やそこで活用した資源や支援、その人の人生のなかで最もウェルビーイングが高かった体験、自尊心といったことに焦点を当てることが大切である。

　国際ソーシャルワークの分野では、以下のことを考慮しながら、ストレングス・アプローチを実践することが重要である[9]。

・母国からの出国、移動、移住先国での適応のそれぞれの段階におけるストレス要因に対して、クライエントやその人の家族がどのように判断し、対応したか。

・その人やその人の家族は、それらの判断を下す際、また自分たちを守る際に、どのような内的なストレングスや支援を活用したか。

・それぞれの段階において誰がその人を支援したか。同じ国の出身の人たちや同じ文化的・宗教的背景をもった人たちか、あるいは移住先の主流の文化的背景をもった人たちか。

・その人やその人の家族は、どのような社会的資源を獲得したか。支援を得るために、どのような要求を行い、どのような行動をとったか。

・その人やその人の家族が自分たちの生活や居住場所を確保するために活用できる、これまでの人生のなかでの非常にポジティブな人生経験は何か。また、誰が、どんな組織がそれを支援したか。

・その人たちの幸せや満足感に影響を与える出来事や活動は何か。

3 コミュニティを基盤とするアプローチ

　コミュニティを基盤とするソーシャルワークのアプローチは、コミュニティワーク、コミュニティ・オーガナイジング（オーガニゼーション）、あるいはコミュニティ開発と呼ばれるが、ここではまず基盤となるコミュニティ理論を説明したうえで、具体的な実践方法を紹介していく。

コミュニティ理論

　コミュニティ理論にはさまざまな定義があるが、共通しているのは「コミュニティの社会経済、政治、そして環境の改善のためにコミュニティの能力とエンパワメントを向上させることに焦点を当てる」ということである。

　つまり、コミュニティ開発の目的は、コミュニティのすべての人たちのニーズを満たすことができるようにコミュニティの能力を高め、コミュニティのすべての人たちのウェルビーイングのために新しい社会制度を制定したり、既存の社会制度を修正したりすることである。

　そして、このコミュニティ開発の目的を達成するために行われるのが、「移動（Relocation）」「再分配（Redistribution）」「調停（Reconciliation）」という三つの R である。

　一つ目の R の「移動」とは、ソーシャルワーカーが対象となるコミュニティに物理的に移動するという意味も含まれている。そうすることでコミュニティ理論のなかの「エンパワメント」や「コミュニティのメンバーとの協働」が可能となるのである。つまり、この実践モデルでは、ソーシャルワーカーは「コミュニティ外の専門家」という立場ではなく、「コミュニティのパートナー」という立場となる。コミュニティ内に移動することでソーシャルワーカーは、コミュニティのメンバーと共通の経験を有することが可能となり、特に抑圧の対象となっている移民のコミュニティなどではメンバーとの強固な信頼関係を築くことが可能となる。

　また、コミュニティ理論における「移動」には、コミュニティに「パワー」を転換する（戻す）という意味も含まれる。これを実現するためには、コミュニティのメンバーとの協働、コミュニティのメンバーの有する問題解決能力の活用、そしてコミュニティ内のリーダーシップの育

成が不可欠である。

　二つ目のＲの「再分配」とは、コミュニティの資源の獲得、あるいは再分配を意味する。コミュニティ内の不平等や資源の格差を把握したうえで、集団的なアドボカシー活動を通して資源の確保を目指すのである。移民コミュニティなどの抑圧の対象となっているコミュニティは資源が限定されていることが多いので、活用可能な資源を獲得していくことで、コミュニティのメンバーのウェルビーイングを高めていくのである。

　最後のＲである「調停」は、抑圧される側とする側の関係性をお互いに認識し、新しいより公平な関係性の構築を目指すプロセスである。ここでは特に抑圧する側の人たちが、抑圧の関係性を生み出してしまっている自分たちの役割をいかに認識できるかが焦点となる。ソーシャルワーカーとコミュニティのメンバーは、過去や現在の抑圧構造となっている関係性を、共助の関係へ変換するよう調停を行っていく必要がある。

　コミュニティ理論では、ソーシャルワーカーは「専門家」ではなく「ファシリテーター」の役割をとる必要があり、その役割はコミュニティ内のリーダーシップの育成、コミュニティへの働きかけや調整、そしてコミュニティの変革のための計画立案の支援などとなる。つまり、ソーシャルワーカーが専門知識を提供したり、リーダーシップの役割を担ったりするのではなく、コミュニティが自分たちでコミュニティを改善するのを支援するのである。

具体的な実践方法

　コミュニティ理論に基づくソーシャルワークのアプローチでは、以下のような考えや活動をベースに実践が展開される。

コミュニティのメンバーの参加：すべてのコミュニティのメンバーはコミュニティの改善のために貢献できる能力を有しており、実際の改善のプロセスに参加する機会が与えられる。

コミュニティの所有権：コミュニティの意思決定のプロセスやコミュニティの変革の活動の決定権はコミュニティのメンバー自身が有する。

エンパワメント：パワーはコミュニティとそのメンバーに属するという考えに基づき、コミュニティの変革にはメンバー一人ひとりとコミュニティ全体のエンパワメントが不可欠である。

コミュニティ内のリーダーシップ：コミュニティの変革は、コミュニティのメンバーの知識、スキル、専門性が十分に発揮され、コミュニティがリーダーシップをとることによって可能となる。

ソーシャルアクション：コミュニティに問題を生み出している要因を分析して、メンバーの協働による活動によって改善を要求していく。例えば、サービス供給、法律や判決の行使、あるいは資源の配分などに関して不適切な対応あるいは不当な扱いを行う体制や制度に対して、クライエントのニーズを最優先し、クライエント側に立った、あるいは正当な理由のための陳情や抗議を展開していく。

構造の変革：コミュニティの課題の原因はコミュニティの構造にあるので、コミュニティ全体やすべてのメンバーのウェルビーイングの向上には対症療法的な取り組みではなく、その構造自体の変革を目指す。

引用文献

1) Garcia, B., Theory and social work practice with immigrant populations, F. Chang-Muy & E. P. Congress（Eds.）, Social Work with Immigrants and Refugees：Legal Issues, Clinical Skills, and Advocacy, Springer, pp. 79-101, 2009.

2) Gutierrez, L., Working with women of color：An empowerment perspective, Social Work, 35（2）, pp. 149-154, 1990.

3) Rappaport, J., Empowerment meets narrative：Listening to stories and creating settings, American Journal of Community Psychology, 23（5）, pp. 795-807, 1995.

4) L. M. グティエーレス・R. J. パーソンズ・E. O. コックス, 小松源助監訳『ソーシャルワーク実践におけるエンパワメント――その理論と実際の論考集』相川書房, p. 24, 2000.

5) 和気純子「エンパワメント・アプローチ」久保紘章・副田あけみ編著『ソーシャルワークの実践モデル』川島書店, p. 205, 2005.

6) Parsons, R. J., Empowerment practice, T. Mizrahi & L. E. Davis（Eds.）, Encyclopedia of Social Work, 20th ed., Volume2, NASW Press, pp. 123-126, 2008.

7) 前出5), pp. 214-218 および6)

8) Kim, J. S., Strength perspective, T. Mizrahi & L. E. Davis（Eds.）, Encyclopedia of Social Work, 20th ed., Volume 4, NASW Press, pp. 177-181, 2008.

9) 前出1), pp. 91-92

参考文献

・B. デュボワ・C. K. マイリー, 北島英治監訳『ソーシャルワーク――人々をエンパワメントする専門職』明石書店, 2017.

・L. M. グティエーレス・R. J. パーソンズ・E. O. コックス, 小松源助監訳『ソーシャルワーク実践におけるエンパワメント――その理論と実際の論考集』相川書房, 2000.

・鎌田華乃子『コミュニティ・オーガナイジング――ほしい未来をみんなで創る5つのステップ』英知出版, 2020.

・高良麻子『日本におけるソーシャルアクションの実践モデル――「制度からの排除」への対処』中央法規出版, 2017.

- 開発学分野の理論とアプローチの変遷について学ぶ。
- 権利に基づくアプローチ（RBA）の概要と特徴についての理解を深める。
- 潜在能力アプローチの概要を知る。

　近年、世界中の多くの研究者や活動家たちが、ソーシャルワークはもっと積極的に開発支援に携わるべきだと提唱している[1]。2012 年に国際ソーシャルワーク学校連盟（IASSW）、国際社会福祉協議会（ICSW）、そして国際ソーシャルワーカー連盟（IFSW）によって発表された「ソーシャルワーク及び社会開発のためのグローバルアジェンダ」は、後述の SDGs と共通する内容が多く、抑圧や不平等の原因に対応するための構造やシステムに対して支援や影響を与えることで、2015 年以降の開発支援のためのアジェンダに取り組むためのものである。

　ソーシャルワーカーは、最も脆弱な人たちに目を向けて、誰一人取り残さない社会の構築を目指す SDGs の目標の達成に貢献できる存在である。

　このように、開発学とソーシャルワークの親和性は高いため、開発学や国際協力の分野における理論やアプローチも、国際ソーシャルワークの実践に有効なものが少なくない。本節では、SDGs を含む開発学の分野における理論と実践アプローチの変遷を概観したうえで、国際ソーシャルワークの実践に活用できる「権利に基づくアプローチ」と「潜在能力アプローチ」を紹介する。

1 開発学分野の理論とアプローチの変遷

　ソーシャルワークの目的は「生活課題に取り組みウェルビーイングを高めるよう、人々やさまざまな構造に働きかける」ことである。こうした目的は開発学にも共通することであるが、開発学の領域ではこのウェルビーイングの指標として伝統的には国民総生産（GNP）や国内総生産（GDP）が使われてきた。

しかし、これらの数値は、国の値を人口で割って出した国民1人あたりの平均値であり、国全体としての経済活動のレベルを理解するのには有効かもしれないが、国内のさまざまな地域に暮らす人々、またさまざまな状況におかれている人たち（特にソーシャルワークの対象となるような抑圧の対象となっている人たち）の生活の状況を把握するのは難しいという批判を受けた。

つまり、これらの指標は、多様性に対応していないものだったのである。またトリクルダウン効果といって、大企業や富裕層支援によって経済活動を活発化させれば、いずれ貧困層にも流れ落ち最終的には国全体が潤うという仮説も立証されず、1970年代からしだいにGNPやGDPを各国の豊かさの指標に用いることに批判が高まり、1990年代に代替の指標として、保健、教育、所得という三つの側面に関しての各国の平均達成度を測るための人間開発指数★1が用いられるようになった[2]。

この人間開発の測定可能な指標として、2000年に国連がその当時2015年までに達成可能だと考えられる八つの目標を設定したのがミレニアム開発目標（Millennium Development Goal：MDGs）である（表2—1）。

このMDGsを引き継ぐ形で2015年9月の国連サミットで採択されたのが、「誰一人取り残さない」を理念とする17のゴール・169のターゲットで構成される世界全体の目標である「持続可能な開発目標（Sustainable Development Goals：SDGs）」である（表2—2、図2—2）。MDGsで未達成の課題については引き続き対応が必要とされ、特にMDGsから取り残された人々を重視する立場から、国内の格差に配慮する包括的な視点が一層強調されている。

また、MDGsは途上国の開発問題が中心で、先進国はそれを援助す

★1 人間開発指数：出生時平均余命（保健）、知識は成人識字率と就学率（教育）、1人あたり国内総生産GDP（所得）によって計算される、各国の社会の豊かさや進歩の度合いを測る包括的な経済社会指標。

表2—1 ミレニアム開発目標（MDGs）

目標1：極度の貧困と飢餓の撲滅
目標2：初等教育の完全普及の達成
目標3：ジェンダー平等推進と女性の地位向上
目標4：乳幼児死亡率の削減
目標5：妊産婦の健康の改善
目標6：HIV／エイズ、マラリア、その他の疾病の蔓延の防止
目標7：環境の持続可能性確保
目標8：開発のためのグローバルなパートナーシップの推進

表2―2 持続可能な開発目標（SDGs）の17のゴール

1：あらゆる場所のあらゆる形態の貧困を終わらせる

2：飢餓を終わらせ、食料安全保障及び栄養改善を実現し、持続可能な農業を促進する

3：あらゆる年齢のすべての人々の健康的な生活を確保し、福祉を促進する

4：すべての人々への包摂的かつ公正な質の高い教育を提供し、生涯学習の機会を促進する

5：ジェンダー平等を達成し、すべての女性及び女児の能力強化を行う

6：すべての人々の水と衛生の利用可能性と持続可能な管理を確保する

7：すべての人々の、安価かつ信頼できる持続可能な近代的エネルギーへのアクセスを確保する

8：包摂的かつ持続可能な経済成長及びすべての人々の完全かつ生産的な雇用と働きがいのある人間らしい雇用（ディーセント・ワーク）を促進する

9：強靱（レジリエント）なインフラ構築、包摂的かつ持続可能な産業化の促進及びイノベーションの推進を図る

10：各国内及び各国間の不平等を是正する

11：包摂的で安全かつ強靱（レジリエント）で持続可能な都市及び人間居住を実現する

12：持続可能な生産消費形態を確保する

13：気候変動及びその影響を軽減するための緊急対策を講じる

14：持続可能な開発のために海洋・海洋資源を保全し、持続可能な形で利用する

15：陸域生態系の保護、回復、持続可能な利用の推進、持続可能な森林の経営、砂漠化への対処、ならびに土地の劣化の阻止・回復及び生物多様性の損失を阻止する

16：持続可能な開発のための平和で包摂的な社会を促進し、すべての人々に司法へのアクセスを提供し、あらゆるレベルにおいて効果的で説明責任のある包摂的な制度を構築する

17：持続可能な開発のための実施手段を強化し、グローバル・パートナーシップを活性化する

る側という位置づけであったのに対し、SDGsは開発側面だけでなく経済・社会・環境の３側面すべてに対応し、先進国にも共通の課題として設定している。

図2−2 SDGs のロゴ

　一方、人間開発指数が活用されるようになって以降も、一国単位の数値での各国の開発の指標を用いている限り、各国内の格差や、特に貧困層の実態を表すのは不十分だという批判が生まれてきた。その結果、1990 年代末頃からこの人間開発指数に基づくアプローチをさらに発展させ、個々人がどのような生活と状況を保障されているかを問う、国単位ではなく、個々人の権利の実現に焦点を当てた「権利アプローチ（rights-based approach：RBA）」や、この権利アプローチの一つであり、人間開発アプローチをより個々人に焦点を当てる形でさらに発展させた「潜在能力アプローチ（capability approach）」が、国連を中心に推進されるようになったのである。

2 権利に基づくアプローチ（RBA）

RBA の概要

　国連によると、RBA とは「規範的に国際人権基準に基づき実践面で人権の促進と保護につながる人間開発の過程のための概念的枠組み」[3] である。RBA では、開発の目標を「福祉の実現」ではなく、「人権 / 権利の実現」としてとらえる[4]。

　言い換えると、子どもたちが知識を身につけ、可能性を伸ばし、成長して能力を発揮できる仕事につき、それにより自分自身や社会の発展に

貢献できるようになるために教育を受けることは、これまで「子どもたちのニーズ」としてとらえられたが、これを「子どもたちの権利」だという認識への変換させたのがRBAである。

そして、この転換の実現（権利の実現）のためには、国内の格差、不平等、差別の問題（女性の非識字率、貧困層における進学率、LGBTQ+[★2]の自殺率の高さ）に向き合い、平均値ではなく、個々人の状況に変化を及ぼすようなアプローチが重要である。例えば、国籍や障害の有無が修学の機会を妨げるのであれば、そうした原因を取り除くことを目指す必要があるため、政治的なアプローチが必要となってくる。

RBAが注目されている理由の一つは、社会のなかの多様性を構成するマイノリティなどの社会的排除の対象となっている人たちの問題を、人権という観点から総合的に扱うことができる点である。人権として誰もが当然利用する権利を有する社会サービスを、実際にはさまざまな理由で社会的に不利な立場におかれている人たちが受給できない状況を、RBAは体系的に分析する枠組みを提供する[5]。

RBAの特徴

RBAの特徴は以下のようにまとめられる[6]。

① 貧困や抑圧を権利の剥奪と捉える視点

RBAでは、貧しさを本人だけの責任とするのではなく、教育、医療、意思決定への参加など人権が奪われてきた結果として捉え、問題解決には主体性を阻害している要因をなくし、すべての人が人間らしい生活ができるための条件を社会全体で実現していくことを目指す。

したがって、医療サービス、教育、生計手段といった基本的なニーズも、人権の枠組みでとらえ直すと、「足りないもの」ではなく、「責務履行者に正当に請求できるもの」となる。

② 人権基準と「人権の原則」の重視

RBAでは、法的な拘束力をもつ人権基準とともに、その基準の背景にある考え方や社会のあり方についての「人権の原則」の両方を重視する。

人権基準とは、国際人権規約や児童の権利に関する条約などの人権条約や、それぞれの国の憲法や国内法で定められている具体的な諸権利である。

これに対して人権の原則とは、包摂、参加、法の支配、説明責任、透

★2 LGBTQ+：Lesbian（レズビアン：女性同性愛者）、Gay（ゲイ：男性同性愛者）、Bisexual（バイセクシュアル：両性愛者）、Transgender（トランスジェンダー：性自認が出生時に割り当てられた性別とは異なる人）、Questioning（クエスチョニング：自分の性のあり方について「わからない」や「迷っている」人たち）の頭文字に、上記以外にもたくさんの性のあり方があることから包括的な意味をもたせるために最後に「＋」をつけた性的マイノリティを総称する用語。

明性、非差別、平等といった人権が守られる社会が満たす必要のある諸原則を指す。

③ 包摂

人権の原則である普遍性（差別のない平等な実現）と不可譲という観点に立てば、少数者の社会的排除という認識が重要となってくる。

この視点に立てば、特定の地域における介護サービスの利用率を高めることだけに焦点を当てるだけでは不十分であり、差別なく利用できる状況となっているかが課題となってくる。これは、人権の普遍性、不可譲、非差別、平等といった理念が導き出すものである。

④ 権利保有者と責務履行者

権利には、その権利の実現を要求する権利保有者と、その要求の実現の責務を担う責務履行者が存在するが、RBAではこの両者の関係を分析し、権利保有者が権利を要求でき、責務履行者が責務を履行するように促していく。

例えば子どもの場合、当然子どもが権利保有者であり、その人権の実現に法的・道義的責任を負う責務履行者には国・自治体だけでなく、親、地域社会、教師、保健所などが位置づけられる。

RBAでは、この「責務履行者―権利保有者」という枠組みで当事者たちを特定し、義務を負う人たちのその義務を果たす能力と、権利を保有するものの権利を主張する能力を分析・検討し、ギャップを埋めるための権利保有者のエンパワメントや責務履行者の能力強化を追求していく。

⑤ エンパワメント

被抑圧者の意識化によって不当な社会関係を明らかにするというこれまでのエンパワメントの理解に、人権という枠組みを与えることによって、問題の解決は個人ではなく、社会的に共通な課題という認識を社会全体で共有するという理解へと変換することが可能となる。

⑥ 参加と説明責任

参加と説明責任も、権利保有者と責務履行者という人権の枠組みでとらえ直すと、誰の参加か（権力者ではなく、すべての人）、何のための説明責任か（効率的な支援の手段としてではなく、権利保有者への義務）が変わってくる。

RBAは、近年ソーシャルワークにおいても注目されており[7][8][9]、

先進国において新自由主義に基づき社会福祉に対する予算を削減しようとする保守的な政策や実践に対抗する手段としてもその有効性が議論されている[10]。

3 潜在能力アプローチ

RBA の一つでもある潜在能力アプローチは、人間開発アプローチをより個々人に焦点を当てる形で、さらに発展させたものである。

潜在能力アプローチを提唱した**アマルティア・セン**★3（Amartya Sen）によると、開発の評価の焦点を収入を中心としたものから、それぞれの人が価値をおいている事柄を達成できる能力にシフトさせる[11]。

したがって、ウェルビーイングは収入や消費のレベルではなく、個々人の「潜在能力」、つまり自由や選択の程度で測られるべきだと考える。センは「人がどれくらい満足を感じているか」を問う**功利主義**★4でもなく、「どれくらいの資源を用いることができるか」を問う**ロールズ**★5（Rawls, J. B.）的なアプローチでもなく、「その人が、現実的に何をすることができ、どのような状態になることができるのか」を問い、「そのための機会があるか」を問う潜在能力アプローチが、個々人の豊かさや福祉を把握する適切なアプローチだとしている[12]。

例えば、自らの意思での絶食によって空腹状態にあるのと、食料の入手が困難な状態によって空腹状態であるのとを比較した場合、達成という基準からするとどちらも同じ状況である。したがって、空腹状態という達成ではなく、空腹を満たす機会を有しているかという潜在能力、言い換えるとその人が望む生活様式を獲得するのに必要な自由や機会をどれくらい有しているかで判断されるべきだとしている。

この機会の有無という観点からウェルビーイングを評価する場合には、選択できるかということだけでなく、潜在能力を行使できる（現実化された機能へと変換させる）のに必要な「力」にも着目する必要がある。

なぜなら、潜在能力（機会）を有していても、個人的特性（例えば、健康、性別、識字能力、知能レベルなど）、社会的特性（例えば、公共政策、社会規範、差別、性別役割、社会階層、権力構造など）、そして環境的特性（例えば、気候、インフラ、法律、公共機関の有無など）の影響で実現化できない可能性があるからである。

また「その人が望む生活様式」に関しては、適応的選好（adaptive

★3 アマルティア・セン：飢饉、人間開発理論、厚生経済学、貧困のメカニズム、男女の不平等、政治的自由主義などを研究テーマとするインドの経済学者。アジア人として初のノーベル経済学賞を1998年に受賞。

★4 功利主義：功利（快を求め苦を避ける人間の傾向）を価値の原理とし、「最大多数の最大の幸福」の原理によって個人の幸福と社会の幸福を調和させようとする考え方。

★5 ロールズ：アメリカ合衆国の哲学者であり、人間が守るべき「正義」の根拠を探り、その正当性を論じたロールズの主著の一つである『正義論』（1971年刊行）は倫理学や政治哲学の分野で大きな反響を呼んだ。

preferences）に注意を払う必要がある。適応的選好とは、人は自らのウェルビーイングを最大化するために合理的な選択を行うと考えられがちであるが、実際には種々の制約を反映した選考をするというものである。

　例えば、社会の一般的な規範として「教育を受けることは重要である」とされていても、家庭や学校、またマスメディアで「女性は大学まで行く必要がない」というメッセージを繰り返して受け取ることで、「大学に行く必要はない」という選択をしてしまう女性が出てきてしまう。

　あるいは企業の管理職に女性が就くことに関しても、「女性には無理」「女性には向いていない」「組織にとって望ましくない」という風土のある企業では、女性たちがそうした希望や意欲を失ってしまう可能性がある。

　このように差別や偏見、あるいは文化や伝統的な価値観によって、自分のおかれた状況のなかで実現可能な状態、あるいは周りが期待する状態で満足を感じてしまう、これが適応的選好である。適応的選好の特徴は、「適応」を本人に意識させない形で、それが最善の選択肢であるかのように本人に思わせることである。しかし、この適応的選好という概念を用いることで、ソーシャルワークの実践においても、文化や伝統による選好の歪みを理解することが可能となる。

　国際ソーシャルワークにおける例をあげると、日本で生活する外国人家族の親が「子どもは高校には行かなくてもかまわない」と言った場合、その声をそのままとらえれば、子どもが義務教育を終了すればそれ以降について特に何らかの手だてを講じる必要はないことになる。しかし、ソーシャルワーカーは、その発言が「真の」欲求に基づくものであるのか、あるいは金銭的困難などによって適応的選好が生じていないかを見極め、それが適応的選好による発言である場合には隠れている、あるいは情報を得られていないことなどによって本人も認識していない「真の」希望を見出すことが求められる。

　実際にソーシャルワークによって、当事者が望む潜在能力を行使できるよう支援していくためには、どの程度まで、どのような方法でそれを行うかは、その実践のなかで見極めていかなくてはならない。

　しかし、この潜在能力アプローチの考えをソーシャルワークに取り入れることで、より人道主義や社会正義を基盤とした実践が可能となるで

あろう[13]。なぜなら、潜在能力アプローチは、ソーシャルワークの実践のなかで取り組む課題が、人種・国籍、性別、障害などに基づく構造的な不平等によって潜在能力を行使できない状況に追い込まれていることに起因するという視点を提供するからである。

引用文献

1) Healy, L. M., & Thomas, R. L., International Social Work, 3rd ed., Oxford University Press, pp. 1-21, 2020.

2) 三輪敦子「権利アプローチとしてのケイパビリティ・アプローチの意義と可能性——女性エンパワメントの観点から」『世界人権問題研究センター　研究紀要』17, pp. 1-22, 2012.

3) OHCHR, Frequently asked questions on a human rights-based approach to development cooperation, United Nations, 2006. http://www.ohchr.org/Documents/Publications/FAQen.pdf#search=%27Frequently+Asked+Questions+on+A+Human+RightsBased+Approach+to+Development+Cooperation%27

4) 前出2)

5) 国際協力機構企画部「Rights Based Approach とは」2014. https://www.jica.go.jp/activities/issues/special_edition/security/ku57pq00002j5bmp-att/with_rights_based_approach.pdf

6) 川村暁雄「人権基盤型アプローチの射程——人間の尊厳のための社会関係の把握・変革・自覚・共有」アジア・太平洋人権情報センター（ヒューライツ大阪）編『アジア・太平洋人権レビュー 2008——新たな国際開発の潮流：人権基盤型開発の射程』現代人文社, pp. 8-34, 2008.

7) McPherson, J., Human rights practice in social work：A US social worker looks to Brazil for leadership, European Journal of Social Work, 18 (4), pp. 599-612, 2015.

8) Skegg, A., Human rights and social work：A western imposition or empowerment to the people?, International Social Work, 48 (5), pp. 667-672, 2015.

9) 横田恵子「ソーシャルワーク実践における援助技術教育——普遍的モデルの多元的再検討」横田恵子編著『解放のソーシャルワーク』世界思想社, pp. 3-40, 2007.

10) Pawar, M., The adoption of a rights-based approach to welfare in India, Journal of Comparative Social Welfare, 28 (1), pp. 35-47, 2012.

11) Frediani, A., A. Sen's Capability Approach as a framework to the practice of development, Development in Practice, 20 (2), pp. 173-187, 2010.

12) 前出2)

13) Gupta, A., Featherstone, B., & White, S., Reclaiming humanity：From capacities to capabilities in understanding parenting in adversity, British Journal of Social Work, 46, pp. 339–354, 2016.

参考文献

・アジア・太平洋人権情報センター（ヒューライツ大阪）編『アジア・太平洋人権レビュー 2008——新たな国際開発の潮流：人権基盤型開発の射程』現代人文社, 2008.

・M. C. ヌスバウム, 池本幸生・田口さつき訳『女性と人間開発 潜在能力アプローチ』岩波書店, 2005.

第3章

世界のソーシャルワーク

　今日ソーシャルワークは世界の 130 を超える国で実践されており、ソーシャルワーカーの実践の基盤は国の制度に大きく影響を受けている。先進諸国はもとより、発展途上国においても、今日社会福祉制度に基づき社会福祉の政策がつくられている。一方、これらが実施に移されるか、ソーシャルワーカーが有給で雇用され、社会問題の解決に影響を及ぼすことができているかは、国の制度や政策、経済状況により大きく異なっている。

　世界のソーシャルワークの実態を理解しておくことは、自らの職務の役割やソーシャルワーカーのあるべき姿を考えるうえで非常に重要である。

第 1 節 ヨーロッパのソーシャルワーク

学習のポイント

● ヨーロッパ地域のソーシャルワークの枠組みと国際ソーシャルワークへの
アプローチを学ぶ。
● ヨーロッパ地域の国際ソーシャルワークが展開される社会文化政治的背景
を学ぶ。
● ヨーロッパ地域のグローバリゼーションに対応する国際ソーシャルワーク
の取組みとその特色を学ぶ。

1 ヨーロッパ地域のソーシャルワークと専門職の特徴

ヨーロッパ共同体（EU）は1989年から自由主義（アングロサクソン）モデルと市場志向のアプローチに基づき、東欧と西欧の間の統合を模索してきた。しかし、今日のヨーロッパは統合よりもむしろ断片化しているとの指摘がある[1]。西欧社会の新自由主義と東欧社会の管理主義の進展は、ソーシャルワークの業務にも影響を及ぼしている[2]。

新自由主義やポピュリズム、市場主義促進の動きが活発化し、多面的な方向に福祉国家を変容させる。これらは財政的にも、サービスの提供方法についても明らかで、ソーシャルワーカー組織はこれらの動きを憂慮している。

ヨーロッパ地域のソーシャルワーク専門職について、「国の政策、国の法制度、および市民社会の文化と伝統、多様な歴史と密接にかかわる」ととらえる一方、「ローカルと国際の専門職である」とその特徴が指摘されている[3][4]。

ヨーロッパの社会問題にかかわるソーシャルワーカーを「グローカル」専門職と呼ぶこともある。この指摘は、今日のソーシャルワークにおいて、グローバリゼーションの進展とともに、ローカルな対応者としてグローバルな課題に対応する事案がいかに増加しているかに起因している。

現在のヨーロッパの社会問題は、若者と高齢者の失業問題、労働搾取

（自由契約と低賃金労働）、地域全体における公的セクターの民営化傾向が含まれる。貧困問題も深刻で、EU 諸国間の所得格差が拡大している [5]。

また、難民のグローバルな移動や社会的抗議運動の増加、「自然」（気候に影響を受けた）災害および人によりつくられた災害、例えば原油の流出、火災、水害、地震などが含まれる [6]。

② ヨーロッパ地域の社会政策に基づく社会福祉サービスのモデル

ヨーロッパ地域の社会政策と比較社会政策モデルに基づくソーシャルワークの傾向は、以下の 4 類型に分類される。

北欧モデル

第一は北欧モデル（例えばスウェーデン）である。

ソーシャルワーカーはサービスを評価し、サービスを発展させる役割を担い、相当程度の役割を付与され、社会的地位も高い。このモデルは、社会民主主義の政治的アプローチをとる。

残余型モデル

第二は、残余型モデル（英国が主流）で、国家と民間市場が協働して、ソーシャルワークサービスを運営・提供する。

福祉の民営化が明確なモデルで、20 世紀以降普及している。サービスはミーンズテスト（適合性の査定）が求められ、社会の最貧層を対象とし、個別化が原則で、「ケアとコントロール」を重視し、社会的結束よりも統制に用いられる。

コーポラティズムモデル

第三は、コーポラティズムモデル（例はドイツやオランダ）で、ビスマルクの福祉国家組織論をもとに、カトリックの補助的思想に基づいている。

福祉の責任は組織体にあり、個人、家族、コミュニティ、非政府組織（NGO）が国家よりも優先される。ソーシャルワーカーは主として民間組織に属し、「統制」の役割を担い、社会の評価はそれほど高くはない。

補足的モデル

　第四は、補足的モデルで、国家の社会的保護は最小限に限定され、ソーシャルワークは断片的となり、一貫したソーシャルワークを普遍化することは難しい。これらの国々は、ソーシャルワーカーは NGO に雇用されることが一般的である。

　これは、南ヨーロッパ、または地中海諸国、スペインやアイルランドにみられる [7]。

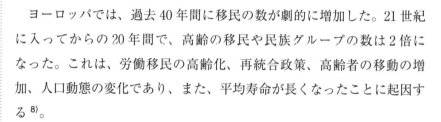

３ ヨーロッパの移民の高齢化

　ヨーロッパでは、過去 40 年間に移民の数が劇的に増加した。21 世紀に入ってからの 20 年間で、高齢の移民や民族グループの数は 2 倍になった。これは、労働移民の高齢化、再統合政策、高齢者の移動の増加、人口動態の変化であり、また、平均寿命が長くなったことに起因する [8]。

　この新しい人口構造は、高齢の移民とホストコミュニティの共存関係を改善し、社会的排除の状況を回避するために、文化的に敏感な社会政策や社会サービスを開発するうえで、ソーシャルワーカーやすべての EU 加盟国、そのほかの関係諸国やサービスを提供する組織や関係機関に新たな政策課題をもたらすこととなっている。

　高齢の移民は多くの場合、受け入れ先のコミュニティの高齢者のニーズとは異なる一連のニーズを抱えている。言葉や文化的な障壁、孤独感や孤立感、緊縮財政による貯蓄の減少など、問題は山積している。

　これらは、高齢者が脆弱な状況で社会サービスにアクセスすることを妨げる要因をもっており、社会的排除の状況に陥るリスクを高めている。一般的な高齢によるリスク・課題のほかに移民特有のリスク要因も存在する。例えば、移住前や移住中に健康リスクにさらされること、社会経済的に不利な立場にあること、言語の障壁や健康リテラシーの低さ、健康を求める行動に影響を与える文化的要因、健康や生活の質に影響を与える心理社会的な脆弱性や差別などがあげられる。

　ヨーロッパの多くの国で、少数派の人々、エスニックグループは、文化的伝統が尊重されず、多数派の文化に適合することを余儀なくされる傾向にある。一方で高齢の移民は自分たちの伝統に強い帰属意識を抱き、伝統を維持する傾向にある。彼らの文化的ルーツは、彼らの情緒的、心理的な強さにつながり、人生におけるさまざまな変化を乗り切る

際に安全と安心感を与えてくれる。

　このルーツシステムを維持するうえで、ホストコミュニティで理解されなかったり、尊重されなかったりすると、社会的排除や疎外感を生み出す可能性がある。その結果、このような状況はより否定的な影響を与え、より大きな影響を与えることになる[9]。

　高齢の移民の排除にアプローチするには、単なるサービスの活性化策ではなく、ソーシャルワーク専門職の原則である社会正義、尊厳、多様性、持続可能性に基づいた、より包括的で全体的な権利の枠組みが必要である。ソーシャルワークのアプローチには、人を中心としたサービスへの変革プロセスを導く横断的な政策が必要である。これらの政策は、高齢の移民間の文化的・宗教的な違いに配慮し、これらの違いを高齢者ケアに統合し、隔離ではなく社会を構成するすべての人にとっての資産となる社会統合の雰囲気を促進するものでなければならない。

　ヨーロッパの代表的な都市はスーパーグローバルシティと呼ばれ、世界中の移民が居住または相互移動し高齢化を迎えている。そのなかには、ヨーロッパの国々の労働者不足を支えて高齢に至った人々も多くいる。

　これらの人々はトルコ、アフリカ、南米諸国から労働移民としてヨーロッパに定住した。ソーシャルワーカーはこの社会で、多様なサービスニーズをもつ高齢の移民の多様なニーズに対して多様なセクターのサービスを連結する役割を担う。また、国際ソーシャルワークにおいては、世界に共通する保健システムの構築を模索し、多文化を包含する寛容性や政策の進展を訴える役割が増加している（例えば、ユニバーサル・ヘルス・カバレッジの実現に向けた行動は、ヨーロッパの高齢の移民だけでなく世界各地域が抱える課題に適合性をもっている[10]）。

引用文献

1) Bieber, F. (2019) p. 97, IASSW, ICSW & IFSW, Global Agenda for Social Work and Social Development：Fourth Report, 2020.

2) Ornellas, A., Spolander, G., Engelbrecht, L.K., Sicora, A., Pervova, I., Martinez-Roman, M.A., Law, A.K., Shajahan, P.K., Guerreiro, M.D., Casanova,J.L., Garcia, L.T.M., Acar, H., Martin, L., Strydom, M., Mapping social work across 10 countries：Structure, intervention, identity and challenges, International Social Work, pp. 1-15, 2018.

3) Dominelli, L., Social Work in a Globalizing World, Polity Press, 2010. EUROSTAT https://tradingeconomics.com/european-union/population（2021年12月23日アクセス）

4) Healy, L., International Social Work：Professional Action in an Interdependent world, Oxford University Press, 'Leary, P., Tsui, M.S., Ruch, G., (201), The Boundaries of the Social Work Relationship Revisited：Towards a Connected, Inclusive and dynamic

Conceptualisation, British Journal of Social work, 43, pp. 135-153, 2001. Doi : 10.1093/bjsw/bcr181

5) Fresno, J.M., Meyer, S., Bain, S., 'The Future of Social Services in Europe', Public Policy Portuguese Journal (Universidade de Evora), 4 (1), pp. 64-76, 2019.

6) IFSW, Global Agenda, 2020.

7) Ferrera, M., The 'Southern model' Europe, Journal of European Social Policy, 6 (1), pp. 17-37, 1996.

8) WHO, Leyden Academy on Vitality and Ageing, 2018.

9) World Forum of Non-Governmental Organization on Ageing : Final Declaration and Recommendations, 2002.

10) WHO, Together on the road to universal health coverage, A call to action, 2017. http:// apps.who.int/iris/bitstream/handle/10665/258962/WHO-HIS-HGF-17.1-eng. pdf?sequence=1.accessed

第2節 アジア太平洋地域のソーシャルワーク

1 アジア太平洋地域のソーシャルワークの課題

アジア地域のソーシャルワークの課題

アジアでは、急激な人口増加により、自然の減少やエネルギーの消費過多、水不足などの環境問題に直面している。また、地方から都市への人口移動により都市部に人口が集中し、その結果、大気や水質の悪化、騒音、ごみ増加、下水問題などといった、都市化に伴う環境への悪影響が生じている。

都市部の人口増加は、発展途上国の多くの都市でスラム街を形成し、健康問題や生活水準にまで影響を与えている。逆に、地方は貧困化または荒廃し、これに伴う環境への影響も出ている。

世界の貧困層のうち約3分の2がアジア・太平洋地域に住み、その多くが南アジアに集中している。さらに、南アジアの貧困層の約80%は地方の農村部に住み、貧困と環境との負の関係が貧困を再生することにもつながっている。

多大な人口を擁し環境への課題が深刻なアジア地域では、ソーシャルワーカーによる環境への関与、特に住民を巻き込んだ抗議運動の組織化、住民に対する情報提供や教育などの活動が主要な役割となる。

SDGsに盛り込まれた多くの課題にソーシャルワーカーが積極的に関与する例はインドの災害防止や水問題、スリランカの漁村での抗議活動などの活動からみることができる[1]。

太平洋地域のソーシャルワークの課題

太平洋地域は多様な社会問題のみならず、環境問題も深刻さを増している。例えば、干ばつ、塩分濃度問題、気温上昇、海面上昇、急速な開発に伴う環境問題、固有種動物の保護、人口の過疎拡散問題、都市の住宅価格の高騰、社会階層と経済の格差、貧困、社会的不平等の課題などである²⁾。

IPCC★¹（Intergovernmental Panel on Climate Change：気候変動に関する政府間パネル）の報告書はミクロネシアのマーシャル諸島共和国について、環礁の約8割が海面下になる可能性を警告している。

アジアにおける2タイプのソーシャルワーク

アジアでは、経済発展し社会福祉制度が整備されている数か国は、ソーシャルワーカーの立場が社会の制度で規定され、法的規定に基づいて仕事を遂行する先進諸国の方式を採用している。

一方、それ以外の国々は、予防よりもむしろ問題に直面している状況、惨事の直後からその後の救援活動など、事後対応やリハビリテーションにソーシャルワーカーが従事している。

インドにおけるソーシャルワーカー養成

アジア地域では、インドが世界の人口で2位に位置し、さらに増加している。

そのインドのソーシャルワーカー養成機関の数と養成人数はアジア地域で最大の数を維持し続ける可能性がある。インドのソーシャルワーカーの活動は、子どもや家族に対する保護、ストリートチルドレン★²、人身売買、児童労働、少女結婚等への対応、トライバルチルドレン★³の教育や学習支援、女性のエンパワメントや職業的自立とコミュニティ開発、HIVに罹患している人々の支援、社会・環境問題に対する抗議活動など多岐に及ぶ。

インドのソーシャルワーク教育機関のカリキュラムでは、実習の課題として未組織の建築労働者の労働環境の改善、開発事業により強制移住を余儀なくされる住民の処遇改善、周縁化された漁村漁民の保護、労災に対する支援などに取り組む事例も報告されている。

★1 IPCC：人による気候変化の影響や、適応・緩和策に関し、包括的な評価を行う国際組織。

★2 ストリートチルドレン：都市部にて保護者がいないために路上での生活を余儀なくされている子ども。貧困や公衆衛生上の問題以外にも犯罪行為に加担せざるを得ないなど福祉的課題を抱える。

★3 トライバルチルドレン：少数派民族の子どものこと。アジアは多言語多民族で構成される国が多く、少数派民族が社会的差別の対象とされやすい。ソーシャルワーカーは少数民族に対するアドボカシーの活動にも従事している。

② ソーシャルワークのアジア太平洋の地域モデルの模索

アジア太平洋地域の多様性に着目した実践モデルの模索

　アジア太平洋地域は、地域の特性を活かしたソーシャルワーク実践モデルを模索している。

　ソーシャルワークは、西欧社会の成熟した民主主義の価値観のもとでは、社会正義と人権の保障、エンパワメントを促進する道具とみなされている。

　一方、アジア太平洋地域では、ソーシャルワークが社会の安全性と統制のための道具とみなされている場合もある。

　今日、社会で緊張感を生んでいることの一つに、社会における経済的発展を第一義的目標に据えるのか、もしくは、民主的社会の発展を優先させるのかの議論もある。これは、SDGsともかかわる。例えば香港では、これまで、バランスの取れた社会開発よりも、経済的発展に重きがおかれてきた。

　このように、西洋で発展してきたソーシャルワークの理論や介入の方法が、経済の発展段階やアジア太平洋地域に即しているのかという問いが生まれている。それは、ソーシャルワークの理論が西洋の個人主義を基本として発達してきたとの指摘に由来する。また、西洋社会において、市民的不服従や抗議は合法的な手段であるが、異なる文化背景や土壌をもつ地域では、介入方法として、適合性をもつものであろうかとの議論もある。

　アジア太平洋地域の文化は、集合的な特性があるとの認識があり、特にこの特徴は先住民の伝統・文化でも維持されてきているとの指摘がある。国際ソーシャルワークの3組織は、2021年にむこう2年間のソーシャルワークのグローバルアジェンダのテーマに、アフリカ先住民の考え方 "Ubuntu"（ウブンツゥ）を採用した。これは、「あなたたちがいてわたしがいる」という集合的な関係の重要性を強調するものであり、アジア太平洋地域の先住民を含むコミュニティの価値観とも共通性をもつかもしれない。

　アジア太平洋地域のソーシャルワーク課題には以下があげられる。

ソーシャルワーク教育の課題

　アジア太平洋地域におけるソーシャルワーク教育の課題としては以下

の3点があげられる。

① ソーシャルワークが発達していない環境では、実習環境が整わない。

② 地域の文化・社会の特性に適合する教科書がない。

③ ソーシャルワーカーとして活動している人々の労働環境や条件が整備されていない。

ソーシャルワークの土着化と教育にかかる課題

ソーシャルワークの実践に対する声の高まりが世界中で叫ばれている。グローバル化とともに、ソーシャルワークの教育水準として、人権に配慮し、水準の高い環境で、質の高い専門職を養成する機運があり、「ソーシャルワーク教育と専門職養成のグローバルスタンダード」としてIFSWとIASSWにより提唱されている。このことは、教育を全世界共通に標準化するという意味ではない。むしろ、その地域・文化に即した教育のあり方を積極的に模索するということ、すなわち、ソーシャルワークの土着化（インディジナイゼーション）を意味する。

こうした教育と実践にかかるもう一つの観点である研究も、これまで西洋中心に開発されてきた研究尺度などの文化的適合性を再考する必要が指摘されている[3]。

地域の課題と特性に基づくソーシャルワークアプローチの模索

アジア太平洋地域に位置する国々は多様性を極める。多様性とは、言語、民族的背景、倫理観、家族観、経済発展の度合い、教育環境などを含む。アジアは世界の地域のなかでも、地理的位置、自然資源、人口規模、民族性、宗教、歴史、政治形態など、多様性に満ちている。また、急速に経済発展を遂げている中国とインドは、人口規模でも世界最大である。

ソーシャルワークについても、アジア地域は多様な課題が顕在化している。それらは、所得、生活水準、健康状態、教育の課題などを含む。東および南アジア地域は、特に多大な農村人口を有し、農業に経済を依存しているが、最も貧しい生活レベルに位置づけられ、インフラの整備も十分進んでいない。また、栄養状態と地域資源に課題がある。

地域で伝統的に維持されてきた相互扶助の仕組みは、宗教や多様な文

化的習慣とも関連し、人権やジェンダーの平等性にも影響を及ぼしている。文化的多様性、ジェンダー、人権の課題は重要で、複雑かつ繊細な状況をこの地域の特徴として示しており、専門的ソーシャルワークの実践の展開においては、理解を深めることが求められる特徴がある。

引用文献

1) 木村真理子「グローバリゼーションと国際ソーシャルワーク」『新 世界の社会福祉⑫国際社会福祉』旬報社, p. 330, 2020.

2) Pawer, M., With the assistance of Ming-sum Tsui, Social Work in Southern and Eastern Asia, International Social Work, pp. 407-420. Sage, 2012.

3) Shek, D.T.L. & Golightley, M., Editorial：A snapshot of social work in the Asia-Pacific region, British Journal of Social Work, 47, pp. 1-8, 2017.

第3節 アフリカのソーシャルワーク

- アフリカ地域のソーシャルワークに影響を及ぼしてきた社会や文化、政治・経済の背景について理解を深める。
- 地域の状況に即して変化しているアフリカのソーシャルワークの理解を深める。
- アフリカ地域の事例から現在のソーシャルワークの展開の理解を深める。

I アフリカ地域の課題

　サブサハラ・アフリカは世界やほかの新興国地域と比べて GDP が著しく低く、2015 年時点で貧困層の半数強がサブサハラ・アフリカに集中している。さらにアフリカの 41.1％が国際貧困ライン以下（1 日 1.9 ドル以下）で暮らしている。特に社会的弱者は、絶え間なく続く極度の貧困に直面しており、食糧不安がその大きな根本的要因となっている。

　アフリカの多くの国では、食料生産を拡大できる豊かな潜在能力があるにもかかわらず、毎年のように飢餓が続いている。不安定な天候、貧弱な食糧政策、肥料やその他の農業投入物のコスト高、法外な輸送費、農家への信用組合組織の支援資金の不足、グローバル市場での競争力などが、アフリカにおける食糧不安の一因となっている。

　アフリカの飢餓蔓延率は世界で最も高い状態にある。東アフリカの国々は特に深刻で、人口の 3 割が栄養不足の状態にある。アフリカでは厳しい気候や長引く紛争、経済の低迷、景気の悪化などの要因が絡み合い、飢餓人口が増加を続けている。1990 年は 1 億 8210 万人だった飢餓人口が、2014 ～ 2016 年の平均推定では 2 億 3250 万人に増加した。サハラ以南では 4 人に 1 人が栄養不足の状態といわれる。

　国際ソーシャルワークの 3 組織はアフリカ地域の課題に触れ、以下を指摘している。それらは、アフリカ地域の貧困、失業（特に若年層）、飢餓、ホームレス、貧弱な住宅、人身売買、搾取、暴力行為、児童虐待、薬物乱用による障害、ジェンダーベースの暴力、魔女狩り信仰に基

づく武装集団よる窃盗と殺戮、誘拐、外国人排斥、対立住民間の暴力、人種差別と部族差別、政治の腐敗、政治的不安定状態などである。これらの問題で犠牲となるのは、子どもや女性が多い。

２ 持続的・開発型ソーシャルワークの地域適合性

今日、アフリカのソーシャルワークでは、アフリカのソーシャルワーク実践者・教育者・研究者はもとより、世界の国際ソーシャルワークコミュニティからこれまでの実践モデルを批判的に見直す取組みが進行している。これは、世界各地で植民地主義がもたらした弊害を批判し、世界各地域の社会的・文化的伝統を積極的に評価して、それらに即したソーシャルワークに転換しようとする世界的潮流でもある。

アフリカのソーシャルワーク実践の背景

伝統的なアフリカ社会では、社会的ニーズや社会的問題は、一般的に肉親や大家族によって処理されていた。貧困、病気、死などの問題を処理するために、ソーシャルワークの専門家を雇用するのではなく、家族、血族、一族によって問題処理を行ってきた。大家族に助けを求め、隣人の介入も重要な支援の源とされた。

また、宗教団体を母体とする民間組織は、数十年にわたり社会福祉の発展とさまざまな社会的ニーズを満たすために貢献してきた。しかし、時が経つにつれ、国家が社会的供給の主要な担い手としての役割を徐々に拡大するに至った。

急速な近代化や技術革新の結果として顕在化した社会問題を解決するには、現代社会は非常に複雑化しており、社会福祉への国家の介入は普遍的な仕組みが必要である。そのため、これまでの民間組織が行ってきた社会的支援の供給源に代わって、数多くの社会福祉サービスや機関が誕生している。

今日では、どの国にも社会福祉省や社会福祉局が存在し、政府レベルでは、社会福祉の改善と拡大を目的とした政策、計画、プログラムの立案が盛んに行われている。一方、アフリカの多くの国々では社会福祉財源の制約から、政府はボランティアの社会福祉団体の活動を支援し、またこれらに依存し続けている現状がある。実際、アフリカの多くの国々の社会福祉の実践において、政府はNGOをはじめとする民間の個人や家族への支援と、政府によるコミュニティへの支援を組み合わせてお

り、これらが、社会問題に取り組むための一般的なアプローチである。

アフリカのソーシャルワークの課題

　アフリカのソーシャルワークの課題は、政府の福祉サービスの提供とソーシャルワーカーの最大の雇用主である政府の機能、例えば、社会福祉省のサービスにおいて、実践方法が依然として治療的・対症療法的な方向性を維持していることがある。

　アフリカは多様かつ深刻な社会的課題を抱えた大陸であり、治療的・対症療法的な方法だけでは解決が困難なケースも少なくない。ソーシャルワーカーは本来、人々を解放し、エンパワメントを志向しながら、問題の解決策を見つけるための最前線で働くことができる可能性をもつ。

　アフリカでもそのような働きをするためには、これまで植民地主義のうえで多大な影響を受けてきた対症療法的なソーシャルワーク教育の実践モデルを転換し、アフリカのソーシャルワーカーが後述する社会開発パラダイムを採用する必要性がある。

アフリカに相容れないソーシャルワーク

　さらに重要なことは、これまでのソーシャルワークのアプローチと実践の多くは、アフリカのそれぞれの国の文化的伝統とは相容れないのに、それが長年にわたって継続してきたことである。

　残念なことに、ほとんどのアフリカ諸国は、独立を果たした後も自国の社会問題に対処するために救済的または治療的なアプローチを用いてきた[1]。

　ミッジリー（Midgley, J.R.）は「専門家帝国主義」という造語をつくり以下を指摘した。

> 　開発途上国が西洋志向のソーシャルワークを採用し、ソーシャルワーカーの大部分は、社会福祉部門に雇用されている。また、矯正施設や病院、警察や国防軍、産業界で働く人もいて、ここでは通常、改善的なアプローチが用いられる。NGO に雇用されているソーシャルワーカーは、通常、コミュニティワークの手法を用いており、ほとんどのアフリカ諸国の発展に大きく貢献している。
>
> 　しかし、ほとんどのアフリカ諸国の社会福祉部門でソーシャルワーカーが通常使用しているケースワークの方法は、アフリカ大陸

が直面している課題や膨大な社会問題に対応するには明らかに不十分である。また、このミクロソーシャルワークの戦略は、アフリカの状況、例えば文化、貧困レベル、社会の構造的問題、社会的・経済的な現実を十分に認識していない。

こうした批判やアフリカ文化の要求に対する感度が欠落しているとの指摘は、伝統的でインフォーマルな形態の福祉や、社会福祉の提供における大家族のネットワークの役割を無視する傾向を示すものである。

例えば、手段を選ばない手当てを含む公的援助は、伝統的なアフリカのコミュニティの代名詞である互恵性を認識していないため、その介入やプログラムは事実上効果をもたらさない。さらに、アフリカのソーシャルワークにおける救済的なアプローチは、個人の病理に集中する一方で、失業、不十分な住居、ホームレス、非識字者、病気、無知など、より多面的・複合的で拡散的な性質をもつ問題に対して機能を発揮することが困難であり、これらの状況を無視する傾向があることも大きな懸念材料である。

その結果、アフリカ以外の研究者からも現在のソーシャルワークの実践モデルに対する批判が起こっている [2]。

開発型ソーシャルワーク

そこで、アフリカに適するとされるソーシャルワークが検討されてきた。その一つが、開発型ソーシャルワークである。開発型ソーシャルワークを提唱するアフリカのソーシャルワーカー Worku は以下のように主張している。

「もし開発がなければ、ソーシャルワークは重要ではない。人々の問題を解決しなければならないのであれば、ソーシャルワークだけでなく、開発のためにも働かなければならない。ソーシャルワークが効果的であるためには、持続可能でなければならない。人々が自立し、自助努力をすること、それが開発なのであるから、ソーシャルワークは、開発のもうひとつの側面なのである」[3]。

社会開発パラダイムは世界的に受け入れられ、アフリカの文脈では最も適切で必要なものであることが証明され、ソーシャルワーク開発の理論、政策、実践に大きな影響を与えており高く評価されている。

アフリカのソーシャルワーク実践家はインタビューのなかで、「アフリカのソーシャルワークはヨーロッパのソーシャルワークとは異なるモデルが必要である」と述べている。「ヨーロッパでは、心理的な問題を抱えた人々への介入が必要とされるかもしれないが、アフリカではソーシャルワークは貧困や人々の問題に焦点を当てなければならない」と主張する。

　「貧困に取り組むということは、開発に取り組むということであり、そこには関連性がある。したがって、アフリカのソーシャルワークが成功を収めるためには、パラダイムシフトが必要である」と述べている [4] [5]。

　さらに、このアプローチは、人々の解放とエンパワメントに向けて働くだけでなく、やむを得ず国に援助を頼っていた人々の自立を促進するものでもある。アフリカのような発展途上の大陸では、ソーシャルワークを取り巻く問題は子ども向けのサービスから大人向けのサービスまで多様で膨大な数に及ぶが、これらは社会開発のアプローチによって改善させることが可能であるとこれまでの世界の実践技術と成果から予測される。

福祉モデル

　先進諸国の社会福祉の考え方には、もとから保障制度によるセーフティネットの機能が構築されている。これらは、精神的な脆弱性をもっている人々（心理的な問題を抱えた人々）や突発的な事態の発生等によりもたらされる貧困状況などを想定している。

　これに対し、アフリカでは、大家族主義やコミュニティには非公式なサポートを提供する機能が従来から備わっており、コミュニティがこうした人々をも包含して自然なかたちで支援を提供してきた。開発型モデルでも、アフリカではコミュニティの人々の強さ（ストレングス）も弱さ（ウィークネス）も含め包摂的な支援機能をコミュニティが提供する機能がコミュニティに存在しているといえよう。

　その一方で、今日アフリカ諸国を含め世界のほとんどの国々が、社会福祉政策と社会サービスを創設している。しかし、アフリカの開発途上国は、自国の財源によってこれらのサービスを創設・提供することには限界がある。したがって、多くの場合、先進諸国からの援助やNGOによる支援を受け、自国の財源との組み合わせにより、社会福祉のサービ

スを提供している。

　福祉モデルとは、多面的、多部門的なアプローチであり、政府、非政府、民間の提供者が連携して、福祉への依存を抑制し、政策立案やプログラム開発への人々の積極的な参加を促進することを目的としている。

　アフリカのほとんどの国では、独立後も国が提供する福祉プログラムから脱却することは難しく、ほとんどの政府が福祉政策と社会開発政策を混在させている。実際、南アフリカでは、国が提供する年金や助成金は、開発型福祉モデルの重要な一部とみなされている。このような政策を背景に、開発型ソーシャルワークは、貧困と低開発の状況に介入するのに最も適した固有の実践形態であると考えられており、そのなかでケースワークではなく、コミュニティ開発のアプローチが最も適した戦略的介入の方法であると考えられている。

引用文献

1) Asamoah, Y.W., Africa, T.D. Watts, D. Elliott & N.S. Mayadas（Eds.）, International handbook on social work education, Greenwood Press, pp. 223-239, 1995.

2) Gray, M., Coates, J. & Bird, M. Y.（Eds）（2005）, Indigenous social work around the world. Advances in Social Work, Fall, 10（2）, p. 155, 2009.

3) Worku, quoted in an interview by Leterrier 2000, p. 1；ADVANCES IN SOCIAL WORK, Fall 2009, 10（2）151

4) 同上

5) Umoren, N., Social work development in africa：Encouraging best practice. International Journal of Scientific & engineering Research, volume 7, Issue 1, pp. 191-203, 2016.

参考文献

・IFSW, IASSW, ICSW, Global Agenda Report, 2020.

・Nyanguru, A.C., The strengths and weaknesses of the department of social welfare in Lesotho, Maseru：Lesotho Law Reform commission, 2003.

・Midgley, J., Professional imperialism., Heinemann Educational Books, 1981.

・Mupedziswa, R., Challenges and prospects of social work services in Africa. In J.C., 2005.

・Cox, D. & Pawal, M., International social work：Issues, strategies and programs, Sage Publications, 2005.

I 北米地域のソーシャルワーク

　北米地域は、北アメリカとカリブ地域を含め、23の国々から構成され、6億の人口を擁し、350以上の言語が話され、2423万km²の地域に広がっている[1]。

　地域の経済、政治、社会的課題として、人口構成の変化、ソーシャルワークの性格の変化には、グローバリゼーションの影響があげられる。ソーシャルワーク教育と実践は、これらの状況変化に対応することが求められている。

　北米地域において、現在の課題のなかで深刻なのは、第一に経済状況が下向きの傾向にあることである。これにより、それまで社会サービスを必要としてこなかった人々も社会的支援を必要としている。また、世界的なコロナによる感染拡大は、北米を含め経済的な影響を及ぼしている。

　第二に、アメリカの人口の高齢化があげられる。2020年には、6人に1人が65歳以上に達すると報告されている。カナダも、2026年には5人に1人が65歳以上になると指摘されている[2]。これらの人口動態が高齢者のソーシャルワークに及ぼす影響は否めない。

　北米のソーシャルワークの代表的な課題は、移住と人口移動問題、犯罪と暴力、ジェンダーベースの暴力、貧困問題、人種問題、環境における正義、薬物乱用などがある[3]。

移住と人口移動

アメリカでは、それまで南の国境を越えておびただしい難民申請者数がありこの現象は2018年には減少に転じた[4]が、これは、移民・難民を拒むアメリカの政治的イデオロギーによるもので、難民希望者そのものが減っているわけではない。難民申請者とアメリカの政治的イデオロギーの間では緊張感が生まれている。

カリブ地域では、2019年、ベネズエラから多数の国民が慢性的な経済社会危機により国外脱出をはかり、正規と非正規を含め、5万人の移住申請がトリニダード・トバゴ政府に寄せられた。彼らは、1年間の執行猶予つきで定住が認められ労働許可がなされた。

人口移動は、人身売買などのリスクがあるほか、特に、子どもの移住に象徴されるように、家族との別離・居住状態、スティグマ、差別が受け入れ国で予想され、教育機会の制限を含め脆弱性のある対象への影響が懸念される。

カナダでは、アメリカで移住申請を拒否された第三国協定の申請先として国境に申請者が押し寄せる状況が生じている。カナダでは、永住許可申請、家族によるスポンサーシップと市民権申請がある。公民権活動家、Tarana Burke は、"Me Too" 運動[★1] は、性的暴力、特に黒人女性や少女、それ以外の有色人種を含め、低福祉環境におかれた女性たちに突破口を提供することになったと言及する[5]。

貧困問題

アメリカでは2018年時点で、10％の富裕層が、国家の70％の富を所有、1％が全体の富の32％を保有するという状況である[6]。2020年の民主党大統領候補サンダース氏は、貧困はこの国の数百万の人々にとって、生命を脅かす問題であると指摘しており、同国の貧困問題の深刻さを物語る。

カナダ統計局の報告では、カナダの所得平均は2017年と2018年で推移なしと報告している[7]。18歳以下の子どもの貧困率は、わずかに減少し8.2％を記録、貧困線以下の子どもの数は、2012年の100万人から56万6000人へと減少している。一方、女性のみの単親家庭の貧困率は、16.2％対5.8％である。また、単身高齢者の貧困率は、カップルと比べ7.9％対1.7％と高い数値を示す。

カナダはアメリカとともに、SDGsにおいて、貧困撲滅、不平等の一

★1 "Me Too" 運動：主に女性がこれまで受けてきたセクハラなどの性的被害を #Me Too というハッシュタグをつけSNSへ投稿し、告白する運動。ハリウッド女優などの著名人が発信したことをきっかけに話題になり、社会問題となった。

表3—1 ソーシャルワークアプローチにおいて必要とされる要素

①	コミュニティ組織化と開発
②	貧富の差の是正
③	政治構造への働きかけ
④	移民と移住
⑤	保険とヘルスケアシステム
⑥	グローバルな政治活動

掃を提唱している。先住民の社会的不平等の問題は、所得と食料、特に僻地に居住する子どもや家族への影響が深刻である。このため、多面的なアプローチ（multi faceted approach）が必要となっている。

　CSWE（全米ソーシャルワーク教育協議会）は、人間関係の樹立が基本とされるソーシャルワークアプローチにおいて必要とされるのは、表3—1 の要素の相互作用と集積力であるとし、コミュニティの開発アプローチは状況を変化させえるうえで重要であるとする。

2 北米の国際ソーシャルワークの特徴

　北米地域に位置するアメリカとカナダの2国は、社会サービスと政策および民主主義の歴史を下支えとして、ソーシャルワークを実践する基盤を整備してきた。これまでのソーシャルワークの歴史を踏まえて多様なソーシャルワークのアプローチが発達し現在に至っている。特に国際ソーシャルワークと密接に関連があるのは、難民や移民が世界各地から北米の大陸に到達する地点にアメリカとカナダの2国があるという事実である。

　このことは、同時に、難民と移民のメンタルヘルス、社会適応にかかわる課題を提起する。今日では、先住民および多様な背景をもつ人々に対するソーシャルワークと研究の課題、ソーシャルワーカー養成における教育的な課題に、グローバルなソーシャルワークの課題がより具体的に現れているとも報告されている[8]。

3 移民へのソーシャルワーク

　北米ではほかの地域と比べ、ソーシャルワークの研究が多数蓄積されている。具体的には文化的繊細さや多文化に対応する比較的ミクロな政策や精神保健、心理分野などの研究も含む。

今日、これらの研究から、移民へのソーシャルワークを長期的に行う必要性が言及されている。具体的には、移住当初の定住の課題に加え、長期の滞在にしたがって生じる生活、健康、高齢化に関する課題、そして、移住先で力量を発揮するための支援（エンパワメント）と移住先のコミュニティへの貢献などである[9]。

北米では、移住者社会福祉政策とソーシャルワークのあり方にも変化が生じている。従来は定住支援とソーシャルワークは別の主務官庁が担当して段階的に移行する傾向が強かったが、現在では同じ主務官庁が長期的な視野に立ってサービスを組み立て、当事者の意向をくみ取り持続的なウェルビーイングを保持する支援に変化している。

支援方法では、当事者を包み込む多様な支援形態を導入している。政策面では、ソーシャルワークの枠組みを超えたコミュニティへの統合を含む社会開発型アプローチや、多セクターへの働きかけとコラボレーションが行われている。なかでも、教育との連携は利用者のライフサイクルを踏まえた支援ともつながる。

さらに、これらの支援には、資金基盤の開発が欠かせない。企業を含めた社会統合モデルに、どのようにソーシャルワークがかかわるかが課題である。それは、移住者に対する政策へのアプローチを視野に入れ、コミュニティ開発を伴う包括的なソーシャルワークモデルともいえよう。

引用文献

1) Watson, J.W., Schaetzl, R.J., Hoffman, P.F., & Zelinsky, W., North America, 2020. https://www.britannica.com/place/North-America https://d2vxd53ymoe6ju.cloudfront.net/wp-content/uploads/sites/21/2021/10/05093354/Final-UNP-Evaluation-Report-2020-2021.pdf

2) カナダ保健省統計

3) IASSW, ICSW & IFSW, Global Agenda for Social Work and Social Development：Fourth Report, 2020.

4) 同上

5) Tarana Burke Inspiring Quotes from Founder of Me Too, 2018. https://news.lafayette.edu/2018/09/19/inspiring-quotes-from-founder-of-me-too/

6) 前掲3)

7) 2021年第四4半期データカナダ統計局, 2021. https://www12.statcan.gc.ca/census-recensement/2016/as-sa/98-200-x/2016016/98-200-x2016016-eng.cfm

8) 前掲3)

9) McKenzie, K., Agic, B., Tuck, A., and Antwi, M., The case for diversity：Building the case to improve mental health services for immigrant, refugee, ethno-cultural and racialized populations, Metal Health Commission of Canada, 2016.

第 5 節　ラテンアメリカ・カリブ地域の ソーシャルワーク

学習のポイント

- ラテンアメリカ・カリブ地域のソーシャルワークの現況を学ぶ。
- ラテンアメリカ・カリブ地域のソーシャルワーク実践に共通する社会・政治的な視点を学ぶ。
- 事例からラテンアメリカ・カリブ地域のソーシャルワークの実践理論や特徴を学ぶ。

1 ラテンアメリカとカリブ地域のソーシャルワーク

　ラテンアメリカ・カリブ地域のソーシャルワークは、20世紀初頭に誕生した。専門職の歴史的発展の過程では、理論にも方法論にも多くの変化があった。変化とは保守的で伝統的なアプローチから、批判的なアプローチへの変化である。また、ケース、グループ、コミュニティを基盤とする方法論から、人権の観点に基づき、より参加型でホリスティックな方法論へと変化した。現在、この地域のさまざまな国では、伝統的なアプローチと批判的なアプローチが共存しており、教育も実践も多様性を帯びている。

　一方、ラテンアメリカ・カリブ地域のソーシャルワークには明らかな特徴がある。ソーシャルワーカーの教育と実践は、ほとんどが公的、すなわち国家の領域で行われていることである。つまり、ソーシャルワークは公立大学で教えられ、研究され、実践は主に国や政府機関の範囲内で行われる。

2 政治とソーシャルワーク

労働者としてのアイデンティティ

　ラテンアメリカ・カリブ地域の主要な社会的課題として、地域の報告は、貧困、社会的不平等、人口移動、環境と気候変動、脱専門家、労働問題をあげている[1]。

　この地域を構成する国々の社会および政治、経済、文化の諸相は変化

58

に富んでおり、民主主義への道のりはまだ途上にあると推察される。それは、地域の多文化性と歴史、階層性や政治・経済要因がからみ合ってこの状況をつくり出している。

　一方、長きにわたる植民地政策に対する政治闘争や政治プロセスは労働者階級が掲げる目的を達成するうえで重視されている。労働者階級の目的とは、資本家や権力層（経営者や政府上層部など）に対する不正の告発や自分たちの待遇の改善などであり、社会問題や現行の社会的秩序に対する批判的な視点がある。

　そしてソーシャルワーカー組織も、自らを労働者のアイデンティティをもって大衆とともに闘争して目的を勝ち取ることが、専門職組織の役割であると認識している。このように強い政治性を帯びているところが西欧や日本のソーシャルワークとの最大の違いといえる。

ラテンアメリカ・カリブ地域のソーシャルワーク実践

　ラテンアメリカ・カリブ地域のソーシャルワークの専門的な実践は、社会的介入であると理解されている。人と社会の接点で生じる社会的な対立は、個人や社会の異常や個人の社会システムからの逸脱ととらえるのではなく、社会関係の構成要素ととらえる。これらの要素は、意味、利益、権力、資源、階級、ジェンダーなどの紛争の産物であると考えられている。

　ソーシャルワークの専門的な実践はより広範かつ社会的な取組みにつながっていく。実践において、ソーシャルワークの専門職団体は重要な役割を果たす。ラテンアメリカ・カリブ地域では専門職団体は、「専門的かつ総合的な力量が形成される場」「ソーシャルワークが専門職として認められる場」「専門職のヒエラルキーを形成する場」「専門的なアイデンティティが強化（エンパワー）される場」「ソーシャルワーカーの貢献が可視化される場」であるととらえられている。さらに、専門職団体は、「研修の場」「同僚の労働基本権を擁護する場」「人権を擁護する場」「人権侵害を訴える場」でもある。

　ソーシャルワークの方向性と意味変化は、偶然や自然発生的なものではない。この変化は、ラテンアメリカ・カリブ地域諸国の大衆層が強く支持する進歩的な政府が誕生したことにより、この時代の新しい風潮に触発されたものであるという歴史の見方（歴史観）をもつのがラテンアメリカ・カリブ地域のソーシャルワークである。

3 ラテンアメリカ・カリブ地域のソーシャルワークがもつ多様性

　今日、ラテンアメリカ・カリブ地域のソーシャルワークを構成する側面は多様性をもっている。実践方法もあらゆる方法があるととらえられている。しかし、ラテンアメリカ・カリブ地域に共通する特徴がある。①社会問題への歴史的・政治的・全体的なアプローチ、②ソーシャルワークの政治化、③社会秩序の形成、再生産、変革における国家の中心的な役割、④専門職と大衆セクターや社会運動との結びつき、⑤ソーシャルワーカーの動員、闘争、抵抗する能力、⑥ソーシャルワーカーの労働者階級としての意識である [2]。

社会問題への歴史的・政治的・全体的なアプローチ

　ラテンアメリカ・カリブ地域のソーシャルワークでは、社会問題のアセスメントに際し、問題を発生の背景の関係においてとらえる。

　「問題」を、より広範な歴史的、政治的、社会的プロセスの一部であるととらえるという意味である。ここには、社会の次元、制度、社会的関係、人々を理解する全体的な見方がある。この視点は、社会問題の複雑さを理解し、専門的な実践において介入戦略を考えるためのツールを得ることができると考える。

　このアプローチでは、どのような社会的状況も自然発生的や偶然に生じるものではなく、より広範で複雑な社会的プロセスの産物であるととらえる。いかなる社会的事実、状況、社会的問題も、政治的・制度的背景、歴史的条件、物質的・象徴的要因を考慮せずには対処できない（図3−1）。

　このアプローチでは、個人は常に自らが属する組織背景を表現しており、社会問題は社会を構成する歴史・文化・社会的要素が生み出す問題を凝縮したものととらえる。たとえソーシャルワークの実践が個人にしか関係しないとみえる場合においても、そのアプローチは常に集団的、歴史的、全体的な意味と背景をもっているととらえる。

　同時に、政治的アプローチが強調される。このアプローチでは、社会秩序が構築され、再現され、修正されるための政治的決定の過程を重視する。

　ソーシャルワーカーが権力について語るとき、それは行動、思考、主

図3—1 社会問題に対する歴史的・政治的・全体的なアプローチ

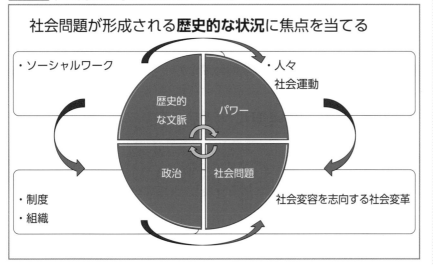

社会問題が形成される**歴史的な状況**に焦点を当てる

・ソーシャルワーク

・人々
　社会運動

歴史的な文脈

パワー

政治

社会問題

・制度
・組織

社会変容を志向する社会変革

観性、またはその他の要素に影響を与え、条件づけし、決定する能力を意味する。この能力は、常に社会的関係の枠組みのなかで発生する。それは権力とは社会的関係を指し、この能力によって、私たちは対象を自由にしたり支配したりするだけでなく、ほかの人々を解放したり抑圧したりもする。

　権力は構築されるものであり、自然なものではなく、歴史的、社会的、政治的に構築されると理解する。そして、権力は解体され、修正されることがある。したがって、それは永遠でも不動でもなく、はかなく、もろく、偶発的なものである。だからこそ、権力は、それを封じ込め、維持するための制度を必要とする。憲法、国家、言語、言説、イデオロギー、宗教、科学、哲学など、権力を封じ込め、維持するための制度が必要である。

　ラテンアメリカ・カリブ地域のソーシャルワークは、このような政治的視点をもち次のように考える。「社会変革」のプロセスとは、大衆層の利益を求めるうえでの社会の可能性を示すものである。社会変革について語るとき、問題への対処は、ほかの方法もあり得ると考える。不公正があれば正義があり、支配があれば解放があり得るということである。

　ラテンアメリカ・カリブ地域のソーシャルワーカーは、人間の世界と社会的関係のなかで自分の職業がもつ力を行使する。その力には、団体や政治の過程で獲得したものが含まれる。ソーシャルワークの実践は決

して中立的なものではなく、社会的関係、権力に影響を及ぼすものである。ソーシャルワーカーは実践において常にこのことを意識しているわけではないが、これらの政治的実践は、解放のプロセスを促進することもあれば、ともに働く人々の支配を強め永続させることもある。

ソーシャルワークの政治化

「政治化」とは、ソーシャルワークの政治的側面を可視化するプロセスを指す。専門的な実践は中立的ではない。人は皆、力をもっており、社会の変革を促進するために力を行使しなければならないことを自覚する必要がある。

ソーシャルワークの専門的な実践において、また知の生産において、倫理的な責任を自覚しなければならない。これは、理論的カテゴリー、理論的アプローチ、認識論的アプローチを意識的に選ぶことである。

理論は、ときには支配と社会的統制を正当化するために構築されたものである。だからこそ、ある理論的アプローチから別の理論的アプローチを選択するということは、それだけで異なる影響を与えることができるということに注意を払う必要がある。

ラテンアメリカ・カリブ地域では、ソーシャルワークは教育、知的生産、専門的実践において高度に政治化されている。このことは、世界のほかの地域でのソーシャルワークとは異なる特徴の一つである。

社会秩序の形成、再生産、変革における国家の中心的な役割

ラテンアメリカ・カリブ地域では、ソーシャルワークは常に国家と強い関係をもっている。ここでいう国家と政府とは区別しなければならない。国家はその国がもつ最も重要な政治的、法律的、行政的機関である。一方で、政府とは、国家の権力を行使するための政治的な方法である。

国家は永続的である一方、政府は一時的なものである。政府は、その任期中に国家の権力を行使する。ラテンアメリカ・カリブ地域で「国家」といえば、開発のプロセスに大きな影響を及ぼし重要な役割を果たしてきた機関を意味する。国家は、経済、司法、議会、教育、保健、社会サービス、社会政策などを組織し管理してきた。

社会状況や制度の動きは、マクロ社会とミクロ社会の両方で確認する

ことができる。マクロ社会では、世界秩序、ある国が採用している政府体制、経済的蓄積の体制、社会的・地域的構造、公共政策、法制度、社会制度、社会運動などを指す。

ミクロ社会では、社会的主体間の関係、文化的実践、グループ、家族、近隣、コミュニティ、集団、家族、近隣、コミュニティ、組織、制度の関係を指す。解釈、権力、行動の論理は、マクロ社会とミクロ社会の両方を支配し、社会を秩序づける概念でもある。

専門職と大衆セクターや社会運動との結びつき

ラテンアメリカ・カリブ地域では、専門職の政治化のプロセスから、ソーシャルワーカーの集団は大衆セクターや社会運動と結びついている。ソーシャルワークは、社会秩序の決定は、常に集団闘争の産物であり、個人の行動の産物ではないことを認識している。また、集団的な活動と大衆の力の構築がなければ、たとえ社会に不正義の状況があったとしても社会秩序は修正されず政治は覆らない。

一方、集団的な力は、何百万人もの人間を傷つけ、抑圧と支配の状況を維持する不正な社会秩序を構築し、永続させようとする装置の巨大な力に対抗することができるのである。

社会運動や民衆組織は、社会の倦怠感や不満を表現し、要求を目に見える形にし、目的を主張し、社会正義を要求し、侵害された権利を告発する。ソーシャルワーカーは労働者としての意識をもって、これらの組織や「運動」が主導するこれらの闘争に関与していく。

ソーシャルワーカーの動員、闘争、抵抗する能力

ラテンアメリカ・カリブ地域の社会秩序は、ヨーロッパ、次にアメリカ帝国主義の影響を受け、1970年代以降軍事独裁政権の誕生と新自由主義をこの地域に導入した。

新自由主義は経済的なプロジェクトであるだけでなくより構造的な影響を及ぼしている。また、同時にイデオロギー的、哲学的、文化的な力でもある。ラテンアメリカ・カリブ地域に構築された新自由主義の秩序は、「社会的不平等、貧富の差、対外債務による自国の経済的・財政的依存を拡大・深化させた、決定的に不公平で排他的な秩序」で、「新たに何百万人もの貧困層が生まれ、制度から排除され、すでに存在していた人たちと共に大きな集団を形成した」[3]。

現在 IFSW ラテンアメリカ・カリブ地域会長を務める Martinez は、新自由主義は、苦悩、懐疑、絶望、苦痛、抑うつ、アノミー、低い自尊心、あきらめ、そして彼らが苦しんでいる社会問題に対する自己責任を求める要素を多く含んでいると指摘する[4]。新自由主義は人々のさまざまな制度と生活の局面に影響を及ぼし、人々の社会的なつながりを断ち切り、主に家族、グループ、コミュニティといった社会的関係を分断する要素が含まれている。この新自由主義という権力装置が及ぼす抑圧と支配の状況は、不平等、貧困、疎外感などの後遺症を伴っている。

こうした新自由主義の政治的社会的背景は、ラテンアメリカのソーシャルワーカーたちに個人主義的な論理に抵抗する集団闘争を組織する必要性について強い認識をもたらした。

ラテンアメリカ・カリブ地域のソーシャルワーカーの主な任務の一つは、大衆セクターがおかれている抑圧の状況とその原因についての歴史的認識を構築することである。もう一つの任務は、大衆セクターの要求を周知させ、その実現を要求するための集団行動戦略を組織することである。そして尊厳ある生活を送る権利の実現や、富の公正な分配などを求める集団行動戦略を組織することである。

ソーシャルワーカーの労働者階級としての意識

ラテンアメリカ・カリブ地域のソーシャルワークのもう一つの特徴は、ソーシャルワーカーが給与所得者、労働者としての地位を自覚していることである。言い換えれば、ソーシャルワーカーは、専門家、実務家、教育者、知識人であるだけでなく、労働者階級と自分たちを同一視する。この認識は、労働者として、その労働組合組織の闘争に参加することを意味する。

専門職の地位は、ほかの給与所得者に対する優位性ではなく、より大きな責任を担っていることを認識させる。高等教育を受けたソーシャルワーカーは、社会秩序やそこから派生する社会問題を解釈・理解し、現実を変革するための手段をより多くもっている。

また同時に、このような正規の教育とよりよい社会的地位は、連帯の義務を意味している。最も先送りにされやすい脆弱な大衆層への「コミットメント」があることを意味する。この意味で、ラテンアメリカ・カリブ地域のソーシャルワークの目的の一つは、すべての人が、適正な賃金と労働条件のもとで、**ディーセントワーク**[★1]（Decent Work）にア

クセスすることである。

④ 批判的 (クリティカル：critical)・解放的 (emancipatory, liberation) ソーシャルワーク

　近年、ラテンアメリカ・カリブ地域のいくつかの国のソーシャルワークは、ソーシャルワーカーの教育、専門的な実践と知識の生産に影響を与える他領域の理論的・認識論的アプローチを取り入れている。これらのアプローチは、フェミニズム、脱植民地主義である。これらを取り入れてソーシャルワークに統合し実践するため名称は、批判的・解放的ソーシャルワークである。解放は弁証法的なプロセスであり、歴史の外で起こるものではない。これらの歴史的条件と状況から、社会的解放の可能性が生まれる。これらのアプローチは、ラテンアメリカの社会秩序を歴史的に構築してきた大きな抑圧装置、すなわち、家父長的、植民地的、ヨーロッパ中心的、帝国主義的な秩序を可視化するものである。

　ソーシャルワーカーが取り組むすべての社会的不平等や問題は、そこから派生しているととらえる。これらの不平等や社会問題の例としては、ドメスティック・バイオレンス、女性や少女に対する殺人やレイプなどのソーシャルワーカーが取り組むべき社会的不平等や問題があげられる。労働搾取、児童労働、失業、差別、人種差別、戦争、貧困、飢餓などである。また、差別、人種差別、戦争、貧困、飢餓、気候変動、地球の破壊、強制移住、人身売買などがある。

　解放的な意識とは、いつでも、どんな状況でも、どんな人間でも、疑問をもち、挑戦することができる可能性であると理解される。そのためには、そのような解放的な意識を生み出す条件が必要である。

⑤ 女性に対する暴力と支援の過程に関する実践事例

　ソーシャルワークが扱う社会問題の一つに、家庭内暴力の状況がある。ここでは、アルゼンチンのミシオネス州にある家族とジェンダー・バイオレンス局のソーシャルワーカーの実践についての事例を示す。

国の管轄下にある家族とジェンダー・バイオレンス局

　この局は、国の管轄下、予算措置のもとに運営されており、国際的な資金は受けていない。扱う問題の複雑さや深刻さに比べて、全体の予算はかなり少ない。このサービスを利用する女性のほとんどは、貧困状態

と社会的弱者の立場にあり苦悩、混乱、恐怖を抱えているが、年齢、文化、婚姻状況、宗教はさまざまである。

暴力を受けた女性たちのサービスへのアクセスと法的基盤

サービスへのアクセスは二つの方法で行われる。一つは、司法機関から施設へ紹介、もう一つは、DVに苦しむ女性の直接来所による訴えである。この施設には、心理学者、弁護士、事務職員など、さまざまな分野の専門家がいるが、女性たちに最初に対応するのはソーシャルワーカーである。ソーシャルワーカーは、初回面談に基づいて、リスクレベル、家族やコミュニティのネットワーク、経済状況などを評価し、状況を診断する。ソーシャルワーカーは、これらの情報に基づいて、心理社会的、ジェンダー的、人権的な観点から、介入戦略を策定する。

家庭内で女性が受ける暴力は、例外的なものではなく、暴力的な男性の精神的な問題に由来するものでもなく、むしろ家父長制の現れであり、社会問題であることをソーシャルワーカーは理解している。社会構造や男女間の不平等な力関係は、評価と分析、解釈において観察される。ソーシャルワーク実践は「女性に対する暴力に関する全国法」にも導かれている。これは、女性とその子どもを保護する法的枠組みである。

多面的介入アプローチ

ソーシャルワーカーは、女性とその子どもの保護、男性の家庭からの排除、女性と子どもの食糧割当などの法的な要請を行う必要がある場合には、弁護士を紹介する。また、心理学者を紹介して、女性の主観に影響するあらゆる問題に取り組み、恐怖、苦悩、抑うつ、混乱状態、低い自尊心などを克服できるよう支援する。

ソーシャルワーカーは、心理学者とともに、暴力を受けている女性のための自助グループをコーディネートし、女性が自分の経験を共有し、問題が自分の責任に由来するのではなく、社会的な問題であることを理解できるようにする。この間女性たちはカウンセリングを受けたり、本を読んだり、恐怖や苦悩に直面したりする。

また、女性が生まれ育った家族との間で、いかにして保護とケアのシステムを構築するかという点にも取り組んでいる。暴力的な男性が最初にすることは、女性を孤立させることであるので、ケアとサポートの社

会的なつながりを再構築することが基本である。

　ソーシャルワーカーは、コミュニティレベルで家庭訪問をし、さまざまな機関や社会的関係者と協力して活動する。同様に、女性の経済状況にも取り組む。というのも、女性は経済的資源をもっていないために、暴力の状況から抜け出せないことが多いからである。そのため、女性が経済的に依存した状況を解消できるような戦略を模索する。

ソーシャルワーカーの役割と女性たちの予後

　ソーシャルワーカーは、司法機関から事件を紹介されると、診断結果や介入戦略などを記した報告書を作成し、裁判官が専門的な判断を下すことができるよう提案する。多くのケースが何度も繰り返されるため、これらの女性のケースに関して施設で管理されているファイルには、すべてのプロセスが記録されている。

　暴力を受けた女性たちはサバイバーであり、深い傷を負っているが、支援の過程を通して全体としては非常にポジティブな結果が得られている。多くの場合、彼女たちは暴力を受けていた状況から抜け出すことができる。また、仕事に就くことができる、もしくは職場に復帰したり、勉強を始めたりする。家族や友人との関係を再構築する。暴力を振るっていた人が家から追い出される（ただし、被害者たちは元夫や職場、子どもの学校などで嫌がらせを受け続けることも多い）。

　専門家の介入により、女性たちは自分たちの権利を認め、苦情を言語化し、自尊心を高め、恐怖心を薄れさせていく。自助グループや共助グループへの参加や心理療法は、専門家による介入の過程で得られた決定を維持するための鍵となり得る。

　ソーシャルワーカーの仕事は、制度により保障され、限定された資源のなかでこれらすべてを行うため複雑である。しかし、ソーシャルワーカーの職業に対する専心とこれらのサービスを必要とする女性に対する対応力が変化をもたらす。ソーシャルワーカーは、このような意味で、多くの命を救い、暴力を受けてきた女性の人生を回復させる手助けを提供し支援につなげ、女性たちは抑圧や暴力のない人生を獲得していく。

引用文献

1) IASSW, ICSW & IFSW, Global Agenda for Social Work and Social Development：Fourth Report, 2020.

2) Martinez, S., "Time for Action to Social Change：From Crisis to Hope：Social Work Latin

American Region", " Lecture for the Japanese Federation of Social Work Day, February 29, 2020, Tokyo", Unpublished manuscript, 2020.

3) 同上

4) 同上

第4章

国際ソーシャルワークにおけるリサーチ

　国際ソーシャルワークの実践は、研究やリサーチなどで明らかになった知識や情報を基盤としている。本章では、国際ソーシャルワークにおける研究の種類やリサーチアプローチを概観したのち、国際ソーシャルワークの領域の研究では不可欠な文化的コンピテンスに基づくリサーチの重要性を説明する。

　そして、最後に文化的コンピテンスに基づくリサーチの手法の一つとして、CBPR（Community-Based Participatory Research：コミュニティを基盤とした参加型リサーチ）や参加型アクションリサーチと呼ばれる研究方法を紹介する。

第 **1** 節　国際ソーシャルワークにおける研究の種類

学習のポイント

- 海外のソーシャルワークの実践や政策に関する研究の概要について理解する。
- 日本における国際ソーシャルワークに関する研究テーマについて理解を深める。
- 国際ソーシャルワークにおける調査アプローチを理解する。

1 ソーシャルワーカーが研究を行う意義

　ソーシャルワークの実践は、研究やリサーチから得られた知識をベースとして提供されるべきである。例えば、新しい福祉プログラムや政策を策定する際には、特定のグループの人たちやコミュニティがどんなニーズを抱えているかを調べるニーズ調査や、どのような要因がそうしたニーズを生み出しているのかといったリサーチが必要となってくるであろう。

　また、アカウンタビリティの必要性の高まりから、利用者に対する個別支援の効果測定や、新しい福祉プログラムや政策の評価のためにもリサーチが不可欠となってきている。これは国際ソーシャルワークの領域でも同じことである。実践に携わる人（ソーシャルワーカー）が中心となってリサーチを行う場合もあれば、研究者が行うリサーチに協力者としてかかわることや研究者等が実施したリサーチの結果に基づいて実践を提供するといったリサーチの消費者としてかかわることもあるであろう。

　いずれにしろ、国際ソーシャルワークにかかわる人は、基本的な研究やリサーチに関する知識を身につける必要がある。本章では、国際ソーシャルワークにおける研究の概要について説明していく。

海外のソーシャルワークの実践や政策に関する研究

　国際的なソーシャルワークに関連する研究としては、海外のソーシャ

ルワークの実践や政策に関するものがあげられる。例えば、北欧を中心とする福祉国家の政策や福祉制度に関する研究などである。

また、児童、障害者、高齢者、災害といった特定のソーシャルワークの領域に特化して、各国の政策や制度、あるいはサービス内容や実践について紹介する研究や、そうした知見から日本の政策、制度、実践に対して提言をする研究も多く行われている。

一方、開発学や国際協力の分野では、開発途上国におけるソーシャルワークに関連する実践、特にコミュニティワークに関連するような実践に関連する事例研究なども行われている。

上記のような特定の国でのソーシャルワークに関連する政策、制度、実践についての研究ではなく、複数の国家間の福祉的課題の実態、あるいはソーシャルワークに関連する政策や制度を比較する国際比較調査の研究も行われている。例えば、各国の貧困率を比較するとともに、貧困率がどのような要因（就学率、雇用率、ジェンダーギャップ指数★1、GDP など）によって影響を受けているかを 2 次データ★2 によって分析していくような研究である。

さらに国際比較調査のように国単位での分析ではなく、SDGs のように環境問題や貧困問題を地球規模で派生する問題として捉えて現状を分析したり、その解決に向けて国境を越えた政策や制度のあり方を議論したりする研究もなされている。

日本における国際ソーシャルワークに関する研究テーマ

日本で生活する外国人の増加に伴い、日本国内における国際ソーシャルワークの需要も高まり、国内在住外国人に対するソーシャルワークについての研究や調査の重要性は高まってきているが、まだまだ数としては限定されている。

日本で本格的に外国人数が増加し、多様化しだしたのは 1990 年頃からであり、在日コリアン、ブラジル人、ベトナム人、中国人、フィリピン人といった比較的大きなエスニック・グループに関しては少しずつ研究されるようになってきているが、そのほかのエスニック・グループに関してはまだまだ非常に少数である。したがって、国内における国際ソーシャルワーク研究で最初に必要なのは、こうした外国人の日本での生活の現状や課題を把握するためのニーズ調査であろう。

各エスニック・グループに関して、日本社会でどのような生活を送

★1 ジェンダーギャップ指数：各国の男女格差を数値化したものであり、「経済」「政治」「教育」「健康」の四つの分野のデータから作成される。0 が完全不平等、1 が完全平等を示し、2021 年の日本の総合スコアは0.656 で、順位は156 か国中 120 位（前回は 153 か国中121 位）である。

★2 2次データ：その調査目的のために固有の方法で収集されたデータではなく、他の調査などのために収集されていたデータ。典型的な2 次データとしては、官公庁による統計、研究機関のレポートなどがある。

り、どんな問題に直面しているのか、またエスニック・コミュニティを形成しているのか、している場合にどんな活動がそこで行われているのかといったことを理解することが重要であろう。

また、単に国籍のみに注目するのではなく、難民、先住民、留学生、技能実習生★3、日系人、日本人との国際結婚のケース、外国人同士での国際結婚のケース、国際児★4、オーバーステイ★5、介護士・看護師としての来日のケースといった在留資格、さらには居住地域、年齢、滞在年数、日本語能力などの属性とかけ合わせて、分析していくことも重要である。

つまり、どのようなバックグランドの人たちが、どのような課題を抱えやすいかということを確認することが大切である。こうしたリサーチで明らかになった情報を共有することによって、ソーシャルワーカーの文化的コンピテンスを高めていくことが可能となる。

次に、どんな要因が外国人の抱える問題に影響を与えているのかについてのリサーチが必要である。例えば、渡日前の日本に関する知識や日本語能力といったことが特定の課題と深く結びついていることが明らかになれば、渡日前の研修や渡日後のオリエンテーションといった予防プログラムの開発に役立てていくことが可能となる。また、ソーシャルサポートや地域コミュニティの外国人に対する態度が、外国人の日本社会への適応と関係していることが確認されれば、外国人に対するソーシャルサポートを強化するようなアプローチや、社会に対する啓発・教育的アプローチの必要性が明らかになる。

さらに、どのような問題に対してどのような援助アプローチが有効か、また各文化的背景にマッチした援助アプローチや援助技法はどのようなものかということを明らかにするような、実践評価に関する調査も今後必要となってくるであろう。

2 国際ソーシャルワークにおける調査アプローチ

では、日本在住の外国人支援に関連するソーシャルワーク分野でのリサーチでは、どんな調査方法が有効なのであろうか。外国人やLGBTQ＋といった社会的に脆弱なコミュニティの日常生活や現状を理解するためには、アンケート調査のような量的な調査アプローチでは大まかな傾向を理解する際には優れているが、そうした現状の背後にある要因や典型的でないケースの理解といった詳細な情報を得ることは不可能であ

★3 技能実習生：日本の技能、技術、知識を開発途上国へ移転させ、母国の経済発展に活かしてもらうという国際協力を目的とする技能実習制度において、日本側の受入機関において研修を受けている外国人のこと。ただし、外国人が公文書改ざんや、劣悪な労働環境におかれるなど人権上の問題も指摘されている。

★4 国際児：国際結婚をした国籍の異なる男女の間に生まれた子どもたちであり、日本において「ハーフ」「ダブル」「ミックス」などと呼ばれてきた子どもたちの一つの呼称。

★5 オーバーステイ：日本に滞在する外国人が有する各在留資格にはさまざまなものがあるが、永住者以外は在留期間が定められており、定められた在留期間内のみでの日本の滞在が認められている。オーバーステイ（超過滞在）とは、有効な在留資格を有していたにもかかわらず、何らかの事情で在留期限が経過してしまった状況を意味する。

る。

　これに対して、グランデッド・セオリー・アプローチ★6やエスノグラフィー★7といった質的なアプローチは、詳細なデータの収集に非常に効果的であるが、データの分析が調査者の主観に大きく影響を受け、特定の少数者を対象とした調査結果をほかの人たちに一般化することに限界がある。こうしたことを考えると、質的・量的アプローチにこだわらず、さまざまな調査方法を用いて進めていくことによって、社会的に脆弱なコミュニティの日常生活や現状をより詳細に包括的に理解することとが可能となる[1]。

　また、ソーシャルワークに限らず社会科学の領域において、一つの研究のなかで両方の調査アプローチを用いることによって、それぞれのこうした限界を補うことが可能となる混合研究法が注目を浴びてきている[2]。この混合研究法の一番のメリットは、質的あるいは量的のどちらか一つだけのアプローチを用いた調査よりも、より詳細で多角的な情報を収集できる点である。言い換えるならば、混合研究法は、質的・量的アプローチそれぞれの限界を、一つの調査のなかで両アプローチを同時に用いることによってカバーしようとするのである。

引用文献

1) Matsuoka, Jon., & McCubbin, Hamilton, I., Immigrant and indigenous populations：Special populations in social work, Barbara W. White（Ed.）, Comprehensive Handbook of Social Work and Social Welfare：The Profession of Social Work, John Wiley & Sons, pp. 377-393, 2008.

2) Creswell, John W. & Plano Clark, Vicki L., Designing and Conducting Mixed Methods Research, Sage, pp.1-10, 2007.

参考文献

・平山尚・武田丈・呉栽喜・藤井美和・李政元『ソーシャルワーカーのための社会福祉調査法』ミネルヴァ書房, 2003.

・J. W. クレスウェル, 抱井尚子訳『早わかり混合研究法』ナカニシヤ出版, 2017.

★6 グランデッド・セオリー・アプローチ：社会調査などにおける質的データなどの分析手法の一つ。インタビューなどによって得られたデータを文章化し、その文章を細かく分断した内容に具体的なラベルをつけて、そのラベルをさらにグループ化したりグループを関連づけたりすることで現象を表し、相関関係を調べる手法。

★7 エスノグラフィー：フィールドワークや参与観察といった経験的な調査を通して、自分の慣れ親しんだ文化と異なる文化に生きる人々の集団や社会の行動様式を記録する手法およびその記録文書のこと。

第4章　国際ソーシャルワークにおけるリサーチ

第2節 文化的コンピテンスの視点に立った リサーチ

学習のポイント

● 国際ソーシャルワークにおけるリサーチ上の注意点を知る。
● 文化的コンピテンスに基づくリサーチの概要を知る。
● 国際ソーシャルワークにおけるリサーチのための付託事項について学ぶ。

1 国際ソーシャルワークにおけるリサーチ上の注意点

　質的リサーチであれ、量的リサーチであれ、混合研究法であれ、どのリサーチ方法を用いるのにしろ、国際ソーシャルワークの領域でのリサーチ、特に文化的背景の異なる人たちを対象としたリサーチでは、研究者の文化ではなく、調査協力者の文化に適合したリサーチのアプローチを用いることが不可欠である。

　日本でも1990年以降の急激な在留外国人数の増加により、近年社会科学のさまざまな領域において「多文化共生」や「エスニック・スタディ」への関心が高まり、こうした分野でのリサーチが行われている。しかし、なかにはコミュニティの同意がないまま情報収集を行うケース、先入観に合致する情報だけを収集するリサーチ、「調査してあげる」や「援助してあげる」といった態度でコミュニティに入ってリサーチを行うケース、さらにはコミュニティの資料を借りたまま返却しない略奪調査などが行われていると指摘されている[1]。

　こうしたリサーチに関する問題は、調査結果として誤った情報を広めるだけでなく、リサーチにおける不快な経験が、在留外国人がもつ調査者に対する信頼の喪失やリサーチに対する懐疑心を助長してしまう。その結果、別の調査者が、その文化に適合し、本当にそのコミュニティのためになるリサーチを行おうとしても、そのコミュニティに受け入れてもらえないという事態を招きかねない。

　こうした事態を防ぐためには、リサーチの計画段階からきちんと対象者と話し合ってそれぞれの文化に適したアプローチを用いること、つまり文化的コンピテンスに基づくリサーチが大切になってくる。

2 文化的コンピテンスに基づくリサーチ

　文化的コンピテンスに基づくリサーチとは、文化的要因や文化的差異が、どのようにリサーチを行うかということや、結果をどのように解釈するのかということに大きな影響を与えるということをしっかりと認識し、適切な対応をとってリサーチを実施することである[2]。

　文化的要因や文化的差異に配慮しない場合、文化的差異を偏見に基づいて解釈してしまったり、移民や難民のような少数グループの課題や問題にばかり焦点を当て、その人たちの「ストレングス」にあまり目を向けずに結果の解釈を行ってしまったりする可能性がある。ここでは、文化的コンピテンスに基づいてリサーチを実施するうえでの注意点を、リサーチのプロセスの段階ごとに紹介する[3]。

リサーチの準備

　調査者は、リサーチのための問いを立てたり、リサーチの実施方法を計画したりする前に、まずは調査対象となる人たちの文化に関する情報収集を文献レビューやフィールドワークを通して行い、その人たちに対する十分な文化的コンピテンスを身につけるよう努力すべきである。

リサーチのための問いの設定

　国際ソーシャルワークのリサーチにおける調査協力者と、調査者やソーシャルワーカーの間には、国籍や文化の違いとともに、学歴や社会経済的な地位が大きく異なる場合が少なくない。調査者やソーシャルワーカーは学歴が高くミドルクラスであることが多いことと比較すると、移民や難民の学歴が低く貧困層である可能性が高い。

　こうした差異は、リサーチのための問いの設定の際にバイアスを生み出し、問いの設定から結果の解釈まで大きな違いをひき起こす可能性がある。したがって、リサーチのための問いを立てる段階から、後述のリサーチのすべての段階において、調査対象となるグループのメンバーからの意見をもらうことが非常に大切である。

先行研究のレビュー

　国際ソーシャルワークの領域に限定されないが、ソーシャルワークやほかの社会科学における先行研究の多くは、日本で生まれ育った教育歴

が高いミドルクラス以上の男性の研究者や実践者によって行われたものなので、先行研究の結果や結論にそうした人たちの価値や視点が反映されてしまっている可能性がある。

したがって、国際ソーシャルワークにおけるリサーチを実施する前に行う先行研究のレビューの際には、先行研究の結果や考察にバイアスがかかっていないかを十分に吟味する必要がある。

調査協力者のリクルート

在留外国人のような少数グループや抑圧の対象となっているグループからの調査協力者を確保する際には、以下の事柄が重要である。
・コミュニティのリーダーからのリサーチに対する推薦をもらう。
・文化的に適合した秘密保持の方法を使用する。
・コミュニティのメンバーを調査スタッフとして雇用する。
・文化や利便性に配慮した調査環境を整える。
・文化的コンピテンスを有するインタビュアーを雇用する。
・バイリンガルのスタッフを活用する。

ニーズ調査

ニーズ調査は、特定の人たちやコミュニティの課題や問題を明らかにすることで、その課題や問題のために既存のプログラムや政策を修正したり、新しいものをつくったりすることに寄与するものである。

しかし、ニーズを把握する際に、特定の人たちやコミュニティを特定の課題や問題に繰り返し結びつけることによって、その人たちへの偏見を助長してしまう可能性がある。例えば、「貧困層の集住する地域は治安が悪い」「20歳前後の若い親は十分な子育てができない」「難民は日本文化への適応が遅いなど」といった偏見である。したがって、国際ソーシャルワークにおけるニーズ調査の際には、課題や問題を把握するだけでなく、その人たちのもつ「ストレングス」についても把握し、そのグループの長所やポジティブな面を強調することが大切である。

実践評価

個別ケースにおけるソーシャルワークの実践を評価するリサーチでは、特定の支援が特定の課題に効果がある、あるいはその支援によって支援対象者の行動や態度が改善するという前提に立って行われる。

しかし、そうした前提は、日本の文脈で効果がある、つまりこれまで日本人のソーシャルワーカーによって日本人の支援対象者に対して実施された際に効果があったということに基づいている。外国人に対する実践評価の際にはそうした前提が十分に成り立つのかを検討する必要があるし、文化的背景の相違がソーシャルワーカーと外国人の支援対象者の間の関係にどのように影響を与えるかということに関しても十分に吟味する必要がある。

データ収集方法

ある特定の文化的背景をもった人たちは質問紙に回答するという形式に慣れていなかったり不快に感じたりするケースがある一方、別の文化的背景をもった人たちはインタビューに対して嫌悪感をもつかもしれない。したがって、それぞれの文化に適応したデータの収集方法を選ぶ必要がある。

調査協力者が日本語を理解しない場合はもちろん、流暢な日本語での会話が可能な外国人であっても読み書きが十分でないケースがあるので、そうした場合には、バイリンガルのインタビューアーを雇用したり、質問紙を協力者の理解できる言語に翻訳したり、**プリテスト**★1 によって特定の文化的背景をもった協力者が質問票やインタビューの設問の意味を理解できるかを確認しておくことが大切である。

質問紙を協力者の理解できる言語に翻訳する際には、妥当性の確保できるバックトランスレーションという方法を用いることが多い（ 図4−1 ）。この方法では、まず翻訳者が日本語の質問紙を外国語に翻訳する。そして、その翻訳された質問紙を別の翻訳者が日本語に翻訳し直して、その質問紙と、オリジナルの日本語の質問紙を比較して、相違がある部分を修正していくというものである。

これに対して、フォワードトランスレーションという方法が用いられることもある（ 図4−2 ）。これは、バックトランスレーションと同じように、翻訳者が日本語の質問紙を外国語に翻訳する。しかし、そのあとに日本語に翻訳し直すのではなく、複数のバイリンガルがオリジナルの日本語の質問紙と、翻訳された外国語の質問紙を見比べて、両方の言語の設問が同じ意味であるかを確認していく方法である。

★1 プリテスト：質問紙の信頼性（質問紙によって得られた結果が一貫していて安定しているかの程度）や妥当性（測定しようとしているものをどれくらい的確に測定できているかの程度）を確認することを目的に、大規模な調査を実施する前に質問紙の試案を一部の調査対象に対して実施すること。

図4—1 バックトランスレーション

図4—2 フォワードトランスレーション

さらに、日本語での読み書きが十分な人であっても、言葉の意味が文化によって異なるかもしれない。例えば、研究者が「クライエントと母親の関係」について尋ねる際に、特定の文化背景をもった人は義理の母親を含めて母親との関係を考えるかもしれない。そうした解釈の違いにも配慮が必要である。また、既存の尺度★2 を用いる際には、その妥当性や信頼性が、さまざまな文化的背景をもった人ででも確認されているか十分に確認する必要がある。

データ収集法や収集されるデータの内容が各文化に適合したものであったとしても、実際にデータ収集する際にも配慮が大切である。例えば、インタビュー調査を実施する際には、インタビュアーは調査協力者の言語、ジェンダー規範、家族内でそれぞれのメンバーに期待される役割といった、その人の有する文化や価値観に関する知識がなければ信頼性や妥当性のあるデータを収集することは困難となってしまう。

質的データの分析

質的データの分析の際には、量的データの場合より文化的な差異に特に注意を払う必要がある。なぜなら特定の集団に対する否定的なイメージなど、調査者のバイアスが分析に反映されてしまう可能性が高いからである。

調査者は、常に繰り返し調査協力者に対する偏見やネガティブなイメージが分析に影響していないかを自問する必要がある。

統計を用いた分析

日本在住の外国人の意識調査など、多数の国籍の人を対象にした調査の場合には、度数分布表やクロス集計表★3 を用いて統計的に分析する際のカテゴリー分けに配慮が必要である。なぜなら往々にして少人数の国籍の人たちは「その他」のカテゴリーとして扱われ、それぞれの少人数のグループ間の差異が明らかにされなくなってしまうからである。

3 リサーチのための付託事項

近年、リサーチの対象となる抑圧や周縁化の対象となっているコミュニティの人たち自身が、自分たちの文化のもつ意味や倫理観の正確な理解のために、リサーチが文化的コンピテンスに基づいて実施されるよう、リサーチ実施の際の付託事項の必要性を訴えるようになってきてい

★2 尺度：対象に数値を対応させる規則およびその規則によって与えられる数値である。例えば、IQを測定する尺度としては田中ビネー式知能検査法などがあり、ADL（日常生活動作）の測定尺度としては Barthel Index（バーセルインデックス）や Katz Index（カッツインデックス）がある。

★3 クロス集計表：質問項目を二つ以上かけ合わせて集計する手法のこと。例えば、国籍別の在留資格の種類の傾向を把握したい際には、国籍と在留資格という二つの質問項目についてのクロス集計を作成する。

る[4]。

　例えば、アメリカ先住民たちは、自分たちがメンバーとなる治験審査委員会の設置によって、自己決定の権利を確保している。一方、オーストラリアの先住民やマオリ族は、調査者がこうしたコミュニティを調査する際に考慮すべき原則や方法を規定した先住民に関する調査の付託事項（ITR：indigenous terms of reference）を作成している。このITRでは、先住民との活動や意思決定のプロセスで、先住民の知識、経験、価値が尊重されることを保障する規定や手順がまとめられるとともに、先住民の実践家、先住民以外の実践家（研究者）、そして先住民の利害関係者のそれぞれの役割や責任を明確に規定している。

　つまりITRは、「その状況のなかでのリサーチにおいて、どのような文化的ガイドラインが考慮されるべきか？」「調査者が周縁化の対象となっている文化を尊重していることをどのように示すか？」「これまで社会のなかで声をあげられなかった（聞いてもらえなかった）人たちの意見をどのように取り入れるか？」といった質問を調査者に投げかけるものである[5]。

　したがって、国際ソーシャルワークの領域におけるリサーチにおいて、調査対象となるコミュニティが調査のための付託事項を有する場合には、その付託事項に沿って実施することで、文化的コンピテンスに基づくリサーチの実行が可能となる。

引用文献

1) 宮本常一・安渓遊地『調査されるという迷惑——フィールドに出る前に読んでおく本』みずのわ出版, 2008.

2) Rubin, A., & Babbie, E. R., Research Methods for Social Work, 9th ed., Cengage Learning, pp. 112-137, 2017.

3) Marlow, C. R., Research Methods for Generalist Social Work, 5th ed., Brooks/Cole, 2011.

4) Mertens, D. M., Research and Evaluation in Education and Psychology：Integrating Diversity with Quantitative, Qualitative, and Mixed methods, 3rd ed., Sage, p. 30, 2010.

5) Mertens, D. M., Transformative mixed methods：Addressing inequities, American Behavioral Scientist, 56（6）, pp. 802–813, 2012.

参考文献

・宮本常一・安渓遊地『調査されるという迷惑——フィールドに出る前に読んでおく本』みずのわ出版, 2008.

・武田丈・亀井伸孝編著『アクション別フィールドワーク入門』世界思想社, 2008.

第**3**節 国際ソーシャルワークのリサーチにおける **CBPR** の有効性

学習のポイント

● CBPR の概要を知る。
● CBPR を用いることで、どのように文化的コンピテンスを向上させることができるかを理解する。
● CBPR を用いることで、どのように科学性を向上させることができるかを理解する。

1 CBPR の概要

　本章でここまで議論してきたように、文化的コンピテンスに基づくリサーチを実施するためには、リサーチのプロセスの各段階において調査対象のコミュニティのメンバーと協働し、文化的要因や文化的差異に十分に配慮することが重要である。

　それを可能とするのが CBPR（Community-Based Participatory Research：コミュニティを基盤とした参加型リサーチ）や参加型アクションリサーチと呼ばれるリサーチ方法である。

　CBPR は、「コミュニティの人たちのウェルビーイングの向上や問題・状況改善を目的として、リサーチのすべてのプロセスにおけるコミュニティのメンバー（課題や問題に影響を受ける人たち）と研究者の間の対等な協働によって生み出された知識を社会変革のためのアクションや能力向上に活用していくリサーチに対するアプローチ（指向）」[1] と定義される。

　つまり、問題の診断や分析（事実の発見）、結果をもとにしたアクションの計画、その実行、そして評価という一連の作業の循環の過程すべてにおいて、当事者が主体的に参加するのである（図4−3）。

　例えば、国内の日系ブラジル人の集住地域でニーズ調査をする際に、伝統的な研究方法であればソーシャルワーカーや調査者が主体となって自分が関心のある事柄の情報をインタビューや質問紙で収集して分析し、その地域に必要な支援を行っていく。これに対して CBPR では、

図4—3 CBPR の概念図

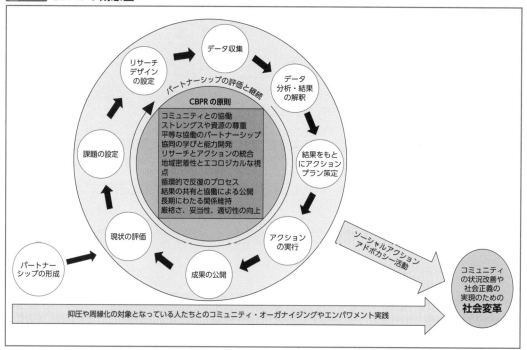

そのコミュニティの日系ブラジル人たちやその支援者たちがソーシャル
ワーカーや調査者と協働して、自分たちの関心あるテーマを、自分たち
で計画した方法で収集・分析し、その結果をもとにアクションプランを
策定してコミュニティを自ら改善していくというものである。ソーシャ
ルワーカーや調査者は、調査におけるパートナーやファシリテーターと
しての役割に徹するのである。

　このCBPRの目的は、単に知識の創造ではなく、教育や意識改革、
またすべての参加者の行動の促進である。つまり、理論の構築よりも、
コミュニティの社会的あるいは政治的問題に焦点を当て、社会変革のた
めのアクションを促進する過程がCBPRなのである。

　そして、その過程を通して、当事者たちが必要な情報へのアクセスと
適切な知識を把握する能力を身につけ、状況改善や社会変革のためのア
クションを起こしていくことによって参加者たちのエンパワメントが促
進されるものなので、まさに文化的コンピテンスに基づくリサーチだと
いえるであろう。

　CBPRのなかで用いられる具体的な調査手法としては、グループ・
ディスカッション、インタビュー、図の作成、ビデオ、写真、芸術活
動、マッピング、質問紙調査、混合研究法、実験計画法、エスノグラ

フィー、データのコンピュータを用いた分析などを含む、量的・質的の
さまざまな調査技法や分析技法などが用いられる。

　しかし、国際ソーシャルワークの現場で、さまざまな人たちと協働し
て実施する場合には、リサーチや統計に関する高度な専門知識が不要
で、誰でも参加しやすい以下のような手法も有効であろう。

　例えば、国際協力や社会開発の分野で開発され、広く活用されている
PLA（Participatory Learning & Action）は、マップや年表づくり、二
次資料の活用、フォーカスグループインタビューのように観察や言葉に
よるやりとりに重点をおく手法によって収集されたデータをもとに、コ
ミュニティのメンバー自身が自分たちの生活を改善するプランを立て、
実行、評価を行いながら、その過程でエンパワメントを達成していくも
ので、国際ソーシャルワークの分野でも非常に有効だと考えられる[2]。

　プログラムや組織の評価では、エンパワメント評価という参加型の評
価手法も国際ソーシャルワークの分野で有効であろう。エンパワメント
評価は組織のエンパワメントの度合いを評価するものではなく、外部の
評価者の助けを受けて組織のメンバーたちが自分たちで組織の自己評価
を行い、参加者、コミュニティ、環境の間の関係の問題を見つけ改善に
つなげる民主的な調査活動であり、そのプロセスを通して参加者がエン
パワメントを達成していくものである[3]。

　現状の組織やコミュニティの能力レベルの評価を実施するとともに、
能力開発および望む成果の達成に向けて、改善、コミュニティ主権、参
画、民主的参加、社会正義、コミュニティの知識、証拠に基づく方策、
能力開発、組織的学習、説明責任という10の原則をベースに、組織や
プログラムの改善計画の立案、目標設定、実行、評価という循環を繰り
返すことで、エンパワメント評価の実践モデルを組織に定着させること
を目指すのである。

　こうした当事者が主体となる参加型のリサーチは、必ずしも新しい調
査手法というわけではなく、特にコミュニティワークのなかなどで昔か
ら活用されてきた手法であるが、日本のソーシャルワークの分野におけ
る調査手法としてはまだまだ十分に認識されていない。しかし、社会変
革と当事者のエンパワメントというこのCBPRの目的は、まさにソー
シャルワークの目的と合致しており、特に国際ソーシャルワークの現場
で活用されることが期待される。

2 CBPR による文化的コンピテンスの向上

CBPR ではリサーチのプロセスの各段階でコミュニティの人たちと協働するが、この協働がどのようにそのコミュニティに効果や恩恵をもたらし、文化的コンピテンスに基づくリサーチとどのように合致するかを具体的にみていく。

コミュニティのニーズに適合したリサーチの問いの設定

調査者が考える住民のニーズやコミュニティの課題は、必ずしもコミュニティの人たちが考えるものと一致するとは限らない。CBPR では、調査者がリサーチを提案することも少なくないが、リサーチのなかで取り組むべき課題の設定、つまりリサーチのための問いの設定にコミュニティの人たちが主体的に参加することで、CBPR で取り組む課題が本当にそのコミュニティの人たちにとって重要で、コミュニティの文化にも適合したものとすることが可能となる [4]。

さらに、調査者がローカルの知やコミュニティの文化を尊重するパートナーシップをコミュニティとの間に形成することで、従来の調査者とコミュニティの関係では十分に理解できなかったような隠されたコミュニティの課題や、その背後にある要因を知ることも可能となる。

コミュニティの人たちの能力開発

コミュニティの人たちは、CBPR のプロセスに主体的に参加することで、自分たちでコミュニティの問題を認識し、自分たちの意志による自らの活動によって問題を解決する能力を高めることが可能となる [5]。

その結果、コミュニティの人たち、特に抑圧や周縁化の対象となっているコミュニティの人たちは、自分たちの意見を主張し、自分たちの生活を自分たち自身でコントロールできるようになっていくのである。

適切なアクションや介入の構築

CBPR はプロセスのなかにリサーチだけでなく、それによって生み出された知識をもとにした状況改善のためのアクションを含むが、コミュニティの人たちがアクションや介入の部分だけでなくリサーチのための問いの設定の段階から参加することにより、リサーチ結果をより的確で効果的な介入やアクションに結びつけることが可能となる [6]。

その結果、介入やアクションへのコミュニティの人たちの積極的な参加、さらにプロジェクト終了後にもコミュニティの人たちが主体的に問題解決や状況改善の活動を持続していく可能性を高める。

コミュニティとの良好な関係の維持

コミュニティにとって適切なアクションや介入の構築およびその実施は、周縁化されたコミュニティがこれまで調査者や研究機関に対して抱えていた不信感や懐疑心を軽減し、研究機関とこうしたコミュニティの間の良好な関係の修復に貢献する [7]。

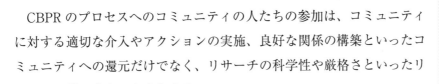

3 CBPR によるリサーチの科学性の向上

CBPR のプロセスへのコミュニティの人たちの参加は、コミュニティに対する適切な介入やアクションの実施、良好な関係の構築といったコミュニティへの還元だけでなく、リサーチの科学性や厳格さといったリサーチの質の向上にも寄与する。

リサーチ手法の文化的適合性・信頼性・妥当性の向上

CBPR では、リサーチデザインの設定やリサーチで使用する尺度の開発のプロセスにコミュニティの人たちに参加してもらうことで質問紙の各設問が文化的に適合しているかを確認してもらったり、使用される表現方法や文言をチェックしてもらうことによってデザインや尺度の文化的適合性、信頼性、妥当性を高められる [8]。

リサーチへの参加率や回収率の向上

リサーチの問いの設定の段階からコミュニティの人たちに参加してもらうことで、コミュニティの人たちへの危害や悪影響を最小限に抑えることが可能となる。このことは、コミュニティの人たちのリサーチへの協力に対する不安を軽減し、**インフォームド・コンセント**[★1] への同意率、質問紙への回答率、インタビューへの参加率を向上させ、リサーチの**外的妥当性**[★2] や得られるデータの質を高められる [9]。

また、サンプル数が小さすぎてカテゴリー併合などで対応せざるを得なかった項目を独立させて分析できるので**統計的検定力**[★3] の向上にもつながり、これまでデータの収集が困難であった集団の協力が得られれば、選択バイアスの減少や分析結果の妥当性の向上にも結びつく。

★1 インフォームド・コンセント：説明を受け納得したうえでの同意。もともとは医療分野やソーシャルワークの実践における用語で、利用者が自分の受けるサービスの内容について十分な説明を受け、理解したうえで同意することを意味する。リサーチにおいても、調査者は調査を受ける対象者に対して、調査内容をはじめ、対象者が受けると予測される負担、集められたデータの使用目的、データの公表のされ方などについて事前に十分に説明し、対象者の理解と承諾を受けたうえで調査を実施する必要がある。

★2 外的妥当性：調査の結果がどの程度一般的なものであるか、言い換えると特定の人たち（調査の対象者）からのデータで得られた結果が、それ以外のより広い集団にどの程度当てはめることができるかの程度を指す。

★3 統計的検定力：統計的検定において帰無仮説（否定されることを前提として立てられる、差がない・効果がないといった否定形の仮説）を正しく棄却する確率。この統計的検定力は、サンプルサイズ、差、データの変動性、検定の有意水準などの影響を受ける。

結果の解釈の質の向上

　CBPR においても、データ分析に関しては調査者が担当することが多いが、その結果の解釈にコミュニティの人たちに参加してもらうことは、その結果の理解を深め、解釈の妥当性を高める[10]。コミュニティの参加者たちの有する固有の言語的・文化的な洞察を、調査者たちが主導した統計的分析や、質的データの**コーディング**[★4]やカテゴリー化に統合することで、結果の妥当性や信頼性を高めることが可能となる。

引用文献

1) 武田丈『参加型アクションリサーチ（CBPR）の理論と実際——社会変革のための研究方法論』世界思想社, p. 8, 2015.

2) 武田丈「PLA（Participatory Learning & Action）によるマイノリティ研究の可能性——人類の幸福のための社会『調査』から『アクション』へ」『先端社会研究』第 3 号, pp. 163-207, 2005.

3) D. M. フェターマン・A. ワンダーズマン編著, 笹尾敏明監訳『エンパワーメント評価の原則と実践』風間書房, 2014.

4) Minkler, M., Community-based research partnerships：Challenges and opportunities, Journal of Urban Health, 82（2）, supplement 2, ii3-ii12, 2005.

5) Israel, B.A., Schulz, A.J., Parker, E.A., Becker, A. B., Allen III, A. J., & Guzman, J. R., Critical issues in developing and following CBPR principles, M. Minkler, & N. Wallerstein (Eds.), Community-based participatory research for health：From process to outcomes (2nd ed.), pp. 47-66, Jossey-Bass, 2008.

6) 前出 4)

7) 大木秀和・彦聖美「Community-Based Participatory Research（CBPR）——その発展および社会疫学との関連」『石川看護雑誌』8, pp. 9-20, 2011.

8) 前出 4)

9) Weeks, M. R., Liao, S., Li, F., Dunn, J., He, B., He, Q., Feng, W., & Wang, Y, Challenges, strategies, and lessons learned from a participatory community intervention study to promote female condoms among rural sex workers in southern China, AIDS Education and Prevention, 22（3）, pp. 252-271, 2010.

10) 前出 4)

参考文献

・CBPR 研究会編『地域保健に活かす CBPR——コミュニティ参加型の活動・実践・パートナーシップ』医歯薬出版, 2010.

・D. M. フェターマン・A. ワンダーズマン編著, 笹尾敏明監訳『エンパワーメント評価の原則と実践』風間書房, 2014.

・武田丈『参加型アクションリサーチ（CBPR）の理論と実際——社会変革のための研究方法論』世界思想社, 2015.

・S. クマール, 田中治彦監訳『参加型開発による地域づくりの方法——PRA 実践ハンドブック』明石書店, 2008.

★4 コーディング：例えば自由回答の記述内容やインタビューで得た発話を文字化し、それらを抽象化するラベルを貼ることを通してカテゴリーごとに分類し、何らかのパターンを見出すこと。

第5章

国際ソーシャルワークの課題と展望

　国際ソーシャルワークは、ミクロレベルからマクロレベルに至るまで幅広い範囲を対象とし、"地球 globe"を舞台として、公私の多様な行為主体またはステークホルダーと関係を築き、パートナーシップのもと実践することが求められている。また、「ソーシャルワーク専門職のグローバル定義」の注釈に「ソーシャルワークの正統性と任務は、人々がその環境と相互作用する接点への介入にある」と記されているように、国際ソーシャルワークが対象とする環境とは何かが問われている。現在、「グローバル・イシュー」とよばれる地球規模で解決が必要な問題への対応が求められているなか、国際ソーシャルワーカーとしての専門性を発揮するためのコンピテンシーの獲得が喫緊の課題である。

第1節 日本における国際（多文化）ソーシャルワークの実践の課題

学習のポイント

● ソーシャルワークのコンピテンシーから実践の課題を理解する。
● ソーシャルワークの実践レベルからみた課題を理解する。

1 ソーシャルワークのコンピテンシーからみた実践の課題

　ソーシャルワークにおいては、ワーカー自身がマルチパーソン援助システム★1 の一部となり、クライエント（クライエント・システム）がニーズを満たし、問題を解決できるように自分自身を効果的に活用することが求められる。

　ジョンソンとヤンカは、「ワーカーは、援助のための相互作用を最大限に活用するためには自己理解と健全な自己評価を高いレベルにする必要がある。自己理解を深めることは自分の価値観、生活様式、ルーツ、個人的ニーズ、文化の評価を含んだ継続的な取組みである」[1] と指摘している。ワーカー自身の総合的な実践能力を意味しているのが「コンピテンシー」である。これはヒューマンサービス分野の実践や養成教育においても重視されており、国際ソーシャルワークを展開するうえで重要となる（コンピテンシーについては第2章第2節参照）。

　先述したアメリカのCSWEは、コンピテンシー基盤型教育フレームワークを採用し、学生が養成課程修了後または卒業時に何ができるようになるかを想定して「教育方針および認定基準2015」（Educational Policy and Accreditation Standards）[2] を発行し、九つのコンピテンシーを提示している（表5-1）。これらのコンピテンシーのうち、国際ソーシャルワークにおいて重視されているにもかかわらず、現在の日本のカリキュラムでは十分に教育できていない項目が「2. 実践において多様性や差異に対応する」である。日本においてもこの項目の内容に関する知識を講義や演習を通して習得し、実習を行うことにより、クライエント・システム（ミクロ・メゾ・マクロ）の状況に合わせた技術を活用して問題解決やシステム改善を行うことができるような教育プログラ

★1 マルチパーソン援助システム：クライエントのニーズに合致したサービスを提供する複数のワーカーから構成され、各ワーカーは目標達成に必要な特別な知識や技術をもつことになる。
★1 マルチパーソン・クライエントシステム：マルチパーソン・クライエントシステムになり得るシステムとは、家族、小集団、組織、機関、近隣、コミュニティなどが例として示されている。

表5—1 ソーシャルワーク・コンピテンシー

1. 倫理的かつ専門職として行動できる
2. 実践において多様性と差異に対応する
3. 人権と社会的・経済的・環境的な正義を推進する
4. 「実践に基づく調査」と「調査に基づく実践」に取り組む
5. 政策実践に関与する
6. 個人、家族、グループ、組織、コミュニティとかかわる
7. 個人、家族、グループ、組織、コミュニティのアセスメントを行う
8. 個人、家族、グループ、組織、コミュニティに介入する
9. 個人、家族、グループ、組織、コミュニティへの実践を評価する

出典：CSWE, 2015 Educational Policy and Accreditation Standards.（筆者訳）

ムを整備する必要がある。

ソーシャルワーク・コンピテンシー「2. 実践において多様性と差異に対応する」の詳細は以下のとおりである[3]。

　ソーシャルワーカーは、多様性と差異が人間の経験をどのように特徴づけて形成するのかを理解し、アイデンティティの形成に不可欠であることを理解している。多様性の次元は、年齢、階級、肌の色、文化、障害と能力、民族性、ジェンダー、性自認と表現、移民の状態、配偶者の有無、政治的イデオロギー、人種、宗教／スピリチュアリティ、性、性的指向、部族の主権の状態等を含むが、これらに限定されない複数の要因の交差性として理解される。ソーシャルワーカーは、差異の結果として、人の人生経験には、抑圧、貧困、疎外だけでなく、特権、パワー、称賛も含まれることを理解している。ソーシャルワーカーはまた、抑圧と差別の形態とメカニズムを理解し、社会的、経済的、政治的、文化的排除を含む文化の構造と価値観がどの程度まで抑圧、軽視、疎外、あるいは特権とパワーを生み出すかを認識する。

　ソーシャルワーカーは、
・ミクロ、メゾ、マクロレベルでの実践において、人生経験を形成するうえでの多様性と差異の重要性を理解し、伝えることができる。

> ・自分自身を学習者として提示し、クライエントや関係者を自分の
> 経験の専門家として関与させる。
> ・多様なクライエントや構成員との協働において、個人的な偏見や
> 価値観の影響を管理するために、自己覚知と自己統制を適用する。

　また、ソーシャルワークやカウンセリングなどの実践および教育にお
ける文化的コンピテンシーの実践理論システムの構築や体系化に影響を
与えたスーは、異文化間カウンセリングコンピテンシーに関するこれま
での研究実践の成果を踏まえ、「ソーシャルワークにおける文化的コン
ピテンスの多次元モデル」（Multidimensional Model of Cultural
Competence in social work）を提唱した。"culturally competent"をま
とめると、「クライエントの文化的側面や状況に敏感に反応することが
でき、専門職としての価値観と姿勢で理解、評価し、十分な知識を活用
してスキルを発揮し、課題解決にあたる能力を有している状態」といえ
る。そして、文化的コンピテンスの構成要素として①気づき、②知識、
③スキルの3点を提示した。このような状態になることを目標として、
講義・演習・実習のプログラムを整備することが求められる。
　このほか、気づきに該当する「異文化理解力」は、従来の社会福祉士
養成教育において、人間の多様性（ヒューマンダイバーシティ）や文化
的側面への配慮が十分とはいえないため、ソーシャルワーク関連科目の
厚生労働省の指針に規定された以上の教育内容を準備し、学習に臨む必
要がある。
　また、スキルの一つ目に「さまざまな言語的および非言語的な反応が
できなければならない」とあるが、国際機関で働くことを想定した場
合、英語、フランス語、スペイン語のいずれかのスキルが求められる。
JICAが発行している「専門家語学ガイドライン」によれば、4段階の
うち最低レベルCである「業務上、必要最低限のコミュニケーション
能力が求められる案件（例：現場技術移転型専門家等）」に対しては、
TOEIC500点以上、TOEIC S&W 220点以上、TOEFL470点（CBT150
点、iBT52点）以上、英検2級、国連英検C級などが要求されており、
少なくともこのレベルに達していることが条件となる。
　ただし、どの言語圏で実践するかによって必要とされる言語が異なる
ため、英語に限らず、その国の言語やコミュニケーションの特徴を修得

することが基本であり大前提となる。自分が旅行者ではなく、生活者として、さらに支援者としての立場になることを自覚し、生活スキルと専門職としてのコンピテンシーを獲得する必要がある。

2 ソーシャルワークの実践レベルからみた課題

ソーシャルワークを説明するにあたり、クライエント・システムの大きさによって、ミクロ・メゾ・マクロまでのレベルで分類することが有効な方法とされている。ソーシャルワーク専門職の最大の特徴の一つが人と環境の交互作用に働きかけることであることから、ミクロ・メゾ・マクロレベルの特徴やそれぞれのレベルの関連性を踏まえ、リスクマネジメントの観点から課題や対策を理解しておく必要がある。

ヘップワース、ルーニー、ラーセンは、ミクロレベル実践、メゾレベル実践、マクロレベル実践を 表5—2 のように定義している[4]。

ミクロレベルにおいては、国際生活機能分類（International Classification of Functioning, Disability and Health：ICF）からみても、人と環境の相互作用に着目する意義を指摘することができる[5]。

ソーシャルワークとの関係でいえば、ICF では、個人の生活機能は健康状態と背景因子（環境因子と個人因子）との間の相互作用あるいは複合的な関係とみなしているのであり、「個人因子」には性別、人種、年齢、習慣、過去および現在の経験、ライフスタイル等が含まれている。国際ソーシャルワークの実践においては、特に「人間の多様性」や「人間の行動」に関する知識を修得する必要がある。また、海外勤務者では、生活環境の変化、言葉や文化の違い、業務の質・量の増加により高

表5—2 ソーシャルワーク実践のレベル

実践レベル	概要
ミクロレベル実践	このレベルの対象は、個人、カップル、家族を含む多様なクライエント・システムである。このレベルの実践は直接実践あるいは臨床実践と呼ばれる。
メゾレベル実践	家族生活に関連するものよりは親密ではない対人関係。組織や施設の代表者間よりは意味のある対人関係。セルフヘルプグループや治療グループに属する個人間、学校や職場の仲間、隣人間の関係。クライエントに直接影響しているシステムを変化させるためにデザインされる。
マクロレベル実践	社会計画やコミュニティオーガニゼーションの過程を含む。ソーシャルワーカーは、個人、グループ、組織からなるコミュニティのアクション・システムが社会問題に対処することを支援する専門的チェンジ・エージェントシステムとして機能する。

ストレス状態となること[6] が示されており、健康管理に関するリスクについて理解しておく必要がある。

メゾレベルにおいては、かかわる人数や組織、立場などの範囲が広がることになるため、その集団、組織、機関、コミュニティ、国などの行為主体（アクター）の特徴を理解し、それを踏まえたコミュニケーションやマネジメントが必要となる。国外でリスクマネジメント活動を行う際には、現地拠点とのコミュニケーションと緊急時の迅速な連絡体制を構築しておくことが重要となる。

マクロレベルにおいては、日本以外の国で活動する際のリスクを認識しておく必要がある。危機管理・安全に関するリスク（交通事故、犯罪被害、テロ・誘拐、政情不安、自然災害）については、国ごとに差はあるものの注意が必要である。また外務省は、国際社会の人権問題に対処する日本の基本的立場として以下のように述べている。日本人である場合、国家の立場や関係性を意識的・無意識的に代弁し、または認識されることがあるため、この点についても十分に理解しておく必要がある。

① 人権および基本的自由は普遍的価値であること。また、各国の人権状況は国際社会の正当な関心事項であって、かかる関心は内政干渉ととらえるべきではないこと。

② 人権の保護の達成方法や速度に違いはあっても、文化や伝統、政治経済体制、社会経済的発展段階の如何にかかわらず、人権は尊重されるべきものであり、その擁護はすべての国家の最も基本的な責務であること。

③ 市民的、政治的、経済的、社会的、文化的権利等すべての人権は不可分、相互依存的かつ相互補完的であり、あらゆる人権とその他の権利をバランスよく擁護・促進する必要があること。

引用文献

1) ルイーズ・C. ジョンソン・ステファン・J. ヤンカ、山辺朗子・岩間伸之訳『ジェネラリスト・ソーシャルワーク』ミネルヴァ書房, p. 158, 2004.

2) Council on Social Work Education　https://www.cswe.org/getattachment/Accreditation/Standards-and-Policies/2015-EPAS/2015EPASandGlossary.pdf.aspx

3) CSWE, 2015 Educational Policy and Accreditation Standards.（筆者訳）

4) 岡本民夫・平塚良子編『ソーシャルワークの技能』ミネルヴァ書房, pp. 88-89, 2004.

5) 障害者福祉研究会編『ICF 国際生活機能分類——国際障害分類改訂版』中央法規出版, p. 5, 2002.

6) 久保なな・宮下奈々・内田和彦「産業に特徴的なメンタルヘルス　海外勤務者のメンタルヘルス対策」『診断と治療』106 巻 5 号, pp. 625-628, 2018.

国際（多文化）ソーシャルワーカー養成教育の課題

学習のポイント

● 日本の社会福祉士養成教育のカリキュラムの現状と問題点を理解する。
● 専門職の成立条件からみた養成の現状と問題点を理解する。
● 日本の養成の問題点を踏まえ、グローバルソーシャルワークのコンピテンシーから解決方法や方向性を考察する。

日本の国家資格養成教育のカリキュラムからみた現状と課題

日本の国家資格養成カリキュラム

　日本では、国家資格である社会福祉士および精神保健福祉士がソーシャルワーク専門職と理解されており、Certified Social Worker と英訳されている。国際ソーシャルワーカー連盟（IFSW）によるソーシャルワークの定義との関係からみても、両資格は国際的にもソーシャルワーカーと認識されている。専門職としてのソーシャルワーカーの養成という場合、日本では社会福祉士および精神保健福祉士の養成を意味しており、両資格が国家資格であるということが養成教育の問題点や展望を考えるうえで重要な点となる。

　国家資格とは、「国の法律に基づいて、各種分野における個人の能力、知識が判定され、特定の職業に従事すると証明される資格」[1] である。社会福祉士および精神保健福祉士についていえば、法律において援助の対象、役割、業務等が下記のように定義されている。

【社会福祉士】社会福祉士及び介護福祉士法第 2 条「定義」（傍点筆者）
　社会福祉士の名称を用いて、専門的知識及び技術をもって、身体上若しくは精神上の障害があること又は環境上の理由により日常生活を営むのに支障がある者の福祉に関する相談に応じ、助言、指導、福祉サービスを提供する者又は医師その他の保健医療サービスを提供する者その他の関係者との連絡及び調整その他の援助を行うことを業とする者をいう。
【精神保健福祉士】精神保健福祉士法第 2 条「定義」（傍点筆者）

精神保健福祉士の名称を用いて、精神障害者の保健及び福祉に関する専門的知識及び技術をもって、精神科病院その他の医療施設において精神障害の医療を受け、又は精神障害者の社会復帰の促進を図ることを目的とする施設を利用している者の地域相談支援の利用に関する相談その他の社会復帰に関する相談に応じ、助言、指導、日常生活への適応のために必要な訓練その他の援助を行うことを業とする者をいう。

　それぞれの定義に記載されている「専門的知識及び技術」の詳細については、省令および指針で定められた各科目の「教育内容（ねらい・教育に含むべき事項）」に規定されている。養成科目は、社会福祉士の場合は23科目（表5—3）となっている。

表5—3 社会福祉士養成科目の全体像

科目群	科目名・時間数
人間と社会及びその関係性の理解（90時間）	①医学概論　30
	②心理学と心理的支援　30
	③社会学と社会システム　30
社会福祉の原理や基盤の理解（150時間）	④社会福祉の原理と政策　60
	⑤社会保障　60
	⑥権利擁護を支える法制度　30
複合化・複雑化した福祉課題及び包括的な支援の理解（240時間）	⑦地域福祉と包括的支援体制　60
	⑧高齢者福祉　30
	⑨障害者福祉　30
	⑩児童・家庭福祉　30
	⑪貧困に対する支援　30
	⑫保健医療と福祉　30
	⑬刑事司法と福祉　30
ソーシャルワークの基盤及び理論と方法の理解（240時間）	⑭ソーシャルワークの基盤と専門職　30
	⑮ソーシャルワークの基盤と専門職（専門）　30
	⑯ソーシャルワークの理論と方法　60
	⑰ソーシャルワークの理論と方法（専門）　60
	⑱社会福祉調査の基礎　30
	⑲福祉サービスの組織と経営　30
ソーシャルワークの方法及び実践の理解（480時間）	⑳ソーシャルワーク演習　30
	㉑ソーシャルワーク演習（専門）　30
	㉒ソーシャルワーク実習指導　90
	㉓ソーシャルワーク実習　240

これらの省令や指針は、大学や養成施設の設置や開設の基準、カリキュラムやシラバスの基準、そして国家試験の出題基準や養成テキストの根拠とされるなど、教育の質や量を担保するうえで重要である。

ここでは、科目「ソーシャルワークの基盤と専門職」を参考に、教育内容の構成を確認する。

表5—4 に示した教育内容には、「指針に規定された教育内容以上とす

表5—4 「ソーシャルワークの基盤と専門職」の教育内容

ねらい（目標）	教育に含むべき事項（内容）		
	教育に含むべき事項	想定される教育内容の例	
①社会福祉士及び精神保健福祉士の法的な位置づけについて理解する。 ②ソーシャルワークの基盤となる考え方とその形成過程について理解する。 ③ソーシャルワークの価値規範と倫理について理解する。	①社会福祉士及び精神保健福祉士の法的な位置づけ	1 社会福祉士及び介護福祉士法	・定義、義務 ・法制度成立の背景 ・法制度見直しの背景
		2 精神保健福祉士法	・定義、義務 ・法制度成立の背景 ・法制度見直しの背景
		3 社会福祉士及び精神保健福祉士の専門性	
	②ソーシャルワークの概念	1 ソーシャルワークの定義	・ソーシャルワーク専門職のグローバル定義
	③ソーシャルワークの基盤となる考え方	1 ソーシャルワークの原理	・社会正義 ・人権尊重 ・集団的責任 ・多様性の尊重
		2 ソーシャルワークの理念	・当事者主権 ・尊厳の保持 ・権利擁護 ・自立支援 ・ソーシャルインクルージョン ・ノーマライゼーション
	④ソーシャルワークの形成過程	1 ソーシャルワークの形成過程	・慈善組織協会 ・セツルメント運動 ・医学モデルから生活モデルへ ・ソーシャルワークの統合化
	⑤ソーシャルワークの倫理	1 専門職倫理の概念	
		2 倫理綱領	・ソーシャルワーカーの倫理綱領 ・社会福祉士の倫理綱領 ・精神保健福祉士の倫理綱領
		3 倫理的ジレンマ	

出典：厚生労働省社会・援護局福祉基盤課福祉人材確保対策室「社会福祉士養成課程のカリキュラム（令和元年度改正）」2020.

る」とされていることから、教授する側と学習する側の双方にとっての
ミニマム・スタンダード（最低基準）ということになる。ミニマム・ス
タンダードとなる指針に規定されることによって、養成課程に所属する
すべての学生が例外なく学習することができ、将来、専門職として実践
する際に求められる実践能力（コンピテンシー）を修得するための学習
の機会が保障されることになる。

　国家資格という性格上、教育内容は省令や指針に準拠しなければなら
ないことから、省令等に明記されていない場合は、教育・学習が必要な
内容として認識されないことになる。すなわち、ソーシャルワークの実
践に求められる価値観や知識、スキルについて「学習する→習得・修得
する→検証する→研究する」といった循環的なフィードバック・ループ
が機能しないことを意味している。

　日本の状況に対して、アメリカでは、ソーシャルワーク教育評議会
（Council on Social Work Education：CSWE）がソーシャルワーク教育
のカリキュラムの指定とソーシャルワーカー養成機関（ソーシャルワー
ク大学院）の認定を行っており、開設する学校は CSWE が定めた項目
に即した教育内容を整備することになっている。

　CSWE は、「教育方針および認定基準（Educational Policy and
Accreditation Standards：EPAS)」にコンピテンシー基盤型教育フレー
ムワークを採用し、従来の詰込み型教育である「内容（何を教えるか）
と構造（教育構成要素の形式や構成）」を重視したカリキュラム設計か
ら、「学習成果（アウトカム：何ができるようになったか、何ができる
か）」を重視したカリキュラム設計へと方針転換した。

日本の養成教育カリキュラムの課題

　あらためて日本の状況をみると、実社会ではグローバリゼーションや
国際化の影響を受け、ソーシャルワークの対象となる個人、家族、コ
ミュニティ、社会システムは多様化し、問題も複雑化してきており、そ
のような状況に対して、社会福祉士や精神保健福祉士は必要に迫られて
なんとか対応してきたといえる。しかし、養成課程の教育内容や教材等
はミニマム・スタンダードとなる指針に基づいているため、実社会の状
況や人間の多様性を理解し、生活課題の解決や地域づくり等に対応する
ためのコンピテンシーを養うための十分な教育やトレーニングの経験を
積むことなく実践しているというのが現状である。また、現行の指針で

は海外での活動やインターンが法定の実習として認められていないため、個人的に参加しなければ経験を積むことができないという制約がある。学校独自の海外研修などに積極的に参加し、自身の能力と可能性を高めてほしい。

2 専門職の成立条件からみた養成の現状と問題点

専門職の視点の特徴や専門職の成立の条件を踏まえ、国際ソーシャルワーカーの養成の問題点について考察する。

ソーシャルワークに関する専門職論は、歴史的にみても国内外でさまざまな論議が展開されてきた。日本の社会福祉専門職の研究や養成教育、社会福祉行政に影響を与えたのが、フレックスナー、グリーンウッド、ミラーソンなどが示した専門職の概念である。

秋山は、専門職の研究のなかには「専門性」「専門職性」「専門職制度」の3概念が混在していると指摘し[2]、専門性を「学問・研究レベル」での概念、専門職性を「職業レベル」での概念、専門職制度を「制度・システムレベル」での概念として整理している。そして、フレックスナー、グリーンウッド、ミラーソンによる専門職の条件を検討して平均的な要因を抽出し、社会福祉専門職の条件として6点をあげている[3]。それは、①体系的な理論、②伝達可能な技術、③公共の関心と福祉という目的、④専門職の組織化（専門職団体）、⑤倫理綱領、⑥テストか学歴に基づく社会的承認、である。

ソーシャルワーク専門職である社会福祉士と精神保健福祉士は、上記の6点の各項目に対応する内容が整備されており、専門職と判断することができる。本節のテーマである国際ソーシャルワーカーの養成の課題を踏まえ、①、②、⑤の項目に絞って現状と問題点を確認する。

体系的な理論

理論とは、変数の間の関係を示すことによって、現象についての体系的な見方を提示するものであり、現象について説明・予測することを目的としている。

理論構築の手法を展開したヘイグは、「理論にとりかかるもっとも簡単な方法は、われわれが関心のある社会現象を記述するいくつかの理論概念（theoretical concept）を探求することである」[4]と指摘している。

ソーシャルワークの対象としてクライエントと総称されるのはクライ

エント・システムとされ、個人だけではなく、家族、小集団、組織、地域社会が相当する。したがって、クライエント・システムという変数に対して、どのような変数（原因）が関係して影響を及ぼし、その結果として生じた現象について説明し、予測し、実践の対象とするかによって根拠とする理論が選択されることになる。

「ソーシャルワーク専門職のグローバル定義」の注釈では、ソーシャルワークの中核となる「知」について「ソーシャルワークは、複数の学問分野をまたぎ、その境界を超えていくものであり、広範な科学的諸理論および研究を利用する。ここでは、「科学」を「知」というそのもっとも基本的な意味で理解したい。ソーシャルワークは、常に発展し続ける自らの理論的基盤および研究はもちろん、コミュニティ開発・全人的教育学・行政学・人類学・生態学・経済学・教育学・運営管理学・看護学・精神医学・心理学・保健学・社会学など、他の人間諸科学の理論をも利用する」と説明している。

また、ソーシャルワークの理論や実践アプローチについて長年にわたって研究しているターナーは、「世界中のソーシャルワーク実践に影響を及ぼしている原理的な理論についての概観を容易に利用できる形で提供すること」[5]を目標として『ソーシャルワーク・トリートメント 相互連結理論アプローチ』を出版し、38の諸理論を提示している。改定ごとに加除が行われ、第1版（1974年）では14だったが、第6版（2017年）では38となっている。「少なくとも各理論の基本的変数と、そして最も重要な点として、その助けとなる可能性と危害となる可能性を心得る必要が確かにある」[6]として、すべての理論を知る必要があると指摘している。

ターナーが示した諸理論は、概して直接的援助・ミクロシステム実践のための理論であるため、社会・マクロシステムも実践の対象範囲とする国際ソーシャルワークの理論としては不十分な点がある。しかし、ソーシャルワークとは異なる分野の理論を援用することについては、「それらがソーシャルワーク専門職のかなめである“状況のなかの人”という現実を扱うという要請にかなう限りは、当然にソーシャルワーク理論である」[7]と述べている。

『ジェネラリスト・ソーシャルワーク』を著したジョンソンとヤンカは、「ソーシャルワークのための知識基盤は折衷的で、学際的で、よくいえば仮説的で、複合的で、時に主観的なものである」[8]ため問題点が

あるものの、長所として「ソーシャルワーカーは状況の中の人、社会的機能などの幅広い見解を持つために実践を特徴づける莫大な量の知識を有している。ワーカーが自身の経験や他者の生活体験の観察から得た知識、幅広い教養教育から身につけた理解はすべて実践に利用可能である」[9]とし、ソーシャルワーカーが十分に幅広い知識基盤をもつために必要なこととして、①幅広い教養の基盤、②人間、その相互作用、人間が機能する社会的状況についての確固とした基本的知識、③援助の相互作用、援助過程、状況やシステムの多様性に適した介入戦略などの本質に関する実践理論、④特定の状況で特定のクライエントグループを援助するのに必要な専門知識、⑤多様な源泉から獲得した知識を用いる際に、思慮深く、想像力が豊富で、創造的になる能力、の五つを提示した。

　河田は、進化学および生態学の観点から、「もし、私たちが『多様性の尊重』という規範を受け入れるとするならば、人間が進化したなかで、人間の多様性がなぜ進化的に生じ、維持されているのかということを正しく理解した上で、人間の社会にとってはいい面も悪い面もあることを認識することが重要である」[10]とし、そのうえでどのように人間の多様性を受け入れる社会を実現していくことが可能なのかを考える必要があると述べている。「ソーシャルワーク専門職のグローバル定義」においては、ソーシャルワークの大原則として「人間の内在的価値と尊厳の尊重、危害を加えないこと、多様性の尊重、人権と社会正義の支持である」と記されているように、差別や偏見、抑圧といった問題に対する社会正義としての実践を通して多様性を受け入れる社会を構築していくことが求められる。

　また、京極は、ソーシャルワーカーの職業的専門性（ソーシャルワークの専門性）の構造として、少なくとも、①職業的倫理、②職業的専門知識、③職業的専門技術の三つの要素から構成されるとし[11]、社会福祉士の職業倫理と専門性の構造の特徴を示した。

　国際ソーシャルワーカーの養成のためのカリキュラムについては、現行の社会福祉士養成科目の各教科のなかに国際ソーシャルワークに関連する内容を追加するか、新たに関連知識や技術を学習する科目を設定するかを検討することになる。人間の発達および人間の多様性については、その関連性を進化学や生態学を踏まえて理解し、実践に活用することができるよう、社会福祉士および精神保健福祉士の養成教育において

学習を深める必要がある。

伝達可能な技術

　ジョンソンとヤンカは、技術とは、「知識と価値を結びつけ、それらを関心とニーズに対する応答としての活動に転換する、実践の要素である」[12]と述べている。

　ペダーセンは、多文化社会に必要なコンピテンスとして「awareness　気づき」「knowledge　知識」「skills　スキル」の３領域をあげている。

　経済協力開発機構（Organization for Economic Cooperation and Development）による DeSeCo（Definitions and Selections of Competencies：コンピテンシーの定義と選択）プロジェクトでは、コンピテンスの定義を「知識や〔認知的、メタ認知的、社会・情動的、実用的な〕スキル、態度及び価値観を結集することを通じて、特定の文脈における複雑な要求に対応していく能力」として、スキルを構成要素の一つに位置づけている。

　平塚は、スキルの特性を踏まえ、「人に依存する技術である以上、スキルを獲得し、洗練させるには、教育・訓練、スーパービジョン等を通じてしかない」[13]とし、「ソーシャルワークのスキルの体系化には、『知識・価値・スキルの教育（伝授）―学習（習得）―科学的実践―検証―実践の化学化（知識・価値・スキルの洗練・再創造／再構成）―教育』の循環的なフィードバック・ループ過程を持つ教育・実践・研究という連合的な枠組みが必要不可欠である」[14]と指摘している。

　Ethnic-sensitive ソーシャルワークを提唱したディボアとシュレジンジャーによれば、「民族に配慮した実践（ethnic-sensitive practice）は、これまでのソーシャルワークの知識、価値、技術を基礎概念に据え、それら三つの創造的な組み合わせによって、多様な文化、歴史、民族性を有する人々への視点と支援方法を提供するもの」[15]と述べている。

　Ethnic-sensitive ソーシャルワークの最大の特徴は、人種、文化、伝統、言語、儀式、社会構造、社会階級、アイデンティティ、出身地、移住の経験などといったエスニック・リアリティへの配慮である。

　先述したディボアらによる Ethnic-sensitive ソーシャルワークにおいては、多様な文化や民族をバックグラウンドにもつ人々への理解を深めるための七つの層すなわち、第１層：ソーシャルワークの価値観、第２

層：人間の行動に関する知識、第3層：社会福祉政策とサービスに関する知識、第4層：自己覚知、第5層：エスニック・リアリティのインパクトに関する知識、第6層：ソーシャルワーカーへの経緯、第7層：（個々の状況に合わせた）戦略とスキルの適用および修正を提唱している。

　このうち、「②人間の行動に関する知識」には、人間の心理的・身体的発展、社会システムの範囲、生理的・社会的・心理的・文化的システムの相互作用の理解などに関する知識が含まれている。CSWEは、学位および学士プログラムのソーシャルワーク教育におけるカリキュラムのなかで、これらの知識と理論を学ぶ必要性を明確に示している[16]。

　人間の行動と社会環境の関係性は、長年の研究の蓄積からその重要性が認識されてきている。クライエントの行動や生活問題、支援が必要な状況を理解するためには、その人がそのような行動を選択することになった背景や諸要因を理解することが必要となる。

　社会福祉士養成課程のカリキュラムのうち、ソーシャルワークの理論を扱う科目「ソーシャルワークの理論と方法」の「教育に含むべき事項」をみると、あくまでも例示ということもあるためターナーが示した諸理論の数より大幅に少なく、理論と連動した技術についても限定的に扱われているため、今後改正が必要である。

倫理綱領

　職能団体である全米ソーシャルワーカー協会（NASW）が作成した倫理綱領においては、倫理基準（Ethical Standards）のクライエントに対する責任として「文化的コンピテンスと社会的多様性（Cultural Competence and Social Diversity）」の項目を定めている。

　倫理綱領は、倫理原則と倫理基準を体系化、文章化したものであり、ソーシャルワーカーの行動基準となるとともに、専門性を指し示す原則となるため重要である。

---

1. クライエントに対するソーシャルワーカーの倫理的責任

1.05　文化的コンピテンスと社会的多様性

a. ソーシャルワーカーは、文化および人間行動と社会における文化の機能について理解しなければならないとともに、すべての文化に存在している強み（ストレングス）を理解しなければならない。

b. ソーシャルワーカーは、クライエントの文化に関する知識ベースをもたなけ

ればならない。そして、クライエントの文化、人々や文化的グループの間の差異に対する繊細なサービス供給においてコンピテンスを論証・説明できるようにならなければならない。

c. ソーシャルワーカーは、社会的多様性の性質に関する教育を受けなければならないとともに、人種、エスニシティ、国籍、肌の色、性、性的志向、年齢、婚姻状態、政治的信念、信仰、精神的または身体的障害に関係する抑圧について理解しなければならない。

そして、社会福祉士会がソーシャルワーク実践の基盤およびよりどころとしている国際ソーシャルワーカー連盟と国際ソーシャルワーク教育学校連盟が採択した「ソーシャルワーク専門職のグローバル定義」をみると、定義には注釈が付されており、ソーシャルワーク専門職の①中核となる任務、②原則、③知、④実践の四つが位置づけられている。

本定義の原理の一つとして示された「多様性尊重（respect for diversities）」は、多文化共生ソーシャルワークを展開できる専門職の養成教育の内容に追加し、強化すべき点である。社会正義や人権等の原理に基づく専門職倫理や価値基準が明記されていることから、価値基準・知識・技術の総体としての専門性を発揮することができるよう、教育の段階で教授する必要がある。

3 国際ソーシャルワークに求められる学問や理論

従来の養成カリキュラムを踏まえ、今後、国際ソーシャルワーカーとして実践するために必要となる学問や理論、知識について整理する。

国際関係学

国際関係とは、単純にいえば、国家と国家の関係である。2021年3月現在の国の数は196か国、国連加盟国に限定しても193か国あるため、関係性から生じる現象は複雑で範囲は広い。

もともと国際関係学は、「国と国の間（inter-nation）」の関係を理解し、第一次世界大戦の惨禍を繰り返さないため、国家間の戦争をいかに防ぐかが世界における秩序の形成にとって最優先の課題だった。グローバル・イシューをいかに解決し、世界に秩序をいかにもたらすかを考察しようとして生まれてきた学問といえる。

国際関係の理論は、「国際政治史と現代地域社会を見るレンズ」[17]で

あるとし、①リアリズム、②リベラリズム、③マルキシズムの三つに大別されるとされている。国際ソーシャルワークが、介入の対象を特にマクロレベルに設定した場合、人権問題や生活問題を解決し、社会システムを改善する方策を考察していくためには、現在の国際関係を正確に理解することが求められる。

　そして、複雑な国際関係の実態を正確にとらえて理解するには、理解すべき問題や状況に焦点を絞るためのレンズの役目を果たすための理論が必要となる。国際関係論における各種の理論は、人々がおかれている環境を理解するうえで不可欠となる。

国際法

　国際関係学を学習するうえで、国際法は必須の学問である。西村は、国際法の必要性について、「世界中で勃発している内戦や民族対立、アフリカをはじめとする多くの国や地域が直面している貧困問題、地球規模で進行している環境破壊や感染症といった国際社会の諸問題を解決するためには、各国が協力し、ルールを定め、それを遵守し、必要に応じて修正しながら対応していくほかないからである」[18]と述べている。

　国際ソーシャルワークにおいては、国際機関やNGOなどの行為主体において実践することも想定していることから、国際法、世界人権宣言や国際人権規約等の人権に関する国際条約、人間の安全保障などをより丁寧に、詳しく学習する必要がある。

国際人口移動

　人類の歴史は、国境を越えた人の移動の歴史でもある。国境を越えて人が移動する現象を「国際人口移動」、他国に移り住むことを「移住」、他国に移り住んだ人のことを「国際移民」という。このような現象を理解し分析するための理論が国際人口移動の諸理論である。

　国際人口移動の理論には、新古典派経済理論、新家族経済学派理論、労働市場二重構造論、世界システム理論、ネットワーク論等がある。

　カースルズとミラーは、国際移民を説明する理論的アプローチが複数ある理由として、①移民現象は複雑でその研究は多数の社会科学の研究領域にまたがる、②移民現象を検討するアプローチのパラダイムが根本的に異なっているの二つがあるとした[19]。

　国際人口移動は、グローバリゼーションの概念だけでは説明ができ

ず、受け入れ国・到着国である地域での生活や問題を理解し、支援システムを整備するためにはグローカリゼーションの概念を理解することが実態に即している。グローバリゼーションとグローカリゼーションの連続性や相互依存性に着目することが重要である。

公共政策

公共政策とは、世界や社会を変えるという目標を達成するため、「公共的な空間（公共性、公共圏）・時間における政策決定の過程、規範、実施（履行）にかかわる政策」[20] である。そして、グローバル公共財とは、グローバルな目標設定を必要とする公共政策であり、例えば、「地球環境問題の解決法はグローバル環境政策を通して編み出されるであろうし、世界的な貧富の格差縮小はグローバル開発政策によって達成される」[21] としている。また、国際公共政策とは、地球規模ではなく、「特定の地域（region）や国家間の目標設定を必要とする政策」[22] である。

ソーシャルワークは、ウェルビーイングの実現に向けて理念や理想を掲げるだけではなく、問題の解決を志向する実践であり研究である。問題解決にあたっては、社会における政策作成過程を解明し、政策問題について判断するなど、政策の形成・決定・執行といった政策過程に関与することも重要となる。

また、グローバルイシューのようにマクロレベルで対応するためには、「公益」や「公共性」「公共財」などの概念を理解し、行為者（アクター）としての役割を果たしていくことが期待される。

人間の多様性（ヒューマン・ダイバーシティ）

人間の多様性とは、「人種、民族、年齢、地理、宗教、価値、文化、文化指向性、心理的・健康的健康、その他さまざまな特徴的な違いから見た人々の間の差異の範囲」[23] と定義されている。

多様性は、各種定義や倫理綱領などでも使用されており、ソーシャルワークの重要な原理・原則として位置づけられている。多様性は個別性と表裏一体である。目に見えていないもの、気づいていないものについては、そこに存在していることさえも自覚できないものである。見えていないものを見ようとすること、知ろうとすることが重要である。ソーシャルワーク教育においては「人種、民族、文化、階級、ジェンダー、

性的指向、宗教、身体的あるいは精神的能力、年齢、国籍の違いによるグループに関しての知識、スキル、価値」[24]を教えなければならない。

　国内外を問わず、歴史的にみて身分差別、階級差別、文化差別、性に関する差別など多様性の尊重とは逆の行為が数多く存在している。ソーシャルワーカーは、人間の多様性を踏まえたうえで、あらためて自身の専門性と存在意義を考え、問題解決のためのコンピテンシーを獲得しなければならない。

引用文献

1) 文部科学省ウェブサイト　https://www.mext.go.jp/b_menu/shingi/chousa/shougai/014/shiryo/07012608/003.htm

2) 秋山智久『社会福祉専門職の研究』ミネルヴァ書房, p. 107, 2007.

3) 同上, p. 89

4) Jerald Hage, 小松陽一・野中郁次郎訳『理論構築の方法』白桃書房, p. 11, 1978.

5) フランシス・J. ターナー編, 米本秀仁監訳『ソーシャルワーク・トリートメント上——相互連結理論アプローチ』中央法規出版, p. 2, 1999.

6) フランシス・J. ターナー編, 米本秀仁監訳『ソーシャルワーク・トリートメント下——相互連結理論アプローチ』中央法規出版, p. 554, 1999.

7) 同上, p. 539

8) ルイーズ・C. ジョンソン・ステファン・J. ヤンカ, 山辺朗子・岩間伸之訳『ジェネラリスト・ソーシャルワーク』ミネルヴァ書房, p. 60, 2004.

9) 同上, p. 62

10) 河田雅圭「進化的視点からみる『人間の多様性の意味と尊重』」東北大学教養教育院編『東北大学教養教育院叢書　大学と教養4　多様性と異文化理解』東北大学出版会, p. 13, 2021.

11) 京極高宣『福祉専門職の展望　福祉士法の成立と今後』全国社会福祉協議会, p. 106, 1987.

12) 前掲8), p. 73

13) 岡本民夫・平塚良子編著『ソーシャルワークの技能　その概念と実践』ミネルヴァ書房, p. 16, 2004.

14) 同上, p. 17

15) Devore, W., Schlesinger, E. G., Ethnic-sensitive social work practice, Allyn and Bacon, p. 92, 1999.

16) 同上, p. 95

17) 大芝亮「第Ⅱ部　国際関係論：国際政治史と現代地域社会を見るレンズ」滝田賢治・大芝亮・都留康子編『国際関係学第3版』有信堂, p. 26, 2021.

18) 西村智朗「第4章　国際社会の法秩序と国連の役割」足立研幾・板木雅彦他編『プライマリー国際関係学』ミネルヴァ書房, p. 57, 2021.

19) S. カースルズ・M.J. ミラー, 関根政美・関根薫訳『国際移民の時代』名古屋大学出版会, p. 20, 2006.

20) 宮脇昇「第2章　グローバル公共政策と公共財」庄司真理子・宮脇昇・玉井雅隆編『新グローバル公共政策』晃洋書房, p. 12, 2021.

21) 同上

22) 同上, p. 13

23) Robert L. Barker "The Social Work Dictionary 4th Edition" NASW PRESS, p. 223, 1999.

24) Karen K. Kirst-Ashman, 宍戸明美監訳『マクロからミクロのジェネラリストソーシャルワーク実践の展開』筒井書房, p. 7-8, 2007.

参考文献

・Pedersen, P., Brislin, R.W. & Yoshida, T.（eds）, Improving Intercultural Interactions：modules for cross-cultural training programs, Thousand Oaks, Sage, 1994.

学習のポイント

● グローバルソーシャルワークとしての展開の必要性を理解する。
● グローバル・イシューに対応する専門職としての展開を理解する。
● 人間の安全保障（ヒューマン・セキュリティ）実現の担い手としての役割を
　理解する。

1 グローバルソーシャルワークとしての展開の必要性

　グローバル社会とは、「個人や社会集団が国家の枠をはみ出して、地球を舞台にさまざまな分野で一定の価値の配分に参加するような社会」[1] ともいわれている。今日、国際関係における争点が多様化し、地球全体や人類全体に共通する問題を意味するグローバル・イシューをめぐり、国家以外の行為主体が重要な役割を果たすようになってきている。

　ソーシャルワーカーは、グローバル・イシューに直面しているクライエントやコミュニティ、組織、機関など、国内外のミクロ・メゾ・マクロレベルの行為主体とかかわり、ソーシャルワーカー自身の価値観、知識、スキルを活用し、エンパワメントを促進し、社会を変革する当事者としてグローバルコミュニティの一部になることが求められる。

　国際ソーシャルワーカーは、国家の枠を前提とした「国際化」にとどまるものではなく、国家の枠組みを越えて地球全体に拡大することを意味する「グローバリゼーション」を念頭におき、グローバル・イシューに対応することができるコンピテンシーを有する「グローバルソーシャルワーカー」として機能を発揮して社会的使命を果たすことが期待される。

　ガバナンスの観点からいえば、システム論やエコロジカル・パースペクティブの観点からみても、グローバル・ガバナンス・システムを理解することがクライエントと環境との関係性や相互作用に介入する国際ソーシャルワーカーに求められている。

ガバナンスとは、ガバメントとは対照的な統治として位置づけられ、ガバメントは政府が上の立場から行う法的拘束力のある統治システムに対して、ガバナンスは組織や社会等に関与するメンバーが主体的に関与し、意思決定や合意形成を行うシステムをいう。そして、グローバル・ガバナンスとは、「中央政府の存在しない国際社会において、一国に留まらない問題を解決するために、国境を越えた公共財を提供する制度枠組みおよび政治システム」[2] を指している。

　グローバリゼーションの進展に伴い、複雑かつ多様な問題は国境を越え、それにかかわる行為主体やステークホルダーについても、国家主体、非国家主体（国際機構、地域機構、企業・ビジネス・セクター、NGO・市民社会）などのように多様化、多層化してきている。国際ソーシャルワーカーは、行為主体（アクター）の一人としてソーシャルワーク専門職としての機能と役割を果たすことが期待される。

２ グローバル・イシューに対応する専門職としての展開

　グローバル・イシューに対応するうえで参考になるのがグローバル・スタディーズである。グローバル・スタディーズは、アメリカ、イギリス、オーストラリアなどの英語圏諸国の大学を中心に急速に発達した学問領域である。

　福武は、「1990年代以降に急速に進んだグローバル化は、国家や国境にとらわれがちだった既存の学問のあり方に修正を迫り、とりわけ金融・経済、移民・難民問題、地球環境問題など、「グローバル・イシュー」と呼ばれる地球規模の諸課題を考察する新たな知のアプローチを要請した。それにこたえるかたちで始まったのがグローバル・スタディーズである」[3] と述べている。

　アメリカにおいて大学院レベルで初めてグローバル・スタディーズの名のもとに研究プログラムが設置されたカリフォルニア大学サンタバーバラ校 Global and International Studies 所長マーク・ユーゲンマイヤーは、グローバル・スタディーズの特徴[4] として五つ（①地球的視座、②学際的、③現代的かつ歴史的、④脱植民地的かつ批判的視座、⑤地球市民の育成）をあげている。

　ソーシャルワークは学際的であることが特徴とされており、二つ目の項目に合致している。課題となるのは、国際ソーシャルワークの固有の知識や技術とは何かという点であり、ソーシャルワーク専門職として誰

または何を対象（クライエント・システム）とし、その対象に影響を与える環境や社会システムの範囲をどうするのか、守備範囲や射程はどこまでとするのかなどが課題となってくる。

ターナー、ジョンソンおよびヤンカの指摘を踏まえると、ほかの学問の理論や知識もソーシャルワークの目的に沿っているのであればソーシャルワーク理論と判断することになるが、際限なく拡大することは現実的ではなく、それによって「ソーシャルワークの理論や技術」と「ソーシャルワークのための理論や技術」との境界が曖昧となり、逆に専門性が薄れてしまうことが危惧される。

もちろん、グローバリゼーションやグローカリゼーションなどの社会的現象が人や社会に与える影響を踏まえ、多くの人々や社会からの必要と求めの声に対して、ソーシャルワークの価値観や理念、原則に則って実践する必要性が生じることは十分に想定される。その場合は、学術的側面、実践的側面、研究・教育的側面から十分に議論と検討を重ねたうえでソーシャルワークの固有の知識と技術を拡大することは十分に考えられる。

しかしながら、クライエント・システムを支える公私の社会資源から構成されるアクション・システムの整備や活性化を図り、そのシステムのなかでそれぞれのステークホルダーが有するガバナンス機能を発揮し、限られたエネルギーを最大限に利活用できる役割分担を行うことが現実的である。したがって、このような観点から国際ソーシャルワークの固有部分を設定し、必須となる基礎知識（関連知識）と技術を修得できる教育プログラムを整備する必要がある。

グローバル・スタディーズの特徴の三つ目にあげられている歴史的視座についていえば、ソーシャルワークや社会福祉の歴史は人類や人権、移民の歴史そのものであるといってよい。人権は人類の長い歴史のなかで人々が命をかけて闘い、苦しみや悲しさを経験するなかで獲得したものであり、数多くの試練に耐えて守られたものである。

例えば、ソーシャルワークの歴史を概観すると、アメリカでは初めから人間の多様性に対応していたわけではなく、有色人種に対するソーシャルワーカーの関与は1970年以前は希薄だったとされている[5]。スラム街に住む有色人種への援助が、ソーシャルワークの一部とみられるようになったのは、公民権運動を境にしてのことである。

当事者のコミュニティの規範や生活習慣の理解なしには援助関係が成

立しないことが明らかとなり、異文化理解の学として人類学や文化人類学が異文化を認め尊重しようとする発想から取り入れられている。

3 人間の安全保障（ヒューマン・セキュリティ）実現の担い手としての役割

　人間の安全保障という言葉は、国際連合開発計画（UNDP）が刊行した『人間開発報告1994——人間の安全保障の新次元』によって注目を浴びるようになった。

　そのなかで、6種類の脅威を特に重視し、人間の生存にとって重要な7分野（経済、食料、健康、環境、個人、地域社会、政治）の安全保障を掲げ、これらを総括して「人間の安全保障（human security）」とした。

　グローバリゼーションやグローカリゼーションが進展する時代においては、一つの国の社会保障・安全保障という枠組みだけではなく、国家の枠組みを越えて人間の生命や安全をいかにして守っていくかという「人間の安全保障」の理念や考え方を踏まえ、安全ではない状態（insecurity）や人々のニーズを明らかにすることが問題解決のために不可欠である。また、当事者のエスニック・リアリティ（移住の経験や背景、社会構造、国際人口移動の要因など）を念頭におくことが求められる。

　ソーシャルワーク専門職である社会福祉士および精神保健福祉士こそ、世界平和、個人の尊厳や人権の尊重といった理念を重視し、人間の多様性の理解と個別性を尊重する理念をもち、ミクロ・メゾ・マクロレベルでシステムの全体性を把握し、それらのすべてを包括的にとらえて関連する人々と協働して課題解決する役割と機能を担うことが期待される。

引用文献

1) 山田高敬・大矢根聡編『グローバル社会の国際関係論』有斐閣コンパクト, p. 9, 2006.

2) 西谷真規子・山田高敬編『新時代のグローバル・ガバナンス論』ミネルヴァ書房, p. 1, 2021.

3) 福武慎太郎「グローバル・スタディーズ—地域研究の地殻変動」『地域研究』vol.14, No.1, p. 8, 2014.

4) Juergensmeyer, Mark. "What is Global Studies?" global-e, volume5, 2011.

5) 伊藤淑子「アメリカのソーシャルワークと貧困文化」一番ヶ瀬康子編『21世紀社会福祉学』有斐閣, pp. 288-301, 1995.

Column

海外で「外国人」として暮らしたことのある経験を活かし外国人支援活動を行うソーシャルワーカー

● 国際（多文化）ソーシャルワークに関心を持つようになった背景

　大阪で生まれ育った私が、両親と2人の妹とともに父親の仕事の関係でアメリカに引っ越したのは小学校4年を終えた春休みでした。

　小学生のときは英語がほとんど理解できませんでしたが、中学校や高校では ESL（English as a Second Language）のクラスで韓国、中国、ラテンアメリカなどの出身の、英語が母語ではない子どもたちと一緒に学び、少しずつ英語力を身につけていきました。

　アメリカで「外国人」として過ごすなかで、例えば周りの喋っている言葉、目に入ってくる文字、これらがすぐに理解できないことが大きなストレスでした。「外国人」として暮らすのは大変で、自分もその経験をしたからこそ、日本に帰国をしたら、母国日本で「外国人」として暮らしている人の支援がしたい、これが社会福祉を学ぼうと思った原点です。

● 大学での学び

　アメリカの高校卒業後、関西学院大学の人間福祉学部を受験しました。せっかくだから「社会福祉」の基礎をしっかりと学び、社会福祉士の資格をとって日本で暮らす外国人の福祉に携わろうと決め、社会福祉学科へ。しかし、当時は「外国人」「多文化共生」が福祉の授業にはほとんど出てきませんでした。

　部活は I.S.A.（日本国際学生協会）に入り、社会起業学科の学生たちとともに CASA の活動（国際結婚で日本に暮らすアジア人女性たちが母国の料理を振る舞う屋台やカフェの運営）にも参加させてもらいました。

　3年生の実習では社会福祉協議会に行かせてもらいましたが外国人住民には出会うことがなかったので、4年生のときに京都 YWCA・APT で在住外国人向けの電話相談事業などにかかわらせてもらい、外国人相談のイメージをもつことができました。

　公的な機関ではなく NGO という立場だからできるような踏み込んだ支援がしたいと思い、卒業後は APT と同じように相談事業を行っている NGO 神戸外国人救援ネット（以下、救援ネット）に就職しました。

● 救援ネットでの現在の仕事内容

　救援ネットは、外国人の人権と生活を保障し、多文化共生社会の実現を目指して、外国人の相談・支援活動を行っています。相談員が相談者の話を聞く際には、通訳者が入り、相談者がより詳しく自身の状況を説明したり、こちらの支援内容を理解してもらいます。

　この団体での私の役割は、事務局兼英語通訳です。

　外国人からの相談は1回で解決することはほとんどなく、別途日程を合わせて役所や法律

事務所などに出向き解決に向けて支援をします。この同行通訳支援も1回や2回では終わらず、一つケースが解決するまで数か月かかることも多いです。通訳者として同行することもあれば、私自身が支援者として別の言語の通訳者と一緒に同行することもあります。

　相談日のシフト表作成や、相談員・通訳者と同行先のスケジュール調整、通訳者の謝金の計算や、助成金の報告書の作成、支援者向け学習会の企画なども私の担当です。

　その他、在留資格の変更や更新の手伝い、難民申請中で仮放免になった相談者の住宅の確保、外国人DV被害者女性とその子の生活保護申請、コロナ禍で帰国困難になっている元留学生への食糧支援、特別定額給付金の申請書の作成やコロナワクチン接種の予約の手伝いなど、なんでもします。

● ロビーイング活動とこれからの国際（多文化）ソーシャルワーク

　普段はどうしても目の前にいる相談者個人に目を向けがちですが、共通した課題を抱える外国人が多くいることに気づきます。AさんもBさんも似た課題を抱えていて、制度が変わらなくてはまた同じような課題を抱えたCさんを生んでしまうということです。

　そのため、相談対応以外にも、事例の共有や情報交換を行うためのネットワーク活動や、既存の制度の変更、新たな制度の設立を訴えかけるためのロビーイング活動にもネットワークを通じて参加しています。

　例えば、DV被害者の支援をする民間の団体が集まった「ひょうごDV被害者支援連絡会」「協議離婚問題研究会」、外国人支援に特化したものとしては全国規模のネットワークである「移住者と連帯する全国ネットワーク（移住連）」などです。

　移住連は全国フォーラムと全国ワークショップを隔年ごとに開催するとともに、国際会議などにもかかわっており、2016年にはジュネーブで開催された「女性差別撤廃条約」のロビーイング活動に私も参加させてもらいました。相談件数など数字で訴えかけると同時に、直接相談にかかわる者としてみえる個別事例からのニーズなどを用いて、制度変更を訴えています。

　2018年12月に日本政府は労働力不足を解決するための「特定技能」の在留資格の新設を決定し、それに合わせて各都道府県、政令指定都市に外国人向けワンストップ相談窓口が設置されることになりました。兵庫県でも2019年4月にひょうご多文化共生総合相談センターが開室し、土日の業務を救援ネットが担うことになりました。

　最近では、日本で生活しているのは日本語話者だけではないという感覚が当たり前になってきたように思います。国際（多文化）ソーシャルワークがこれからの社会福祉のなかでさらに重要になってきます。

村西優季（NGO 神戸外国人救援ネット）

第6章

「難民」に対する
国際ソーシャルワークの実践

国際社会で最も注目を集めている社会問題の一つが難民問題である。難民は故郷や住んでいた場所を追われ、ほかの国に保護や支援を求めてさまよう人々である。しかし近年の大量の難民の発生により、諸外国は難民の受け入れや保護に消極的となり、難民への深刻な人権侵害も起こっている。

本章では難民問題の背景を学び、難民の特性に考慮したソーシャルワークのアプローチについて理解を深める。また、日本とオーストラリアの難民支援団体の取組みを紹介するとともに、日本に居住する難民支援の実践に対する示唆を与える。

国際ソーシャルワークと難民に関する課題

学習のポイント

- 難民問題の背景および最近の動向について理解する。
- さまざまなタイプの難民がいることを知る。
- 難民の人権侵害や生活課題について理解する。

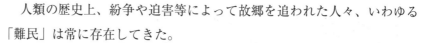

1 難民問題の背景と動向

　人類の歴史上、紛争や迫害等によって故郷を追われた人々、いわゆる「難民」は常に存在してきた。

　近代においては、第一次世界大戦後のロシア革命やトルコ帝国の崩壊、そして第二次世界大戦中の紛争や混乱により、膨大な数の難民が発生したことから、難民問題は国際社会の注目を集めることとなった。

　1945 年に設立された国際連合の加盟国の間で、難民の保護や人権保障において、国際的な協調の必要性が認識されるようになり、具体的な救済活動を担う機関として、1950 年に国連難民高等弁務官事務所（UNHCR：The Office of the United Nations High Commissioner for Refugees）が設立された。同時に、1951 年には難民の保護を内容とする「難民の地位に関する条約」、次いで 1961 年には、この条約を補足する「難民の地位に関する議定書」が採択された。この条約および議定書を合わせて一般的に「難民条約」と呼ばれ、難民の国際的保護のスタンダードとして広く認識されている。

　条約では福祉に関する事項として、配給（20 条）、住居（21 条）、公の教育（22 条）、公的扶助（23 条）、労働法制及び社会保障（24 条）について難民が不利な待遇にならないよう定められている。

　UNHCR は当初 3 年で活動を終了する予定であったが、難民問題は終息することがなかったため、現在に至っても引き続き人道的見地から難民の保護および難民問題の解決に向けた国際的な活動を担っている。

　UNHCR の年間統計報告書「グローバル・トレンズ・レポート」によると、迫害、紛争、暴力、人権侵害等により強制的に移動を強いられた

人（forcibly displaced people）の数は2020年で過去最高の8240万人を記録した。

これは過去9年連続で増加し、世界の人口（全人類）の1%にあたる。また18歳未満の子どもは42%を占め、2018〜2020年に約100万人の子どもが難民として生まれている。

こうした人々の出身国の3分の2以上は、シリア（670万人）、ベネズエラ（400万人）、アフガニスタン（260万人）、南スーダン（220万人）、ミャンマー（110万人）の5か国に集中している。特に2011年にアラブの春★1と呼ばれた中東の民主化運動やそれに伴う混乱により、中東や北アフリカから欧州諸国へ避難する難民が急増し、2015年に欧州諸国は大量の難民受け入れを強いられることになり国内の危機を招くことになった。

★1 アラブの春：2010年末のチュニジアで勃発した反政府デモを発端とし、広くアラブ世界に民主化運動が伝播し、チェニジア、エジプト、リビア、イエメンなどの長期独裁政権が相次ぎ崩壊した。1968年にチェコスロバキアで起きた民主化運動「プラハの春」にならい「アラブの春」と呼ばれた。

2 難民とは──さまざまなタイプの難民

「難民」については、狭い意味でとらえるか、または広い意味でとらえるかによって、その定義は異なってくる。主に、①条約難民（Convention Refugee）、②国内避難民（IDP：Internally Displaced Person）、③庇護希望者（Asylum Seeker）、④第三国定住難民（Resettlement Refugee）に大別される。

条約難民

条約難民とは難民条約第1条で定義されている以下の難民をいう。

> 人種、宗教、国籍もしくは特定の社会的集団の構成員であることまたは政治的意見を理由に迫害を受けるおそれがあるという十分に理由のある恐怖を有するために、国籍国の外にいる者であって、その国籍国の保護を受けることができない者またはそのような恐怖を有するためにその国籍国の保護を受けることを望まない者及びこれらの事件の結果として常居所を有していた国の外にいる無国籍者であって、当該常居所を有していた国に帰ることができない者またはそのような恐怖を有するために当該常居所を有していた国に帰ることを望まない者。

ここでは、①迫害を受けるおそれがあること、②国籍国の外にいること、③国籍国の保護を受けることができない・望まないことが要件とされている。

難民に関する国際基準の最たる定義であるが、今日では、武力紛争や

人権侵害などを逃れるために、国境を越えて他国に庇護を求めた人々も難民と広く解釈されていることから、この定義は狭い意味の難民として解釈される。

国内避難民

条約難民は、国籍国の外にいることが要件となっているが、難民のなかには、国の外に逃れることができず国内にとどまっていたり、国境を越えずに避難生活を送っていたりする人々もいる。そのような人々は「国内避難民」と呼ばれている。

難民同様に国際社会での支援が必要とみなされ、現在、世界に約4800万人（2020年）いる。

庇護希望者

庇護を求めて他国に到着し、その国で庇護申請を希望する人々は「庇護希望者」（もしくは難民認定申請者、亡命者等）と呼ばれる。

難民条約の加盟国は、難民条約の難民の定義を踏まえながら国内法で定める難民認定制度に則り、庇護希望者を難民として認定するかどうかを判定する。かつて欧米諸国は多くの難民を受け入れてきたが、難民に対する国内世論が厳しくなり、受け入れも限界に達している状況である。

近年の大量難民の発生に伴い庇護希望者も増加し、現在では約410万人（2020年）いるといわれている。

第三国定住難民

難民が最初に庇護を求めた国で、なお危険な状況下におかれていたり、その国で対応できない場合もある。その場合、その国以外の国が彼らを受け入れることに同意したときに、UNHCRが第三国への再定住を支援する。このような難民は第三国定住難民と呼ばれる。

現在、少数の国家が第三国定住を行っているが、日本は2010年より試験的にミャンマー難民の受け入れを始め、2015年以降は本格的な事業として継続することになった。

3 難民の特性による福祉的課題

難民はしばしば移民と混同されるが、自らの居住地から自発的に移動

した移民（例えば国際結婚、ビジネス、移住労働者、留学生など）とは異なる特性をもった福祉的ニーズの高い集団である。移民とは異なる難民の特性を踏まえ難民特有の福祉的課題について述べる。

強制的・非自発的な移動がもたらす弊害

難民は政治的な迫害や紛争、人権侵害、暴力等により、強制的あるいは非自発的に自国や居住地を追われて別の地に移動せざるを得ない人々であり、積極的に移動を希望したというわけではない。

また、自国に帰国すれば危険が伴うため、自国に残してきた家族や親戚、親しかった友人等に直接会うこともできず、家族の緊急事態（病気や死など）にもかけつけることが難しい。

自発的・非自発的な違いは、移動先での出発点における意識の差にも影響する。自発的な移民は、一般的によりよい生活や収入、教育の機会を積極的に求め、移住先での新しい生活に前向きである。しかし、難民の場合は、避難先は予期していなかった場所であったり、事前準備がなく無計画に生活を始めざるを得なかったり、故郷に帰国したいという思いにかられたりする。自分の思いどおりにならない不満やフラストレーションを抱えながら、後ろ向きな態度で新しい生活に臨むことになる。

したがって、自発的な移民に比べ、受け入れ国の言葉、習慣、文化など積極的に学び定住しようとする意欲やモチベーションに欠ける傾向にある。さらに難民は自発的な移民に比べ、移住先での家族や同郷人の**ソーシャル・サポート・ネットワーク**★2 が十分ではなく、後述するように、それらを活用することが難しいことがある。

メンタルヘルスの問題

難民は、①自国での体験、②移動中の体験、③受け入れ国の到着後の体験を有しており、それぞれ体験は身体的・精神的な苦痛を伴っている場合が多く、メンタルヘルス上のストレス要因となる。

① 自国での体験

例えば、投獄や拷問、強姦、略奪、深刻な嫌がらせ、空爆、殺人・拷問の目撃、近親者の喪失などがある。また、脱出によって、故郷、土地、家財、社会的地位などを失ったり、家族の離散などがある。

② 移動中の体験

移動に伴う手段を求め高額な費用を支払い仲介業者に搾取されたり、

★2 ソーシャル・サポート・ネットワーク：日常生活上の課題やニーズに対して支援を提供する人々の間のつながり。家族、親族、友人、隣人、職場の同僚、ボランティアなどインフォーマルなサポートおよび公的機関や民間組織の専門職などのフォーマルなサポートが含まれる。

長く厳しい道のりを歩いたり小舟で海を渡るなど恐怖や命の危険にさらされることなどがある。他方、受け入れ国に到着する前に、難民キャンプで長期間過ごしてきた人々もいる。キャンプでは、食糧不足、不衛生、過密、性的暴行、安全性の欠如、貧弱な医療・教育体制など過酷な生活を強いられている。

③ 受け入れ国の到着後の体験

到着前のさまざまな心傷体験が、今後の彼らの生活や人生に心理的影響（不安、パニック発作、うつ、睡眠障害、感情的なストレス、PTSD★3 など）を及ぼす場合もある。それらに加えて、後述するように不安定な滞在身分や法制度上の排除、収容や送還の恐怖など精神的な苦痛、受け入れ社会の差別や偏見に伴う生きづらさがある。

受け入れ国での不安定な滞在身分や法制度上の排除

条約難民や第三国定住難民は、受け入れ国の政府により保護や定住支援などを受ける権利が保障されている。

しかし、とりわけ庇護希望者は、不安定な滞在身分、収容・送還のおそれ、長引く審査、行政サービスの制限、就労資格の制約など、受け入れ国の法制度の枠組みから排除されているため、多くの生活問題を抱えて生きざるを得ない。

特に働くことが認められない難民は生活費を稼ぐことができなかったり、医療ニーズがあっても保険に加入できないため医療費を支払うことができず受診をあきらめたり、保険がないことで医療機関から受診を拒否される場合もある。

また難民条約は、難民の権利や義務、生命の安全を保障しているが、受け入れ国でそれが十分に守られていない現状がある。第31条では「庇護申請国へ不法入国しまた不法にいることを理由として、難民を罰してはいけない」、そして第33条では「難民を彼らの生命や自由が脅威にさらされるおそれのある国へ強制的に追放したり、帰還させてはいけない」（ノン・ルフールマンの原則）と定められている。しかし、受け入れ国における難民の収容・送還は問題視されており、後述するように日本でも難民認定申請者の一部が、収容所に長期間収容されていたり、不本意に送還されたりするケースがあとを絶たない。

★3 PTSD：Post Traumatic Stress Disorder（心的外傷後ストレス障害）の略。生死にかかわるような体験をし、強い衝撃を受けた後、その心の傷が原因となってさまざまな精神的または身体的な症状を起こすこと。

受け入れ社会の差別や偏見

近年の大量難民の発生により、難民問題は社会問題化し伝統的に難民を受け入れてきた欧米諸国の寛容性は限界にきている。自国第一主義の極右勢力の台頭、国境閉鎖、難民排斥運動などが浮上し、受け入れ社会のなかでさえ難民は生きづらくなっている。

難民は保護すべき存在から、以下のような負担や脅威な存在とみなされ偏見や差別にさらされている。

① 経済的なコスト

難民の生活費、福祉・教育費、保護施設の提供、難民保護にかかわる人件費など

② 治安の問題

テロの脅威、人種・文化・宗教・生活習慣等の違いによるトラブルや暴動

③ 文化の侵略

難民の宗教的な習慣、儀式・行事を持ち込み、寺院や宗教施設を建設する。

④ 雇用を奪う

受け入れ国民の雇用の機会を奪う。

⑤ 衛生的な問題

伝染病や受け入れ国には存在しなかった新たな病気を持ち込む。

⑥ 偽装難民の発生

本当の難民ではなく出稼ぎ目的の経済難民である。

参考文献

・UNHCR, Global Trends Forced Displacement in 2020　https://www.unhcr.org/60b638e37/unhcr-global-trends-2020

・国連UNHCR協会「難民・国内避難民──故郷を追われた人とは」　https://www.japanforunhcr.org/refugee-facts/what-is-a-refugee

・公財アジア福祉教育財団難民事業本部「第三国定住難民とは」　https://www.rhq.gr.jp/daisangoku/

・公益社団法人日本社会福祉士会多文化ソーシャルワーク調査研究事業検討委員会『滞日外国人支援基礎力習得のためのガイドブック』2019　https://www.jacsw.or.jp/citizens/josei/documents/2018/tainichi/guide_A4.pdf.

・鵜川晃・野田文隆「2　難民・難民申請者では」多文化間精神医学会監，野田文隆・秋山剛編著『あなたにもできる外国人へのこころの支援』岩崎学術出版社, pp.64-79, 2016.

・平野雄吾『ルポ　入管──絶望の外国人収容施設』ちくま新書, 2020.

・森恭子「移民難民支援とソーシャルワーク」『ソーシャルワーク研究』42（2）, pp.34-45, 2016.

学習のポイント

● 難民の経験に即したアプローチについて学ぶ。
● エスニック・コミュニティや難民コミュニティづくり、およびその活用について学ぶ。
● 難民・庇護希望者の人権擁護とソーシャル・アクションについて理解を深める。

■ 難民の保護および支援

難民・避難民への保護・支援活動は、国際レベルでは UNHCR が中心となり実施し、難民問題解決に対して働きかけている。具体的には、緊急支援、食料・水などの援助物資や医療の提供、シェルターの確保、教育支援などがあげられる。また、難民の生活再建を目指す中長期的な解決策として、**自主帰還**[★1]、第三国定住、庇護国での社会統合の支援を行っている。

他方、難民の受け入れ国では、難民の保護および定住・社会統合に向けた支援が求められる。難民は一般的な移民と同様な生活課題・福祉ニーズを抱えている場合が多いが、ここでは難民の特性に留意し、受け入れ国での難民（庇護希望者を含む）に対するソーシャルワーク・アプローチに焦点を絞って述べる。

2 難民の特性に着目したアプローチ

難民の体験を理解する

難民は、前述したように過酷な体験を有しているために、メンタルヘルス上のストレスを抱えやすい人々である。ソーシャルワーク・アプローチとして重要なことは難民の体験への深い理解である。一人ひとりの難民は壮絶な経験をし、また移住先に到着したからといって安全・安心した生活が保障されているわけではない。

ミクロのアプローチでは、このような状況のなかにいる人であること

★1 自主帰還：難民が自由な意志と情報にもとづく決断で、安全と尊厳をもって出身国へ帰還すること。

を認識し、難民の「語り」を傾聴し、適切な反応をしながら個人に寄り添っていくことが大切である。精神的なストレスを抱えている難民は、怒りや憤り、悲しみなどの感情をぶつけたり、もしくはあきらめや無力感で沈黙するかもしれない。さまざまな感情が入り乱れていることを想定し、受容と共感の態度で臨むことが重要である。

　なお、傾聴する面接では、尋問や拷問の経験を思い出させるような設定や行動を避けることを心がけなければならない。例えば、面接室は閉塞感のある窓のない部屋は避けたり、過去の経験を繰り返し聞くような質問は避けたい。受け入れ国の入国管理局や移民局による審査では、難民は過去の出来事を繰り返し質問され、そのことがさらに心の傷口を広げている場合がある。

　難民が過度な精神的問題を抱えているならば、適切な心理専門職、精神科の受診を促し、早期治療へと導くことが重要である。精神科の受診については難民によっては文化的な違いにより受け入れがたいかもしれないが、根気よく本人や家族と話していく必要があるだろう。

　他方で、難民がトラウマ的な経験をしているような先入観をもつことは注意しなければならない。かわいそうな脆弱な人々とみるのではなく、過酷な状況に耐え生き抜いてきたという事実を評価し、サバイバルスキルやレジリエンス★2 をもつ人々であるという視点も忘れてはならない。

エスニック・コミュニティや難民コミュニティの活用と構築

　難民のなかには受け入れ国の情報が少なかったり、受け入れ国に近親者や友人がいない場合も多い。また、庇護希望者は行政の支援サービスが限定されている。そうしたなかで、難民のソーシャル・サポート体制をつくっていくことが重要であり、なかでもエスニック・コミュニティ（同国・同民族出身者の集団）もしくは難民コミュニティ（難民当事者の集団）などの同質な人たちのグループを組織化していく支援が必要である。

　このようなコミュニティは、言語・文化・宗教などを共有していることから、仲間意識をもちやすく、お互いに情報や情緒的サポートなどを提供するなど互助組織としての役割を果たす。移民大国では、すでに多くのエスニック・コミュニティが存在し、新規移民・難民にとって最良の社会資源となっている。

★2 レジリエンス：困難や逆境の状況にもかかわらず、その状況から立ち直り逆境を跳ね返そうとする回復力や柔軟に適応していく力のことをいう。

移民・難民の数が非常に少ない日本のような国は、エスニック・コミュニティや難民コミュニティづくりを支援していくことが重要となる。コミュニティがなく孤立している難民については、グループ・ワークを実施したり、コミュニティのリーダーとなる人材を育成することが考えられる。

一方、すでに受け入れ国に長く滞在する人々や年配者、受け入れ国の言語や体制に精通している人などが、リーダーの役割を果たし小規模なグループを自発的に結成し、一定の場所に集住していく場合もある。そのような場合は、コミュニティが組織化・継続できるよう側面的に支援するとともに、コミュニティの課題を適切に受け入れ社会に伝えたり、コミュニティが主流の地域社会から分断されないよう、開かれたコミュニティとして地域社会とつながりがもてるような支援をしていく必要がある。こうしたアプローチは、難民の社会統合や共生社会の構築に発展することが期待される。

なお難民の場合、こうしたコミュニティが不利益になることも留意しておかなければならない。同郷出身であっても、自国の紛争から最近逃れた人々とすでに受け入れ国で生活している移民の間で分裂があったり、あるいは政治的信条・思想や階級等の違いにより意見が対立しているかもしれない。

また、難民のなかには名前が他人に知れることで本人もしくは故郷に残してきた家族が危険にさらされる場合もある。個々の難民の背景を考慮し、コミュニティにアクセスしたり参加するかどうかは慎重に検討しなければならない。

人権擁護とソーシャルアクション

本章第1節でみたように、難民は人権を脅かされながら多くの生活問題を抱え、また受け入れ社会からも差別や偏見の脅威にさらされている。彼らの人権を擁護し、安全・安心な生活が保障されるように、既存の法制度の改善や新しい仕組みの創設、また世論に対する難民への理解促進など、社会を変革していくソーシャルアクションのアプローチが重要となる。

例えば、難民の保護・支援に関する政策提言、政府関係者や政治家への助言、難民の声を受け入れ社会に反映させる道筋をつくる、政治的プロセスへの難民の参加を促進することなどが考えられる。このような実

践を進めるうえで、関係諸機関や異分野と提携・協働したり、連合体（coalition）を創設・組織していくことは有効な戦略といえる[1]。

また、SNS・新聞・雑誌等のメディアで発信したり、勉強会・研修会を開催したり広く世間に知らせていくこともできる[2]。

ソーシャルワーカーは、ワーカーの職能団体の活動を通して、もしくは同じ問題意識をもつワーカーの仲間グループをつくってソーシャル・アクションを実践していくことができるだろう。例えばオーストラリアのソーシャルワーカー協会は「ソーシャルワーク実践の範囲：難民と庇護希望者（Scope of Social Work Practice：Refugee and People Seeking Asylum）」を 2020 年に発表し、難民や庇護希望者に対するソーシャルワークの役割の重要性を発信している[3]。また、2016 年 3 月には、フランス・カレーでの難民保護を懸念したソーシャルワーカーの小グループが国境なきソーシャルワーカー★3 を結成し、難民・庇護希望者を対象とした支援や啓発活動に取り組んでいる[4]。

★3 国境なきソーシャルワーカー：脆弱な難民や庇護希望者、同伴者のいない子どもなどをボランティアで支援している英国全土のソーシャルワーカーを支援および指導している。

引用文献

1) Valtonen, K., Social work and Migration：Immigrant and Refugee Settlement and Integration, Ashigate, p.102, 2008.

2) 木下大生「社会を変える　個別支援で終わらせないために」南野奈津子編著『いっしょに考える外国人支援』明石書店，pp.200-218, 2021.

3) Australian Association of Social Workers, Scope of Social Work Practice：Refugee and People Seeking Asylum, 2020. https://www.aasw.asn.au/document/item/8529

4) Social Workers Without Borders https://www.socialworkerswithoutborders.org/

参考文献

・国連 UNHCR 協会「UNHCR の活動」 https://www.japanforunhcr.org/what-we-do

・鵜川晃・野田文隆「2　難民・難民申請者では」多文化間精神医学会監，野田文隆・秋山剛編著『あなたにもできる外国人へのこころの支援』pp.64-79, 2016.

・森恭子「移民難民支援とソーシャルワーク」『ソーシャルワーク研究』42（2），pp.34-45, 2016.

・伊藤守・小泉秀樹・三本松政之ほか編『コミュニティ事典』春風社, 2017.

・森谷康文「エスニック・コミュニティのない難民申請者へのグループワークによる支援」『難民研究ジャーナル』pp.101-110, 2011

・STARRTS, Working with Refugees A guide for social workers, 2004 https://www.starttts.org.au/media/Resource-Working-with-Refugees-Social-Worker-Guide.pdf.

・Wroe L., Larkin. R, and Maglajlic A.R., Social Work with Refugees, Asylum Seekers and Migrants：Theory and Skills for Practice, Jessica Kingsley Publishers, 2019.

● オーストラリアの STARTTS の活動を通して総合的・包括的な難民支援の
アプローチについて学ぶ。
● 難民支援におけるソーシャルワーカーのスキルについて考える。

1 オーストラリアの STARTTS

オーストラリアのニュー・サウス・ウェールズ州（以下、NSW）の
STARTTS（スターツ：Service for the Treatment and Rehabilitation
of Torture and Trauma Survivors：拷問とトラウマの生存者の治療と
リハビリテーションのためのサービス）は、主に拷問やトラウマ体験を
もつ難民、庇護希望者および難民に類する背景をもつ人々を支援してい
る州立の機関である。

1988 年に設立されて以来、173 の国からやってきた約 8 万人の人々を
支援し、現在は NSW に 10 の事務所をもち、200 人以上の職員が働い
ている。

STARTTS はサービス提供の支援の原理として三つの枠組みを示し
ている。

まず一つ目は、「複雑な相互作用」である。これは難民の背景をもつ
人々は次のような課題をもっており、これらの課題が複雑に交互に作用
し合っている状況のなかで暮らしているととらえることである。

①　組織的な暴力の文脈のなかで経験したトラウマ体験の影響（暴
　　力、剥奪、喪失）
②　新しい国への再定住の課題（言語の学習、システムの理解など）
③　通常のライフサイクルの課題（私たち全員が直面する通常の生活
　　上の課題：人間関係、病気、雇用、老化など）

また、オーストラリアの社会政治的な気候とサービス、および出身国
での新たな紛争などの国際的な出来事も難民の経験に影響を与えるとし
ている。

二つ目は「生物心理社会的モデル」である。これは、次のような３領域の影響を踏まえ難民に対処することである。

① 生物学的影響（肉体的な痛みやけが、脳の構造への影響）は、補完療法またはニューロフィードバック★1 によって対処する。

② 心理的影響（うつ病、不安神経症、PTSD など）は、さまざまな形のカウンセリングによって対処する。

③ 社会的影響（個人、家族、コミュニティ間の関係や信頼の絆を壊すもの）は、コミュニティ開発プロジェクトを通じて対処する。

ここでは、拷問やトラウマの体験が人の心身の健康に悪影響を与えるだけでなく、家族や友人とのかかわり方にも影響を与えたり、また難民コミュニティのメンバー間の絆や、主流の制度や社会に対する彼らの信頼を損なう可能性も考慮している。

そして三つ目は「体系的なアプローチ」である。個々の難民は孤立して存在するのではなく、家族、社会的ネットワーク、難民コミュニティ、そしてオーストラリア社会の文脈のなかで存在することを念頭におき、この五つの領域すべてに対応する全体的かつ体系的なアプローチをとることである（図6—1）。

以上のように、STARTTS は、難民のおかれている状況を見定め、生物心理社会的モデルを重視し、個人、家族、ソーシャルサポートネットワーク、難民コミュニティ、一般社会というレベルにそれぞれアプ

★1 ニューロフィードバック：自らの脳波を観察して、脳トレーニングを繰り返すことで、脳をよい状態にもっていく療法。

図6—1 体系的なアプローチ

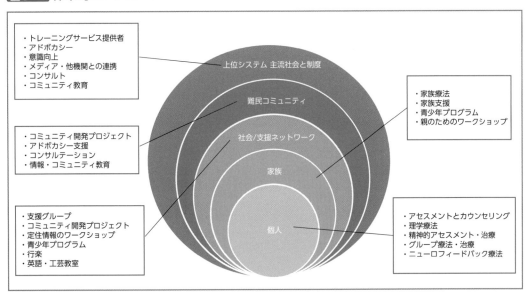

出典：STARTTS (https://www.startts.org.au/about-us/how-we-work/ 2021 年 11 月 6 日アクセス) より引用（筆者和訳）

ローチしていくというコンセプトのもとで支援活動を行っている。このような包括的な支援を提供しているため、STARTTSではさまざまな専門職——精神科医、心理職、理学療法士、はり師、栄養士、ソーシャルワーカーなどが協働で働くとともに、難民出身者も雇用されている。

　STARTTSは、一般社会に向けて難民の知識や理解促進に向けたトレーニングプログラムやワークショップも多数提供し、ソーシャルワーカーが難民に支援により貢献できるようにガイドブックも発行している。ここでは難民の経験への理解、特定の集団（男性、女性、子ども、青少年、高齢者）への働きかけ、難民に携わるソーシャルワーカーのスキル（難民の識別、再トラウマ化の抑制、守秘義務、異文化コミュニケーション、通訳の活用、拷問とトラウマに関する問題の探究、反応の正常化、トラウマ反応への治療の枠組みなど）が事例とともにわかりやすく示されている。

参考文献

・STARTTS, How We Work.　https://www.startts.org.au/about-us/how-we-work/
・STARRTS, Working with Refugees A guide for social workers, 2004.　https://www.startts.org.au/media/Resource-Working-with-Refugees-Social-Worker-Guide.pdf, 2004.

● 日本の難民・庇護希望者のおかれている現状を理解する。
● 日本の難民・庇護希望者へのソーシャルワーク実践において、個別ケースへのかかわり方、コミュニティワーク、ソーシャルアクションのポイントについて学ぶ。

第**6**章 「難民」に対する国際ソーシャルワークの実践

　1960 年代から 1970 年代にかけて起こったベトナム戦争の影響により、インドシナ三国（ベトナム・ラオス・カンボジア）から世界的に大量の難民が発生した。日本にも**ボートピープル**★1 として難民が漂着したため、日本政府は難民条約に加入し、難民認定に関する法律を**出入国管理及び難民認定法（入管法）**★2 として整備した。そして 1979 年にアジア福祉教育財団のなかに難民事業本部（RHQ：Refugee Assistance Headquarters）を設置し、インドシナ難民の定住促進のための支援を提供することになった。1980 年代になると、インドシナ難民以外のさまざまな国から難民が入国するようになったが、政府の支援体制が不十分なために、人権保護、宗教、福祉団体および弁護士会等が支援活動を行ってきた。2000 年代に入ると、難民・庇護希望者を対象とした支援団体も増え、2004 年には、こうした団体のネットワーク組織としてNPO 法人なんみんフォーラム（FRJ：Forum for Refugees Japan）が発足し、連携・協働して難民支援にあたっている。

★1 ボートピープル：漁船や小型船で国外に脱出する難民の人たち
★2 出入国管理及び難民認定法：日本への出入国者の公正な管理と難民認定手続きなどを規定した法律。1951 年に定められた出入国管理令がその前身であり、1982 年に日本の難民条約への加盟に伴い改正され現在の名称に変更された。

1 日本の難民・庇護希望者のおかれている状況の理解

　滞在身分の違いや収容経験の有無は、難民の日常生活や心の安定に大きな影響を与える。第 1 節で難民の類型について紹介したが、日本の場合は①インドシナ難民、②第三国定住難民（ミャンマー）、③条約難民、④難民認定申請者、⑤人道的配慮により滞在が認められた人（以下、人道配慮等滞在許可者）、に分類され、難民として認定される条約難民数は極めて少ない（表6—1）。

表6-1 日本の難民・庇護希望者等数の推移

年	インドシナ難民	第三国定住難民	難民認定申請者	条約難民	人道配慮等滞在許可者
1978	3	／	／	／	／
（省　略）					
2014		23	5,000	11	110
2015		19	7,586	27	79
2016		18	10,901	28	97
2017		29	19,629	20	45
2018		22	10,493	42	40
2019		20	10,375	44	37
2020		0	3,926	47	44

注：インドシナ難民の受入れは 2005 年で修了。
出典：出入国在留管理庁「我が国における難民庇護の状況等」2021.（https://www.moj.go.jp/isa/content/001352475.pdf）をもとに筆者作成

　⑤については、難民認定を申請し、難民として認定されなかったが、日本政府により人道的に難民として認められた人々である。RHQ の定住支援の対象となるのは①②③であり、⑤については対象とならない。

　日本は条約難民よりも人道配慮等滞在許可者数は圧倒的に多いにもかかわらず、適切な定住支援もなく、在留資格も定期的に更新し続けなければならず、子どもの無国籍問題、海外渡航の際の不便さ等の問題が残っている。

★3 保護措置：衣食住に欠ける等の保護を必要とする難民申請者に対して生活支援金（生活費、宿舎借料、医療費）を支給する制度。外務省が RHQ に委託して支給。生活費は 1 日 1600 円（2020年 4 月現在）。

　他方、難民申請者は、RHQ の保護措置★3 により保護費が支給される人もいるが、生活保護費水準と比べると低いという指摘もある[1]。また申請者のうち仮放免の者は、就労資格も保険加入もなく、移動の制限があり、保護費も支給されず、あらゆる行政サービスから排除されている。

　個々の難民は、日本の生活や将来に対する不安な気持ちや、故郷の家族を思う悲しみを吐露したり、日本政府に対する怒りや憤りの矛先をソーシャルワーカーに向けるかもしれない。

　ソーシャルワーカーは、個々の難民のおかれた境遇をおもんばかり、受容しその感情に寄り添っていくことが大切である。また、精神的な問題が深刻になっている場合は、精神科など医療機関への受診につなげていくことが必要である。

2　コミュニティワークとして、地域社会への橋渡し

　日本にいる難民は支援団体やエスニックコミュニティとの関係は濃厚であっても、彼らが居住する地域社会の住民や福祉関係者との接点は少なく、地域の社会資源を十分に知らないなど、地域社会との関係が希薄な場合が多い。

　第3節でみたように難民支援団体は増えてきたが、難民はさまざまな地域に散在して住んでいるため、すべての難民が容易に支援団体にアクセスできるとは限らない。難民が住んでいる地域社会のなかで、気軽に相談できたり、ちょっとした困りごとを手伝ってもらえる日本人が身近にいれば、より安心・安全な生活を送ることができ、また、日本語や日本の文化・習慣も身につきやすくなるだろう。

　コミュニティワーク実践として、難民の地域でのサポートネットワークづくりをしていくことが重要である。

　同時に、地域社会での交流を通して、難民も単なる支援されるだけの存在ではなく、地域住民として地域づくりに貢献できる人物であることを忘れてはならない。難民は来日前に悲惨な経験をしたかもしれないが、同時に自国で培った資格や職業スキルをもつなど何らかの長所や強みをもっている。ソーシャルワークの**ストレングス**★4 の視点から、地域社会のなかで活躍できる場をつくっていくことが、難民の**自尊感情**★5 の回復につながり、地域社会の発展にも寄与できるだろう。

　また、難民の居住する地方自治体（市区町村）との橋渡しも重要である。地方自治体は、国家を超えて地域住民として難民の安全・安心な生活を保障していく責務を負っている。そのため難民が地方行政に意見を言えるような場づくりや住民座談会のような参加型の仕組みづくりを設けるよう働きかけることも重要である。

3　難民の人権擁護・生活保障に向けた制度改善のためのソーシャルアクション

　難民の滞在身分の違いによって、現行の行政サービスは制限されるが、ソーシャルワーカーは、サービスが利用できないとあきらめるのではなく、制度の柔軟な運用に努めなければならない。

　難民がサービスを最大限に利用できるように、行政機関もしくはワーカーの所属機関の長と根気よく話していく交渉力が求められる。

★4 ストレングス：クライエントや取り巻く環境がもっている長所、強み、能力や可能性を意味する。

★5 自尊感情：自分自身に対して肯定的な評価を抱いている状態や自分自身を価値ある存在として捉える感覚。

日本の難民の保護・支援体制は未整備であるため、特に庇護希望者に滞在身分を保障し、早い段階から日本語や高等教育、職業訓練の機会を提供していくことが望まれる。難民の能力を開発し人材育成を図ることは、本人の利益だけではなく、日本社会全体の利益にもつながるという政策的視点からも難民の支援体制を構築していく必要がある。

FRJ は難民保護法の創設にむけてソーシャルアクションを展開しているが、こうした法制度の変革にソーシャルワーカーも取り組んでいかなければならない。

2021 年 3 月、**スリランカ女性の収容所での死亡事件**★6 は大きく報道され、収容所問題が世間の注目を集めるようになった。収容や送還問題は、以前から深刻であり、収容所内での自殺やハンガーストライキも起こっている。

収容・送還問題への抗議として、日本の職能団体である日本社会福祉士会は、2018 年に集団強制送還に対して声明を発表したこともある [2]。2021 年には、難民に対して不利益をもたらす**入管法改正（案）**★7 にあたり、ソーシャルワーカーの仲間たちが（例えば「入管収容問題を考えるソーシャルワーカーネットワーク」、**国際ソーシャルワーク研究会**★8) が、改正に反対と唱える声明文や意見を出すという動きもみられた。

このように、難民問題に関心をもつソーシャルワーカーの輪も広がりつつある。一人のソーシャルワーカーができることは限られているが、賛同者を募ったり職能団体の活動に参加することにより変革の一歩を踏み出すことが大切である。

★6 スリランカ女性の収容所での死亡事件：2021 年 3 月に、名古屋出入国在留管理局に収容されていたスリランカ人の女性が体調不良を訴えていたにもかかわらず適切な医療措置が行われずに死亡した事件。入管当局のずさんな対応や医療体制の不備が明らかになった。

★7 入管法改正（案）：第 204 回国会に提出された法案。難民申請者の送還を可能にしたり、「送還」を拒む非正規滞在者に刑事罰を設けるなどを規定した。野党や支援団体等から広く批判を受け、2021 年 5 月に廃案となった。

★8 国際ソーシャルワーク研究会：2017 年に日本女子大学で発足。国際ソーシャルワークの実践研究とソーシャルワーカーの国際的交流を図ることを目的としている。

引用文献

1) 新島彩子「日本に逃れてきた難民への支援」南野奈津子編著『いっしょに考える外国人支援』明石書店，pp.159-180, 2020.
2) 日本社会福祉士会「ベトナムへの集団強制送還による家族分断に関する声明」2018. https://www.jacsw.or.jp/citizens/seisakuteigen/documents/0180918.pdf

参考文献

・古藤吾郎「滞日難民申請者の脱貧困をめぐる困難と葛藤——ソーシャルワークの現場から」『難民研究ジャーナル』No.2, pp.61-71, 2012.
・櫻井美香・森恭子「地域で暮らす難民の生活実態と孤立状況」『文教大学人間科学研究』第 42 号, pp.111-122, 2021.
・滝澤三郎編著『世界の難民をたすける 30 の方法』合同出版, 2018.
・根本かおる『日本と出会った難民たち——生き抜くチカラ、支えるチカラ』英治出版, 2013.
・森恭子『難民のソーシャル・キャピタルと主観的統合——在日難民の生活経験への社会福祉学の視座』現代人文社, 2018.

「難民は特別な存在ではない」
難民支援と社会福祉教育

「難民とは」と聞かれて、みなさんはどのように答えるでしょうか。

大学生の頃の私にその問いを投げかけられてもうまく答えられませんでした。貧しい人や弱い人、困っている人と答えていたように思います。難民の定義は難民条約に定められており、それらは難民の要件ではありませんが、逃れた先でさまざまな困難に直面します。

私が難民に関心をもち始めたのは大学4年生の頃です。ゼミの先生を通じ、当時の国連難民高等弁務官事務所（UNHCR）インド事務所の代表からお話を伺う機会がありました。アフガニスタンやミャンマー（ビルマ）からの難民がインドに多くいること、彼ら・彼女らが厳しい環境におかれ、必死に一日一日を生きていることを知りました。

私は難民をはじめ、脆弱な立場におかれた人々のことをいかにわかっていないかを自覚しました。そのなかで、ソーシャルワーカーとして難民の分野で働きたいと思うようになり、社会福祉士を取得しました。

しかし、現行の社会福祉士のカリキュラムでは、難民をはじめ、外国人に関する内容はほとんど扱われていないため、社会福祉士を取得するだけでは、難民のことは十分に理解できませんでした。そこで、支援の土台となる知識を身につけたうえで現場に進みたいと思い、大学院に進みました。

大学院では、主専攻において、共生社会の実現に向けた多文化・国際ソーシャルワークを学び、副専攻において、さまざまな人道支援の現場で働く人の講義を受け、ジェンダーや多様性尊重を学びました。また、UNHCRインド事務所と駐日事務所で国連インターンシップにも参加しました。

インド事務所でお会いした難民のことはよく覚えています。彼ら・彼女らは、UNHCRで難民の登録を行うため、アフガニスタンやミャンマー（ビルマ）、そして、ソマリアやカメルーンなどアフリカの国々から来訪されていました。食べるもの・着るものが十分にない、寝る場所がない、働けない、安定した在留資格がないなど、さまざまな条件が重なり、極めて難しい状況に直面している人が多くいました。

何もできない私に虚無感を感じたことも覚えています。その後、UNHCR駐日事務所でもインターンシップに参加しました。その際に、日本にも同じように難民がいて、同じような課題に直面していることに気づかされました。

私は日本社会で20数年生きてきましたが、そのような状況があることを知りませんでした。羞恥の気持ちとともに、同じ社会に暮らしている難民のために何か自分にできることはないかと強い責任を感じたものです。そこで、国内の難民支援の現場においても、ソーシャルワークの価値や理論、技術が活かせると思い、難民支援協会で働くことを決めました。

持続可能な開発目標（SDGs：Sustainable Development Goals）では、「誰一人取り残

さない」社会を目指すことが掲げられています。しかし、果たして日本社会はどうでしょうか。少なくとも私が普段かかわっている多くの難民は、日本社会において取り残されています。

　多くの難民がコロナ以前から生活困窮や医療アクセスの難しさ、住居確保の難しさ、将来の不安に直面しているのです。コロナはその状況に拍車をかけ、困窮が広がっています。コロナ関連の相談も増え、さまざまな生活相談に対応しています。そのなかで、大学時代から学んできたソーシャルワークの価値・理論・技術は、難民支援の現場でも活かされています。

　例えば、難民との関係性の構築、ソーシャルワークではラポールの形成と呼ばれる部分です。さまざまな状況にある難民との関係づくりは極めて重要ですが、母語の違いや文化の違いはもちろん、難民の特徴として、自分が傷つけられたり、家族が殺されるなどの悲惨な経験をしてきた人ゆえに、関係構築が容易ではありません。しかし、丁寧な関係づくりによって、彼ら・彼女らが安心して素直な感情を表現することができます。

　また、難民特有かもしれませんが、同じ国の出身、同じ民族、文化圏の人に接触できない・したくないという人も多くいます。この国の出身だからとか、この民族だから同じ対応をしようということにはならず、一人ひとりにあった対応や関係づくりを行っています。バイステックの7原則にある個別化や非審判的態度にも共通する部分です。

　このようにソーシャルワーク、とりわけ国際ソーシャルワークの学びが、外国人支援の現場において活かされることは間違いありません。しかし、冒頭でも指摘したように、日本の社会福祉は移民・難民を含む外国人について、十分に取り扱えていない部分があります。

　社会福祉士の試験科目をみても、外国人という科目はなく、出題範囲もほんのわずかです。日本社会において、難民は特別な存在ではないということを知ってほしい。彼ら・彼女らも、同じ社会の一員、1人の人間であり、社会から取り残されてはならない、かけがえのない存在なのです。

　このコラムをきっかけに難民問題を知り、自分にどんな行動が起こせるかぜひ考えていただきたいです。私自身も同世代の学生や若者とこれからどんな社会がつくられるべきか考え、社会変革のために行動したいです。

松田寛史（認定NPO法人 難民支援協会）

第7章

先住民に対する
国際ソーシャルワークの実践

　　ソーシャルワーク専門職のグローバル定義は、多文化のなか
でも先住民に特別な注意を払っている。先住民は、植民地支配
や同化政策のような負の歴史の悪影響を現代においても強く受
けているためである。日本では、もともと現在の北海道に先住
していたアイヌが当てはまる。

　本章では、先住民のとらえ方と先住民が直面しやすい課題に
ついて整理する。それを経て、先住民に関するソーシャルワー
クのアプローチの要点を取り上げ、国内外の実践例から応用を
学ぶ。

第1節 国際ソーシャルワークと先住民に関する課題

学習のポイント

● ソーシャルワークにおける先住民の定義を理解する。
● 世界各地の先住民と日本の先住民について知る。
● 先住民に関する世界共通の課題と日本のアイヌに関する課題を把握する。

1 世界の先住民

先住民の捉え方

先住民は、異なる文化や民族の人々が移住してきた時点で、ある国や地域にもともと住んでいた人々の子孫である[1]。そのなかで、歴史的な背景として、新たに住むようになった人々や彼らの文化等が支配的になった経緯がある。

ソーシャルワーク専門職のグローバル定義によれば、多様性尊重の原理に沿って、地域・民族固有の知はソーシャルワークの基盤の一つであり、特に先住民の知が重要視されている[2]。本定義は、先住民を以下のように捉えている。

---

① 地理的に明確な先祖伝来の領域に居住している（あるいはその土地への愛着を維持している）。

② 自らの領域において、明確な社会的・経済的・政治的制度を維持する傾向がある。

③ 彼らは通常、その国の社会に完全に同化するよりも、文化的・地理的・制度的に独自であり続けることを望む。

④ 先住民あるいは部族というアイデンティティをもつ。

---

①は、先住地の存在を示している。そこに住んでいても、あるいはさまざまな理由で先住地から離れて生活していても先住民であることに変わりはない。

②は、自分たちのコミュニティのなかで暮らしたい気持ちを指している。

③は、先住地を支配する国の文化などに完全に溶け込みたくない意思を意味する。

④は、自分自身を先住民として捉えているかどうかということである。つまり、ある人が先住民であるかどうかについては、人種的な分類などよりも、その人自身の意識が尊重される。

世界の先住民人口

このような先住民の人口は、世界規模で4億7600万人を超えており、その7割はアジアにいる[3]。これは世界の総人口の6.2％に相当する。世界の国々の約半分に当たる90か国に先住民がおり、約5000の文化がある。そのため、先住民はそれぞれの国の文化においてマイノリティの立場になりやすい。例えば、多くの先住民の言語は、それを母語として受け継ぐ人が減ることで、消滅の危機にさらされている。

アメリカやカナダの先住民は思い浮かべやすいが、先住民はほかの国にもいる。また、北米諸国も一言で先住民といっても、実際には複数の民族が含まれている。具体的には、アメリカとカナダの先住民は、それぞれ約600民族に分かれている[4]。つまり、世界中の先住民は全人類の文化の多様性の大半を代表しているのである。

2 日本の先住民

先住民のとらえ方

日本では、琉球とアイヌの人々が先住民として考えられる[5]。琉球の人々の先住地は、沖縄征服前の琉球王国で、琉球諸島を中心としてほぼ現在の沖縄県に当たる地域である。また、アイヌの人々の先住地は、開拓前の北海道のほかに樺太と千島列島を含む地域である。

ここでは、人口規模からしたマイノリティ性に鑑みて、本章では、日本の先住民についてアイヌを例に取り上げる。

アイヌ人口

最新の調べでは、道内のアイヌ人口は1万3118人である[6]。しかし、これは自己申告によるデータである。差別を恐れるなどの理由により、反映されていない人も多く、国際連合（以下、国連）による近年の推測値は3～5万人である[7]。これに道外のアイヌ人口も加わるが、過去の調査では、東京在住のアイヌは2700人ほど報告されている。なお、専

表7−1 北海道のアイヌ人口の推移

	明治 5 年	昭和 5 年
アイヌ人口（人）	15,275	15,703
北海道人口（人）	111,196	2,812,335
構成比（%）	13.7	0.6

出典：内閣官房アイヌ政策のあり方に関する有識者懇談会
「アイヌ政策のあり方に関する有識者懇談会報告書」2009.

門家は首都圏のアイヌ人口を約 1 万人と推測している。

　実際に、アイヌが先住民として日本社会において道内外ともマイノリティになったのは、歴史的な経緯が背景にある。特に、明治維新後、本州等からの大量移住により、のように、アイヌの人口比はすでに 1930 年の時点で、先住地の北海道でさえ 0.6％に留まっている。

3 先住民に関する世界共通の課題

諸課題の背景

　世界各地の先住民は、貧困、健康、文化などに関する課題に直面している [8]。これらの背景には、植民地化の過程と、その後の支配的な歴史において先住民の文化や生活様式が受けてきた打撃と、現在に至る差別的な社会構造の問題がある。

　このような問題は、先住地における土地やそこにあるさまざまな自然資源を奪われてきたことと、先住民の自治権、また先住民の文化および言語などに対応した各種社会サービスを受ける権利が保障されていないことがあげられる。

貧困と教育

　先住民は前述のように世界人口の 6.2％にすぎないにもかかわらず、世界の貧困人口の約 15％、また極度の貧困人口の約 3 分の 1 を占めている。居住国の平均を上回る失業率なども課題である。

　貧困問題の背景には、教育格差があげられる。その根本には、先住民の言語や文化に配慮した教育の機会が十分に保障されていないことがある。

　本来なされるべき母語と母文化、また母語による教育が不十分な場合が多い。教育のなかでは、母語と母文化が居住国の主流言語と主流文化とのあいだで対等に扱われず、先住民の子どもや若者が自分の文化につ

いて平等な位置づけで学習できないと、文化的なアイデンティティの喪失と自己肯定感の低下が起こりやすい。

これに、学校における差別やいじめの課題が加わり、高い中退率と、経済的な困難と相まって、低い進学率につながる。そして、このような学歴格差は職業格差とそれによる経済格差をもたらしている。

健康と精神保健

先住民の平均寿命は居住国の平均をしばしば下回っており、場合によって20歳ほどの差がみられる。同じく、全国平均と比べて、妊婦および乳幼児死亡率が高くなる傾向がある。

また、栄養失調、さまざまな慢性疾患や伝染病も居住国の平均を上回っている。これらの健康格差の背景には、先住民の文化や言語に対応した保健医療サービスの体制整備の問題がある。また、先住地における伝統的な生活様式と食文化の変化も原因の一つとしてあげられる。

メンタルヘルスの分野において、特に先住民の若者のなかでは高い自殺率が課題となっており、居住国平均の11倍の場合もみられる。

先住民は、うつ病やさまざまな物質依存問題も抱えやすい。この傾向は、特に雇用や教育の機会などを求めて先住地から離れて大都市において生活する場合に顕著である。自分の文化的なルーツや先住民コミュニティからの孤立と、一般社会における差別によって二級市民として扱われることで起きる自己肯定の低下が原因になりやすい。

文化と差別

世界各地で、先住民の文化とその一部である言語の多くは消滅の危機にさらされている。100年後に、世界中の言語の90%が消滅することが予測されており、そのほとんどは先住民の言語である。その背景には、先住地の自治権とともに、居住国のあらゆる政策の策定への参加や自己決定の権利が保障されてこなかったことがある。

そのため、各国の政策において先住民の文化や言語が尊重されず、存在意義のある保全の対象よりも、劣っているもの、なくすべき対象として扱われてきた歴史がある。歴史のなかで、先住民は強制的な家族分離と寄宿学校における同化教育を経験した国もあり、「盗まれた世代」という問題として歴史的なトラウマになっている。

4 日本のアイヌに関する課題

諸課題の背景

　世界の先住民の課題の多くは、日本のアイヌにも共通している。その背景には、先住地が日本の一部にされた植民地化の歴史がある[9]。その歴史は、15世紀にさかのぼり、幕府による侵略から始まり、結果的にはアイヌが日本の封建制度の影響下におかれるようになった。そして、悪条件の下での労働力としての搾取と、本州から持ち込まれた伝染病によって、アイヌ人口が悲劇的に減少した。

　19世紀からの北海道開拓に伴い、前掲の 表7-1 のように、本州等からの移住者が大幅に増え、北海道にも土地所有制度が導入された。また、この時代は狩猟や漁業などの伝統的な生活様式と、アイヌの文化や信仰に根づいたさまざまな習慣が禁止され、日本文化への同化政策が展開された。

　これらの歴史的な経緯のなかで、アイヌの人々とアイヌ文化が深刻な打撃を受けた。現代まで続く差別も重なり、以下のように、アイヌはあらゆる課題に直面している[10]。

貧困と教育

　アイヌの所得は、北海道平均や全国平均と比べて低くなっているため、アイヌは生活保護などの制度利用率が高くなっている。道内アイヌの場合、27.1%は生活が「とても苦しい」と感じており、45.3%は収入を不安に思っている。

　所得に影響を及ぼす学歴について、高校および大学進学率は北海道平均と全国平均よりも低い。道内アイヌについて、全世代を合わせた場合の高校経験率は6割弱で、大学経験率は5%以下である。これに加えて、高校と大学の中退率は全国平均を大幅に上回っている（6倍以上）。なお、進学をあきらめる理由や中退の理由として、全国平均よりはるかに高い割合で経済的な理由をあげている。

健康と精神保健

　アイヌの健康格差に焦点を当てた国内データは少ないが、世界的にみられる先住民の各種依存問題のように、喫煙、飲酒、ギャンブル（パチンコ等）を習慣的に親しむ割合は、北海道平均と全国平均よりも高く

なっている。

文化と差別

　近年の法整備が進み、アイヌ文化の復活や活性化に向けた試みが多く
みられるが、同化主義の歴史がアイヌ文化とアイヌ語の継承に取り返し
のつかない悪影響を与えてきた。明治時代に、アイヌの多くの伝統文化
が野蛮な風習として禁止され、いわゆる「旧土人学校」において日本語
を中心とした同化教育が行われていた。また、親世代の差別を恐れるた
め、アイヌ語が次世代に十分に継承されなかったことで、アイヌ語は
「極めて深刻な消滅危機言語」と認定され、今日に至っている。

　差別の実感は現代まで続いている。道内アイヌの場合、差別を直接経
験したことのある人と、差別を経験した知人のいる人は合計４割近くい
る。一方、道外アイヌの場合、北海道を出た理由として、11.4％が差別
から逃れられることをあげている。その反面、20.5％は北海道以外にも
差別があると認識している。

　さらに、自分がアイヌであることを19.1％は配偶者に、34.8％は子ど
もに言っていないという事実があるうえに、37.6％は周囲に自分がアイ
ヌであることを知っている人がいない。つまり、ルーツを隠さざるを得
ない生活を余儀なくされているのである。

表7－2 道内外アイヌの困り感

困り事	道内アイヌ	道外アイヌ
所得が少ない	45.6%	45.2%
負債が多い	13.2%	12.4%
自分や家族の健康	56.9%	29.0%
仕事がない	6.7%	13.3%
労働状況が悪い	7.8%	11.4%
自分の進学	0.8%	2.9%
子どもの教育	10.2%	6.2%
職場・学校の人間関係	2.6%	3.3%
近所づきあい	2.4%	5.2%
住宅	8.7%	7.1%
アイヌ差別	2.4%	5.2%

出典：小内透編『現代アイヌの生活と意識』北海道大学, 2008.,
内閣官房アイヌ政策推進会議「北海道外アイヌの生活実態調査
報告書」2011.

当事者の困り感

　最後に、表7—2 は道内外のアイヌが現在困っていることについてまとめている。収入、健康、雇用、教育、差別などに関する課題が浮き彫りになっている。

引用文献

1) United Nations, United Nations Permanent Forum on Indigenous Issues, Who are Indigenous Peoples?, p. 1, 2006.

2) International Association of Schools of Social Work, International Federation of Social Workers, Global Definition of the Social Work Profession, p. 3, 2014.（国際ソーシャルワーク学校連盟・国際ソーシャルワーカー連盟, 日本社会福祉教育学校連盟・社会福祉専門職団体協議会訳「ソーシャルワーク専門職のグローバル定義」p. 3, 2015.）

3) United Nations, United Nations Development Programme, 10 Things to Know about Indigenous Peoples, 2021.

4) International Work Group for Indigenous Affairs, The Indigenous World 2021, p. 558, p. 570, 2021.

5) ヴィラーグ・ヴィクトル『多様性時代のソーシャルワーク──外国人等支援の専門職教育プログラム』中央法規出版, p. 29, 2018.

6) 北海道環境生活部「北海道アイヌ生活実態調査」p. 3, 2017.

7) United Nations Commission on Human Rights, Report of the Special Rapporteur on Contemporary Forms of Racism, Racial Discrimination, Xenophobia and Related Intolerance, p. 5, 2006.（国際連合人権委員会, 反差別国際運動日本委員会仮訳「現代的形態の人種主義、人種差別、外国人嫌悪および関連する不寛容に関する特別報告者の報告書」p. 4, 2006.）

8) United Nations, United Nations Permanent Forum on Indigenous Issues, State of the World's Indigenous Peoples, p. 7, 2009.

9) 内閣官房アイヌ政策のあり方に関する有識者懇談会「アイヌ政策のあり方に関する有識者懇談会報告書」p. 17, 2009.

10) Virag, V., Contemporary Marginalization of the Indigenous Ainu People in View of the History of Colonization and Assimilation,『日本社会事業大学研究紀要』66, pp. 153-164, 2020.

参考文献

・東京都「東京在住ウタリ実態調査報告書」1989.
・日本学術会議地域研究委員会人類学分科会「アイヌ政策のあり方と国民的理解」2011.
・北海道環境生活部「北海道アイヌ生活実態調査」2017.
・小内透編『現代アイヌの生活と意識』北海道大学, 2008.
・内閣官房アイヌ政策推進会議「北海道外アイヌの生活実態調査報告書」2011.

第**2**節 **先住民に関するソーシャルワークの
アプローチ**

学習のポイント

● 先住民に関するソーシャルワークについて、人権法に基づく国際基準を知
る。
● 文化と歴史の理解を中心に、先住民に関する実践アプローチの基礎を学
ぶ。
● 先住民に関するミクロ・メゾ・マクロ実践の原則を理解する。

1 先住民に関する国際的な実践基準と人権法

国際専門職団体の方針

先住民に関するソーシャルワークの原則について、国際ソーシャル
ワーカー連盟（IFSW）は方針を定めている。この方針は、前節のよう
な先住民に関する課題の背景について取り上げながら、先住民の人権の
保障を主張している。そのため、先住民に関する主要な国際人権文書の
考え方を全面的に支持している。文書には、**1989 年の先住民に関する
国際労働機関（ILO）条約**★1 と、2007 年の**先住民の権利に関する国連
宣言**★2 が含まれる。このような国際基準は、先住民に関するソーシャ
ルワークについて示唆を与えている [1]。

IFSW 方針は、ソーシャルワーク専門職の原理に基づいて、ソーシャ
ルワーカーの先住民を支援する努力、先住民の文化の尊重、そしてその
ために文化的コンピテンスと文化的な感受性を身につける必要性を強調
している。

先住民に最善の支援を提供するために、ソーシャルワーカーが当事者
の文化について知識を習得することが求められる。ソーシャルワーカー
は、当事者のニーズについても、またそれらへ対応する方法について
も、先住民コミュニティに耳を傾けなければならない。なお、そのなか
で、先住民の当事者ソーシャルワーカーが中心的な役割を担えるため、
先住民のソーシャルワーカーとしての養成と配置が必要である。

★1 1989 年の先住
民に関する国際労働
機関（ILO）条約：
1989 年に ILO 総会
が採択した世界中の
先住民の権利に関す
る国際条約。先住民
の国際法上の定義を
定めながら、各国政
府があらゆる分野に
おける政策において
先住民を尊重するた
め、政策策定におい
て当事者が参加でき
る機会を保障するよ
うに規定している。
日本政府は批准して
いない。
★2 先住民の権利に
関する国連宣言：世
界中の先住民の人権
に関して、2007 年
に国連総会が日本政
府の賛成票を含めて
採択した決議。本宣
言を受けて、2008
年に日本でもアイヌ
を先住民とする国会
決議が衆参両院にお
いて全会一致で可決
された。

国際人権法

　日本政府は上記の ILO 条約を批准していないが、ソーシャルワーク実践においては、そのあらゆる原則を念頭におくことが求められる。同条約は、先住民の生活・就労条件と健康・教育水準の向上のために、各種政策・施策の策定やさまざまな制度およびサービスの設計に当事者が参加できる機会の保障について規定している。

　また、先住民を対象とする制度やサービスの運営において、その評価までを含む先住民の管理権を保障しなければならない。なお、実践においては、常に当事者コミュニティとの協働が重要である。このなかで、ソーシャルワークとの関連性が強い社会保障および保健医療サービスについても、先住民による企画・運営の必要性と、先住民との協働によるコミュニティを基盤としたサービスの原則が定められている。そして、先住民の当事者の対人援助専門職としての養成と雇用にも焦点が当たっている。

　2007 年の国連宣言は、日本政府からも賛成票を得て国連総会で採択されている。この宣言は、集団的な自己決定権（自治権）と、経済的・社会的な条件の改善に向けて、是正措置、すなわち特別な配慮を受けるための先住民の権利を認めている。また、先住民に関する政策や施策には、当事者がその企画段階から参加し、策定後の実施において管理・運営にかかわる権利も含まれている。

　最後に、ILO 条約と国連宣言では、伝統的な治療法のように、近代科学主義のみでなく、むしろ先住民固有の知に基づいた古来の問題解決アプローチの尊重が強調されており、これはソーシャルワーク専門職のグローバル定義の精神と一致している。

当事者参加の保障

　ソーシャルワーク専門職のグローバル定義と IFSW 方針は、上記の国際法の考え方を引き継いでおり、先住民の人権に基づいた実践アプローチを肯定している。

　そのなかで、先住民に関するソーシャルワークでは、先住民固有の知の尊重はもちろん、すべての実践レベル（ミクロ・メゾ・マクロ）と援助過程のすべての段階（ニーズ把握、調査やサービス計画、設計から支援、サービス実施や評価まで）における先住民の当事者とその集団やコミュニティの参加、自己決定、協働が実践の基盤となる。

2 先住民に関する実践アプローチの全体像

先住民に関するソーシャルワーク実践の基礎

　先住民に関するソーシャルワークの基礎的なアプローチは次のようなことを含む[2]。

　第一に、ソーシャルワーク実践では、前節でまとめている抑圧や差別の歴史と、それらが現代においても先住民が直面している諸課題に与えている影響について把握し、対応することが重要である。ミクロからマクロまでの各レベルにおいて、エンパワーメントとストレングス視点が求められる。ケースワークにおいても、クライエントの生活課題の背景にある歴史や抑圧のような構造的な要因に目を向けることで、先住民の解放に貢献できる実践が可能である。

　また、先住民の文化について考える際に、そもそも文化の概念を理解する必要がある。文化は、人々の世界観や自分像を形成し、コミュニケーション、考え方、行動、対人関係、感情などのあり方に影響を及ぼしている。

　先住民が共有する文化と歴史は、個人および集団の意識と無意識に反映されている。ソーシャルワーク実践において先住民の特徴を把握するために、歴史的な経験とともに、先住民文化が（ほかの文化と同じように）固定的なものではなく、むしろ常に変わり続けており、絶えず発展している流動的なものであることを理解しなければならない[3]。

歴史の理解

　先住民が経験してきた植民地化と同化主義の歴史については以下のような背景を把握する必要がある。

① 先住地の搾取

　日本の歴史的な過程のなかでは、第1節でみてきたように、北海道の土地所有の大半は、そのさまざまな自然資源とともに、本州等からの移住者の手に渡っていった。

② 家族形態の破壊

　日本ではアイヌを対象とした、他国のような家族分離を伴う寄宿学校はなかったが、伝統的な家族形態への打撃はみられる。

　特に、北海道への戸籍制度の導入時、日本の家制度が実質的にアイヌにも強要された。これは、集落単位の共同体を意味する**コタン**[★3] の従

★3 コタン：アイヌ語で「集落」や「部落」を意味し、アイヌの伝統的なコミュニティを指す。日本の「家」よりも範囲が広いが、伝統的なアイヌ社会の最小単位の共同体である。

来の絆のあり方に悪影響を与えた。

③ 社会政策におけるパターナリズム

アイヌなどの少数民族に対する権威主義的な建前上の保護政策として、日本では差別的な側面も多かった旧土人保護法（1899 年〜 1997 年）を取り上げることができる。

④ 不可視化

第1節で述べたように、日本でも先住民についての正確な統計がなく、実際のアイヌ人口とニーズの規模が把握されていないため、存在が見えにくい。

⑤ 自己決定の壁

日本のアイヌは、集団的な自己決定権、すなわち自治権と、先住地の土地管理を含む先住権が十分に保障されていない現状にある。

文化の理解

先住民の文化の発展性と流動性については、以下のような傾向を理解する必要がある。

① 多様性のなかの多様性

同じ先住民のなかでもさらに集団内の多様性があり、文化については一般化できない。日本の場合、「自分がアイヌのルーツをもつこと」の意味と、差別体験を含むアイヌとしての人生経験、また個人の生活様式におけるアイヌ文化と日本文化のバランスは人によって異なる。

なお、ある人の人生には、先住民であることや文化以外にも、年齢、性別、性的指向、階層、障害の有無などの他の多様性要素も影響を及ぼしている。

② 逆境とレジリエンス

世界中の先住民と同じように、日本のアイヌは、残酷な支配の歴史を経験してきたが、見方を変えれば、それを生き延びる力（レジリエンス）があったゆえに、アイヌ文化は今日に伝わっているといえる。むしろ、近年はアイヌ文化やアイヌ語の活性化と現代的な発展もみられる。

③ 信仰の多様性

先住民の文化は常に「伝統」と「進歩」のジレンマに直面している。日本のアイヌのなかでも、先祖代々のアイヌ文化をそのまま受け継ぎたい人もいれば、アイヌ文化を現代風に発展させたい人もいる。また、アイヌ文化のみでなく、日本文化や日本的な考え方を強くもって生活して

いる人もいる。

④ 多文化の影響

　世界の先住民と同様、先住地から離れて、大都市に生活しているアイヌも多い。そのなかで、日本文化や日本の生活様式はもちろん、その他の文化の影響も受けて、なじんでいる場合もある。なお、日本人の相手をはじめとして、結婚を通じて多文化家族を形成してきた歴史も長く、現在も多くなっている。

⑤ ステレオタイプの影響

　先住民に関する固定概念や偏見のような社会の思い込みは、当事者の自分像にも影響を及ぼしている。このようなステレオタイプは悪いものもあれば、良いものもある。

　前者は先住民の低い自己肯定感を生み出しやすい。例えば、日本においては高度経済成長期以降の北海道のさまざまな観光資料から考えれば、アイヌについて「大地のなかで調和のとれたエコな生活」という肯定的なイメージがある反面、「未開の野蛮な民族」などの否定的なイメージも存在する。

　事実はさまざまで、これらは単なるイメージでありながらも、当事者に対する社会の視線と、それによって当事者の心や生活に複雑な影響を与えている。

3 先住民に関するソーシャルワークの実践原則

ミクロ実践

　ケースワークにおいてソーシャルワーカーに求められる文化的コンピテンスは、文化的な洞察力、文化的な知識、文化的な技術から成り立っている。先住民の歴史や文化に関するソーシャルワークにおいて必要になる多くの文化的な知識については、前述のとおり初歩的なレベルで整理してきた。なお、ここで取り上げる文化的な洞察力と文化的な技術の主要なポイントは次のとおりである[4]。

　文化的な洞察力は、自分と異なる文化の人々に対するソーシャルワーカーの自己覚知と自己洞察を含む。先住民に対して自分がもっているかもしれない偏見の自己分析や実践における自己内省が求められる。また、先住民のクライエントに対する謙虚な姿勢と、相手のことを純粋に学びたいという意識も欠かせない。先住民文化については、尊重はもちろん、虚心と非審判的な態度が必要である。

文化的な技術としては、先住民の文化に適した支援内容を選択し、支援計画を立てられることが重要であり、そのために次のような手順を踏む。

　先住民文化一般ではなく、目の前にいる特定のクライエントの文化からみて適切な支援内容を検討する。支援内容は、そのクライエントのニーズと文化的なバランス（例えばその人ならではのアイヌ文化と日本文化の組み合わせ）を反映しなければならない。支援内容のこのような文化的な適切性について最善の情報を得て判断するためには、クライエント自身の生きた経験と自分のニーズに関する知識を認め、直接確かめるようにする。

　なお、先住民の文化に特有の一部の支援内容、特に伝統的な信仰に基づくものは、科学的な根拠に基づく専門的なソーシャルワークの範囲を超えて、スピリチュアルの領域に入る場合がある。クライエントがこのような伝統的な治療法などを求める場合、近代科学に必ずしも裏づけられなくても、ソーシャルワーカーはその選択を支持する。

メゾ実践

　先住民に関するコミュニティワークにおけるアセスメント段階の基本原則は次のとおりである[5]。実際にアセスメントにおいてかかわる先住民コミュニティの文化、とりわけ価値観や習慣について事前に学習する必要がある。

　ソーシャルワーカーは常に先住民の文化や伝統を尊重し、コミュニティのリーダーに敬意を払わなければならない。コミュニティの自己決定を認め、それに配慮したアセスメントが求められる。助言はするにしても、ソーシャルワーカーの個人的あるいは専門的な価値観、またそれらに基づいてソーシャルワーカーが考える「やるべきこと」や「最善のやり方」を押しつけないように留意する。

　ソーシャルワーカーがコミュニティの信頼を得るために、コミュニティのなかで自分の存在を知ってもらう必要がある。コミュニティ・アセスメントができるためのこのような信頼関係の形成には時間がかかる。そのため、ソーシャルワーカーが辛抱強く誠実さと純粋性という専門的な態度を示し続けることが重要である。

　先住民コミュニティの支援は、①地域開発、②社会計画、③ソーシャルアクションの分野にわたる[6]。

①地域開発では、コミュニティ・オーガニゼーションの手法を使い、先住民コミュニティのメンバー間の関係を強化し、連帯感を形成するために、ソーシャルワーカーはファシリテーターの役割を担う。

　また、②社会計画の目的は、先住民コミュニティにおける将来のニーズの予測と、それらに対応できるサービスの設計である。そのために、前述のように地域のニーズや資源についてコミュニティ・アセスメントを行う。そのなかで、ソーシャルワーカーは、直接的にかかわるよりも、コミュニティのメンバーがこのような社会計画のプロセスを自ら展開できるように、コンサルタントの立場をとる。

　最後に、③ソーシャルアクションにおいて、ソーシャルワーカーはコミュニティのエンパワーメントに従事し、コミュニティ外の行政などに対抗し、交渉し、対立を解消できるコミュニティの力を高める。

マクロ実践

　ソーシャルアクションは、アドボカシーとともにマクロ実践に結びつく。先住民に関するアドボカシー実践は、以下を含む[7]。

① 語られ方とイメージへの挑戦

　先住民について社会のなかで浮上する差別的な発言などの語りやネガティブなイメージと戦うことは、支配的な力関係の改善につながる。

② 専門的な責任の吟味

　ソーシャルワーカーは、先住民の権利獲得運動にかかわりながらも、先住民にとって抑圧的な可能性のある従来の社会サービスのなかで雇われている場合もあるため、専門職としての立場や役割について整理して意識する必要がある。

③ 芸術による働きかけ

　先住民の権利について一般社会に訴え、世論を変えて味方を増やすために、アドボカシーの手法として、あらゆる芸術やメディア（音楽、演劇、美術、文学、映画など）の活用が有効である。

④ インターネットの活用

　インターネットは、先住民に関する情報の社会への普及のほかに、先住民への情報提供と当事者同士がつながるツールになり得るため、マクロ実践にはソーシャルワーカーが関連スキルを身につけることが欠かせない。

⑤ 声の代弁

ソーシャルワーカーは、アドボカシーのなかで、先住民の代わりにではなく、先住民とともに権利を擁護・代弁し、また先住民が自ら権利を主張できるように調整し、促す。

⑥ 恐怖への対応

　社会のなかには、先住民の権利の保障がほかの人々の不利益や逆差別につながるという間違った意見もしばしばあるために、必要に応じてあらゆる啓発キャンペーンの展開も重要である。

引用文献

1) ヴィラーグ・ヴィクトル「ソーシャルワーク専門職のグローバル定義と先住民族アイヌの福祉：国際専門職団体の立場と国内状況」『ソーシャルワーカー』14, pp. 27-44, 2015.

2) Maria Yellow Horse Brave Heart, Incorporating Native Historical Trauma Content, Gutierrez, L., Zuniga, M., Lum, D. (ed.), Education for Multicultural Social Work Practice : Critical Viewpoint and Future Directions, Council on Social Work Education, pp. 201-211, 2004.

3) Weaver, H. N., First Nations Peoples : Ethnic-Specific Communities of People, Guadalupe, K. L., Lum, D. (ed.), Multidimensional Contextual Practice : Diversity and Transcendence, Thomson Brooks/Cole, pp. 287-307, 2005.

4) Weaver, H. N., Cultural Competence with First Nations Peoples, Lum, D. (ed.), Culturally Competent Practice : A Framework for Understanding Diverse Groups and Justice Issues, 4th Ed., Brooks/Cole Cengage Learning, pp. 223-247, 2011.

5) Weaver, H. N., Organization and Community Assessment with First Nations People, Fong, R., Furuto, S. (ed.), Culturally Competent Practice : Skills, Interventions, and Evaluations, Allyn and Bacon, pp. 178-195, 2001.

6) Brown, E. F., Gundersen, B. N., Organization and Community Intervention with American Indian Tribal Communities, Fong, R., Furuto, F. (ed.), Culturally Competent Practice : Skills, Interventions, and Evaluations, Allyn and Bacon, pp.178-195, 2001.

7) Briskman, L., Social Work with Indigenous Communities : A Human Rights Approach, 2nd Ed., Federation Press, p. 188, 2014.

参考文献

・International Federation of Social Workers, IFSW Policy Paper on Indigenous People, 2005. (国際ソーシャルワーカー連盟, 岩﨑浩三訳「先住民に関する IFSW 方針文書」2011.)

・International Labour Organization, Indigenous and Tribal Peoples Convention, 1989.

・United Nations, Declaration on the Rights of Indigenous Peoples, 2007. (国際連合, 北海道大学アイヌ・先住民研究センター訳「先住民族の権利に関する国際連合宣言」2008.)

第 **3** 節 先住民に関する実践事例

学習のポイント

● ヨーロッパの先住民であるサーミについて知る。
● フィンランドにおけるサーミに関するソーシャルワークについて学ぶ。

1 フィンランドのサーミ・ソーシャルワーク

　海外の実践例として、フィンランドのサーミに関する取組みを紹介する前に、サーミに関する基礎的な知識をまとめる。

　サーミは、ヨーロッパの先住民で、先住地はフィンランド以外にもノルウェー、スウェーデン、ロシアに広がっている。伝統的な生活様式はトナカイ牧畜、漁業、狩猟などを含む。フィンランドのサーミ人口は約 1 万人と推定されているが、6 割以上は先住地から離れて生活している。先住民としての法的な地位は憲法で定められており、言語と文化に関する自治権はサーミ自治議会を通して行使されている。

　歴史的に、サーミの先住地は 16 世紀から徐々に北欧諸国とロシアの支配下におかれ、トナカイの牧畜を妨げる国境管理や同化政策は言語と文化の部分的な喪失につながった。19 世紀末はサーミの国際的な民族運動をもたらし、多数の民族組織が形成され、国境を越えたサーミ理事会の設立に至った。ロシア以外、各国のサーミは自治議会をもっており、これらの横断的な組織としてサーミ自治議会協議会も活動している。

　サーミ語は、フィンランドにおいて法的に公用語として規定されている。先住地では、小学校と中学校においてサーミ語教育が提供されているが、サーミ先住地外への移住者のサーミ語教育は課題である。

　同じく、先住地内は、各種社会サービスをサーミ語で受ける権利が保障されており、行政にはこれらを提供する義務がある。また、サーミ語のメディアは、ラジオ局、テレビ番組、雑誌などがある。

先住地におけるサービスの実態

　フィンランドにおけるサーミの先住地では、フィンランドのサーミ自治議会を中心に、サーミ専用の社会サービスが提供されている[1]。

　このような社会サービスが提供されるようになった背景に、サーミ自治議会による国連の人種差別撤廃委員会を意識したロビー活動がある。これらの活動は、サーミ語によるサービス提供を目的とした自治体への補助金体制の整備と、当事者の権利意識につながった。また、現代においては、民族の誇りを取り戻すサーミ・プライド運動が展開されている。

　現在、サーミ自治議会に社会福祉・保健医療委員会が設置されている。関連業務には、委員を務めている議員に加えて、社会福祉・保健医療担当の事務局員と、サーミの福祉の促進を活動目的としている非政府組織（NGO）が携わっている。サーミの社会サービスは欧州連合（EU）やフィンランド中央政府の予算で運用されている。サーミ語によるあらゆる対人援助サービス以外にも、雪国ならではの家回りの力仕事（雪かき、薪割りなど）を主に担う雑用ヘルパーのように、地域特性を反映したものもある。

　例えば、サーミの多くがとらえているウェルビーイングの概念は土地を基盤としており、自然界などの環境を含めている。なお、サーミに関するあらゆる実践において、個人ではなく、家族全体を対象としたサービスを心がけるようになっている。

　また、人口密度の低い地域であるため、訪問および在宅型の対人サービスと電話やインターネットを活用した遠隔実践も行われている。なお、前述のようにサーミの先住地は数か国に広がっているため、実践において国際的な連携も必要である。

　例えば、母子保健サービスにおいて、一部の検査や介入（言語療法など）は、フィンランドでもフィンランド語でしか提供できないため、サーミへの社会サービスがより充実しているノルウェーでサーミ語による利用ができるようになっている。また、サーミ専用の家庭内暴力シェルターも同様で、協定に基づいて国境を越えた連携実践が行われている。

　先住地においては各種社会サービスをサーミ語で受ける権利があるものの、サーミ語を話す対人援助専門職人材が不足している。そのため、地域の大学と連携しながら、ソーシャルワーカーを含めて、サーミ語を

話す人材養成が行われている。これは、非当事者学生へのサーミ語や文化的コンピテンスの教育のほかに、当事者学生への特別な入学試験加算や奨学金のような優遇措置を含む。

最後に、伝統的なアプローチの一例として、先住民の知に基づいた介入方法であるフォレスト・セラピー（森林治療）があげられる。自治体の助成を受けながら、特に物質依存の分野において活用されている。

■ 引用文献

1) ヴィラーグ・ヴィクトル「欧州北方先住民族サーミの社会福祉とソーシャルワーク：フィンランドの現地調査から」『長崎国際大学社会福祉学会研究紀要』13・14, pp. 31-45, 2018.

■ 参考文献

・Sámi Parliament, The Sami in Finland, 2012.

これからの実践に対する示唆

1 パートナーシップの重視

アイヌをはじめとした先住民に関するソーシャルワークにおいては、当事者との協働が重要である。

その理由は、先住民は植民地化などの過程において、しばしば主体性と自己決定権を奪われてきたからである。アイヌも例外ではなく、歴史のなかで一方的に土地の剝奪や同化教育、また差別も経験してきた。

このような支配構造にソーシャルワーカーが無意識的にも加担してしまってきた例も少なくない。日本では顕著ではないが、例えば教育や児童福祉分野においては、保護や文化適応の名の下で行われた実質的な家族分離の歴史もみられる。

先住民とのパートナーシップに向けてソーシャルワーク実践のあらゆるレベルや支援段階での協働が求められる。これは当事者参加と自己決定の保障を意味する。先住民の自己決定は、個人を越えて、家族やより広い共同体（コミュニティのリーダーなど）の意見の反映まで含む。さらに、集団的な自己決定権、すなわち自治権の問題も無視できない。

2 先住民に関するソーシャルワークの政治性

先住民に関する諸問題の背景に、領土問題や土地管理を含む先住権・自治権の侵害と、差別および抑圧の実態がある。先住民に関するソーシャルワークは、社会における力関係の改善に向けて、このような支配的な権力構造に働きかけなければならないという意味で政治的な取組みでもある。ここでは、そのためのヒントをまとめる[1]。

先住民とのかかわりにおいて、先住権、自治権、自己決定権を踏まえた主体的な開発への権利を尊重し、必要に応じてその実現に向けた政策提言も行う。第1節で述べたように、あらゆる理由によって、先住民は多くの課題に直面しやすいため、さまざまな資源や適切なサービスへのアクセスを促さなければならない。また、支援において、先住民固有の文化からみて受け入れやすいサービス提供モデルや理論的な枠組みの開発が重要である。

　そして何よりも、先住民は国際的なレベルも含めて自らの権利獲得運動を展開しているため、ソーシャルワーカーはこれらを支持し、アドボカシー実践に従事する必要がある。その一環として、歴史的に与えてきた危害に対して責任をとるために、居住国政府と一般社会や世論への働きかけも求められる。

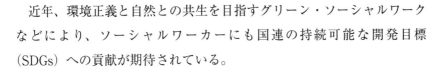

3 持続可能性への貢献

　近年、環境正義と自然との共生を目指すグリーン・ソーシャルワークなどにより、ソーシャルワーカーにも国連の持続可能な開発目標（SDGs）への貢献が期待されている。

　地球上の生物の種の多様性の80％は、世界中の先住民の先住地に集中しており、先住民が管理している森林は、地球上の二酸化炭素の20％を吸収している。そして、これらの資源は、先住民固有の知と伝統的な生活様式に基づいて、持続可能な形式で管理されてきた。このように持続可能な開発目標の達成においては、先住民が欠かせない役割を果たすことを国連も認めており、ソーシャルワークでも見習う必要がある。

引用文献

1) Grey, M, Yellow Bird, M, Coates,J, Toward an Understanding of Indigenous Social Work, Grey, M, Coates, J, Yellow Bird, M（ed.）, Indigenous Social Work around the World：Towards Culturally Relevant Education and Practice, Ashgate, pp. 49-58, 2010.

参考文献

・Dominelli, L, Green Social Work：From Environmental Crises to Environmental Justice, Polity, 2012.（上野谷加代子・所めぐみ監訳『グリーンソーシャルワークとは何か：環境正義と共生社会実現』ミネルヴァ書房, 2017.）

・International Federation of Social Workers, Social Work and the United Nations（UN）Sustainable Development Goals, 2021.（日本ソーシャルワーカー協会訳『ソーシャルワークと国際連合の持続可能な開発目標』国際ソーシャルワーカー連盟, 2021.）

・Amnesty International, Indigenous People, 2021.

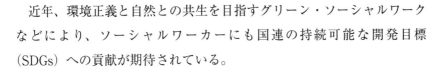

· United Nations, United Nations Development Programme, 10 Things to Know about Indigenous Peoples, 2021.

第 **8** 章

発展途上国の「貧困と女性」のソーシャルワーク実践

　今日、「貧困」は、発展途上国に限らず、先進国においても
みられる共通の社会問題ということができる。しかしながら、
極めて貧しい状況におかれている人々は、圧倒的に発展途上国
社会で生活している。とりわけ、女性は、貧困のなかにあって
社会的、経済的に排除されやすい。世界の貧困と女性のおかれ
ている不利な立場と課題を理解し、有効なソーシャルワークの
アプローチについて理解していきたい。さらに、国境を越えた
ソーシャルワークの役割についても考えてもらいたい。

世界の貧困とソーシャルワークの課題

第 1 節

学習のポイント

- 世界で生じている貧富の格差の状況を知る。
- 構造的な貧困と悪循環を知る。
- 経済的・社会的排除によって貧困に陥っている女性の課題を知る。

1 世界の貧富の格差

　国連開発計画（UNDP）の1992年の開発報告書において掲載された世界の所得分配を人口5分の1ずつ描いた図表が、シャンパングラスに似ていることから、世界の富の偏りの姿を「シャンパングラスの世界」と呼んだ（図8―1）。

　当時の世界で生産された富の82.7%が世界の人口の5分の1を占める富裕層が享受し、世界の貧困層の最下位にあたる5分の1は、1.4%しか受け取ることができない実態がわかる。

図8―1 世界の経済格差

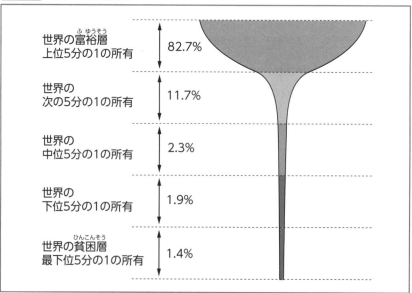

世界の富裕層
上位5分の1の所有　82.7%

世界の
次の5分の1の所有　11.7%

世界の
中位5分の1の所有　2.3%

世界の
下位5分の1の所有　1.9%

世界の貧困層
最下位5分の1の所有　1.4%

出典：国連開発計画「人間開発報告書1992」

それから30年経過した今日においても、世界の最貧層の人々の20%が所得全体に占める割合は2%未満といわれている。その一方で、最富裕層の人々の割合は、1990年の18%から2016年は22%へと上昇している。すなわち、億万長者を増やしたが、最貧困層の数は減っていない[1]。貧困は悪循環を断ち切れないでいる世界の現状を示している。

貧困の定義には「絶対的貧困」と「相対的貧困」がある。「絶対的貧困」は、最低必要条件の基準が満たされていない状態、すなわち、最低限必要な食料と、最低限の非食料支出が購入できる所得または支出水準に達していない状態をいう。世界銀行では「1日1.90ドル未満で暮らす人」を最貧困層と定義しているが、この基準は国際貧困ラインとも呼ばれている。

他方、ある社会においてその構成員の大多数より貧しい状態を示すのが「相対的貧困」で、所得の分布における中央値50%に満たない人々の割合を相対的貧困率という。

2 貧しい状況で生活する人々

今日、人々が貧しくなる要因として、賃金の停滞と労働分配率の低下、先進経済圏における福祉国家の衰退、発展途上国における社会保障の不備、税制の改正、金融市場の規制緩和、急速な技術変化と自動化などがあげられている[2]。

世界の国々は、1人当たりの国民総所得（GNI）の基準によって、先進国か発展途上国かが決められている。発展途上国は、GNIなどによりさらに、①高中所得国、②低中所得国、③低所得国、④後発開発途上国（LDC）に分類されている。

世界銀行の統計（2020）によると、国際貧困ラインである1日当たり1.90ドル以下で暮らしている人は7億960万人おり、そのうち3億5600万人は子どもである。ユニセフの報告によると、7億960万人のうち、0〜4歳が1億700万人（15.1%）、5〜9歳が1億1320万人（15.9%）、10〜14歳が9380万人（13.2%）、15〜17歳が4160万人（5.9%）、18〜59歳が3億200万人（42.6%）、60歳以上が5210万人（7.3%）であると説明している[3]。

最も厳しい貧困状態にある後発開発途上国は、サハラ以南のアフリカと南アジアに集中している。世界的には、極度に貧しい（1日当たり1.90ドル以下）暮らしをしている子どもたちは、2013年から2017年の

間に 2900 万人減少したことが報告されている。

　しかし、これらの地域で暮らす子どもたちのなかには、学校に行かず児童労働に従事して家計を助けている、親からの虐待やネグレクトによりストリートチルドレンになるなど、また地域によっては女子が人身売買（ヒューマントラフィッキング）の犠牲になったり、地域によっては児童婚の古くからの慣習が続き、いまだに厳しい状況におかれている。このような子どもたちが大人になり貧困の連鎖が繰り返されていく。特に女性や女児が社会発展から取り残されないようにすることがさらに求められている。

3 貧困と女性

　1978 年の Diana Pearce の論文「貧困の女性化」（Feminization of Poverty）は、貧困と女性を結びつけた研究を活発化させるきっかけとなり、類似の社会状況を抱える先進工業国社会を中心に検証が進んでいった。のちに、発展途上国における貧困の女性化が広く関心を集めるようになったのは、1990 年代以降、特に 1995 年の北京における第 4 回国連世界女性会議で貧困に苦しむ女性は男性以上に多く、かつ増加しつつあるとの指摘がなされてからである [4]。

　国連開発計画は、長寿で健康な生活（出生時平均余命）、知識（識字率や就学率）、1 人当たりの国内総生産の三つから算出する「人間開発指数（HDI：Human Development Index）」という指標を作成し、所得以外の要素を重視して貧困を測ることを提案し、毎年 HDI に基づく各国の順位を算出している。さらに、HDI のジェンダー格差を調整したジェンダー開発指数（GDI）、また、全世界の男女間にリプロダクティブ・ヘルス（性と生殖に関する健康）、エンパワーメントにおける不平等を測定するジェンダー不平等指数（GII）を用いて、男性に対して女性の状況を報告している。

　人間開発報告書 [5] によると、女性は、全地域で男性の HDI を 6％下回っている。全世界で男女間の HDI 格差は、多くの国では女性の所得と学歴が低いことに起因していると指摘している。

　HDI のジェンダー格差は、人間開発水準が低い国のグループで大きくなっており、女性の HDI は男性の HDI を 14％下回っている。一方、人間開発水準が高い国では、HDI の男女格差が 2％にとどまっている。さらに、地域別にみると HDI のジェンダー格差が最も小さいのはラテ

ンアメリカ・カリブ海で、その差は2%となっている。HDIのジェンダー格差が最も大きいのは、南アジアの16.3%で、これにアラブ諸国が14.5%で続いている。

　ジェンダー不平等指数でみると、全世界で男女間にリプロダクティブ・ヘルス、エンパワメント、労働市場に関連する成果において不平等があることで、これらの要素における成果の計44%が失われている。開発途上国地域をみると、男女間の不平等は欧州・中央アジアで最も小さくなっている。一方、GIIが最も高いのはサハラ以南のアフリカ（51%）で、これにアラブ諸国（53%）と南アジア（52%）が続いている。

４ 国連の開発目標と女性にかかわる課題

　2000年に国連は「ミレニアム開発目標」を設定し、2015年を目標年次として、まず極端な貧困と飢餓の解消をあげるとともに、男女の平等の促進を主要目標としてきた。さらに2015年の国連「持続可能な開発目標（SDGs）」は2030年に向けた目標として、目標1「貧困の撲滅」、そして目標5「ジェンダー平等の実現」を掲げている。

　持続可能な開発目標が掲げられた背景には、あらゆる場所で女性と女児に対する差別に終止符を打つことをねらいとしている。また、一部の地域では、雇用機会の不平等がいまだに大きいほか、労働市場でも男女間に格差がみられる。性的な暴力や虐待、無償ケアや家事労働の不平等な分担、公の意思形成における差別は、依然として大きな障壁となっている現実がある。

　複数の目標を同時に達成するためには、包括的なアプローチが必要不可欠である。ジェンダーの平等を達成し、すべての女性と女児のエンパワーメントとジェンダーの平等は、持続可能な開発を促進するうえで欠かせない。女性と女児に対するあらゆる形態の差別に終止符を打つことは、基本的人権であると同時に、ほかのすべての開発領域に対して波及効果があるといわれている。

　国連は、2000年以降、国際社会において、ジェンダーの平等を活動の中心に据えたことで、学校に通う女子の数は15年前よりも増え、多くの地域で初等教育において男女平等を達成したと報告している[6]。

　農業以外の雇用者に女性が占める割合は、1990年の35%から、現在は41%にまで増えている。

また、リプロダクティブ・ヘルス関連のケアやサービスへのアクセスを確保し、土地や財産などの経済的資源に対する平等なアクセスを女性に認めることは、この目標の実現に欠かせないターゲットである。公職に就く女性の数は増加しているが、あらゆる地域でより多くの女性リーダーが生まれれば、ジェンダーの平等促進に向けた政策と法律制定の強化にも役立っていくであろう[7]。

引用文献

1) 国連広報センター「不平等——格差を埋めよう」2021. https://www.unic.or.jp/activities/international_observances/un75/issue-briefs/inequality-bridging-divide/ （2022年12月1日アクセス）

2) 同上

3) 日本ユニセフ協会「子ども6人に1人が極度の貧困で暮らす ユニセフと世界銀行による分析」 https://www.unicef.or.jp/news/2020/0223.html （2021年11月30日アクセス）

4) 鈴木春子 "A Review of Studies on "Feminization of Poverty" Conducted on Developed and Developing Countries", 日本女子大学大学院人間社会研究科紀要, 20, pp. 67-79, 2014.

5) 国連開発計画「人間開発報告2019」 https://www.jp.undp.org/content/tokyo/ja/home/library/human_development/hdr2019.html （2021年12月1日アクセス）

6) 国連広報センター「ジェンダー平等を実現しよう」 https://www.unic.or.jp/activities/economic_social_development/sustainable_development/sustainable_development_goals/gender_equality/ （2021年12月1日アクセス）

7) 国連開発計画「ジェンダーの平等を達成し、すべての女性と女児のエンパワーメントを図る」 https://www.jp.undp.org/content/tokyo/ja/home/sustainable-development-goals/goal-5-gender-equality.html （2021年2月1日アクセス）

参考文献

・国連開発プログラム「人間開発報告1994」 国際協力出版会, 1992. http://hdr.undp.org/en/reports/global/hdr1992/

・国連広報センター https://www.unic.or.jp/activities/economic_social_development/sustainable_development/sustainable_development_goals/gender_equality/ （2021年12月1日アクセス）

　ここでは、国際ソーシャルワークにかかわる第3節の事例を理解する
のに役に立つ貧困と女性の支援についてアプローチや手法を紹介する。

１ コミュニティ・ディベロップメント・アプローチ

　コミュニティ・ディベロップメント（community development：
CD）は、アジア、アフリカ諸国の植民地から独立した政府が救済的な
福祉ではなく、母子保健、栄養調理、縫製などの社会経済的なプログラ
ムを実施していくことである。アフリカでは、社会開発にかかわる国内
のNGO（非政府組織）によってコミュニティ・ディベロップメント・
アプローチが導入されていった。

　発展途上国において、コミュニティ・ディベロップメントは、コミュ
ニティの課題を解決するためにソーシャルワークに親和性がある。ここ
では、コミュニティ・オーガニゼーション（community organization）、
コミュニティ教育（community education）、そしてコミュニティ資源
管理（community resources management）から構成されるコミュニ
ティ・ディベロップメントを紹介する。

　図8−2 のように、コミュニティ・ディベロップメントの最終目標は、
コミュニティで課題を抱える人々が自己のおかれている状況を意識化
（conscientization）し、人々が主体的な参加（participation）により、
社会的、また経済的な環境にかかわる諸課題に対応できる能力
（capacity）を高めてコミュニティの人々の生活の質を向上することに
ある。

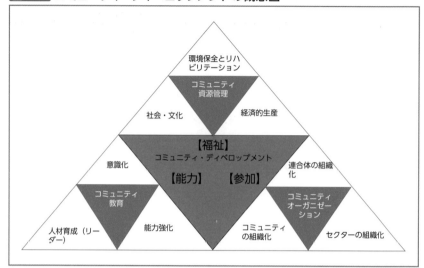

図8─2 コミュニティ・ディベロップメントの概念図

出典：Ferrer, E.M., Triangle Paradigm modified from Elmer M. Ferrer Learning and Working Together. Towards a Community-Based Coastal Resource Management, Redo, CSWCD UP, Quezon city, 1992. より筆者作成。

コミュニティ・オーガニゼーション

　コミュニティ・オーガニゼーションは、同じ境遇におかれたコミュニティの人々が課題解決に取り組むために組織化することを意味する。その対象は、工場労働者、農業労働者、零細小規模農民や漁民、女性や青少年など権利が剝奪されやすいセクターに属する人々である。

　発展途上国の農村や都市において貧困や格差によって社会の底辺に追いやられている人々の力を結集して、地域の課題に対応することで、人々がエンパワメントされていく必要がある。例えば、エンパワメントされた農民の組織は、ミクロレベルである村にとどまらず、州や全国レベルへと展開してネットワークを広げる。

　さらに、より大きな農民組織の連合体を形成していくことで、マクロレベルでの課題に取り組むことが可能となる。例えば、連合体を通して、流通のルートをもたない零細農民が都市の消費者と協力して農産物の産直の仕組みをつくることもある。また、地方政府や中央政府に対して、政策や制度にかかわるアドボカシーやロビー活動を行う。

　コミュニティ・オーガニゼーションは、人々の参加と自己決定による民主的な社会へと変革することを促進している。

コミュニティ教育

コミュニティ教育（community education）は、人々が成人教育や識字教育を通じて地域に生じている問題を意識化し、知識を養い、不公平な社会状況について分析する力を高める。

コミュニティ教育を通して、社会的に排除され、経済的に不利な状況にさらされている人々が自尊心（self-esteem）を回復し、自己決定ができるような価値観を身につけ、また、経済的自立に必要な知識やスキルを獲得することを通してキャパシティを高めていく。

コミュニティ資源管理

コミュニティ資源管理（community resources management）は、地方や都市の貧困コミュニティにおいて、人々が生業を持続可能なものとするために、コミュニティ資源や環境を管理し、保全することである。

コミュニティ資源管理は、生活の多面的な課題に対応するために協同組合（cooperative）や当事者組織（people's organization）のメンバーが運営の主体となる。例えば、経済的課題には、地域にあった農業の開発や生産の向上、小規模貸付（マイクロファイナンス）を活用した新しいビジネスの導入などコミュニティのニーズに応える。また、社会的課題には、水道やトイレなどの保健衛生、保育、災害時などに対応する。

2 エンパワメント・アプローチ

エンパワメント・アプローチの対象は、加齢や疾病・障害、出自や人種、貧困、性や性的指向など、社会的マイノリティであることを理由に抑圧され、社会的弱者としてパワーレス（powerless）な状態におかれている人々であり、彼・彼女らが抱えている課題となる。

エンパワメント・アプローチによる支援はクライエントが自らおかれている否定的な抑圧状況を認識し、潜在能力に気づき、その能力を高め、抱えている問題や課題に対処していくことと、抑圧状況を生み出している構造を変革することが目的である[1]。

社会・経済構造、法制度、教育、家庭内など社会のあらゆる面で、性別に起因する差別や不平等、固定的な役割分担が存在する。このように社会的・文化的に規定された男性と女性の概念をジェンダーという。

現在、世界の貧困人口の6割、非識字人口の3分の2が女性といわれるとおり、女性は社会的・経済的に男性よりも過酷な状況におかれてい

る。女性は、さまざまな経済活動に従事しているだけでなく、家庭やコミュニティにおける無償のケア労働を通じて、社会・経済基盤を支え、次世代を育んでいる。女性は、開発の受益者であると同時に、開発の主体的な担い手でもある。

　ソーシャルワーカーは不利な立場にある女性たちとのパートナーシップを基盤に、グループワークや自助グループ活動、アドボカシー活動、コミュニティワークやソーシャルアクションを通じて、自分たちの課題に対処していけるように支援する役割がある[2]。

　「女性差別撤廃条約」や「北京宣言及び行動綱領」からもわかるように、ジェンダー平等が根源的・普遍的な価値となっており、発展途上国の社会において女性のエンパワメントが重要視されている。第3節のインドのインフォーマルセクターの女性たちの事例は、女性のエンパワメント・アプローチの実践の姿である。

3　フェミニスト・アプローチ──女性と開発（WID）とジェンダーと開発（GAD）

　フェミニズムとは、社会の女性に対する誤った取り扱いを認識し、女性に対する抑圧の原因と規模を冷静に分析し、女性の解放を実現しようとする思想の流れである。

　その思想を基盤として、フェミニスト・アプローチは、ソーシャルワークに取り込まれてきている。フェミニスト・アプローチによる支援展開では、暴力、性の取引、教育や職業における差別や抑圧など、女性にとっての社会的な現実を顕在化させ、問題を再定義し、一人ひとりのエンパワメントと、社会的抑圧の根絶に向けた社会変革が支援の中心となる[3]。

　アメリカ国際開発庁（USAID）の開発援助政策のなかに「女性と開発」という概念が登場した。アメリカの開発援助が女性の地位を改善し、開発過程を支援するために女性を国民経済のなかに統合することを開発援助の必須課題とした。この考え方が、国連諸機関、世界銀行、IMF、地域開発銀行、DAC（経済協力機構の開発援助委員会）などへ波及していった[4]。

　1990年代には、日本の政府開発援助の政策のなかにもこの視点が導入された。1995年の世界社会開発サミット（WSSD）においても、市場経済への移行国や地域の女性に特別の注意が向けられる必要性が主張

された。

そして、「女性と開発（WID）」は、非生産的な状態におかれている女性を開発過程に統合することにより、開発過程そのものがより効率的になるという理論を根拠としている。

発展途上国における女性支援において、フェミニスト・アプローチに近い概念として「ジェンダーと開発（GAD）」が登場した。このアプローチでは、女性は常に社会関係（ジェンダー関係）において男性への従属を余儀なくされているという考えに基づく。このようなジェンダー関係が男性優位な社会構造を形成していることから、女性の立場から社会を問うことを必然としている[5]。

「ジェンダーと開発（GAD）」の視点から、開発支援をする際に貧困問題に対処するため社会分析が試みられている。それがジェンダーの視点からのプランニング（計画づくり）である。男性優位の社会において、女性の立場や声が通常のプランニングにおいて反映されることが極めて限られていた。女性の視点に立ったアセスメントからニーズ分析を行い、計画化することが目的である。世帯や地域社会において女性の地位が低く、男性が諸資源のコントロールを行っているケースが発展途上国に多い。すなわち、ジェンダープランニングは開発過程で、ジェンダーから生じている不平等や不公正を正していくために有効である[6]。

引用文献

1) 中村和彦「8章　さまざまな実践モデルとアプローチ III」社会福祉士養成講座編集委員会編『新・社会福祉士養成講座⑧ 相談援助の理論と方法 II』中央法規出版、p. 174, 2019.

2) 同上, pp. 174-176

3) 同上, pp. 188-189

4) 西川潤『社会開発——経済成長から人間中心型発展へ』有斐閣選書, pp. 146-147, 1997.

5) 同上, p. 150

6) Moser, C., Gender Planning and development：Theory, Practice and Training, London & New York：Routledge, 1993.

参考文献

・Ferrer, E.M., Triangle Paradigm modified from Elmer M. Ferrer Learning and Working Together Towards a Community-Based Coastal Resource Management, Redo, CSWCD UP, Q.C, 1992.

・ECFA 開発研究所編「発展途上国の社会開発ハンドブック」1995.

・国連開発計画　http://www.undp.or.jp/undpandjapan/widfund/development.shtml

・Moser, C., Housing. L. Ostergaard（ed.）, Gender and Development：A practical Guide, London & New York, 1992.

・外務省平成 25 年 NGO 研究会「ジェンダーハンドブック」2013.

・国際協力事業団国際協力総合研修所「社会・ジェンダー分析マニュアル」1994.

・須藤八千代「6章 ソーシャルワーク実践の再構築——フェミニスト・パースペクティブがもたらすもの」杉本貴代栄編著『フェミニスト福祉政策原論——社会福祉の新しい研究視角を求めて』ミネルヴァ書房, 2004.

・吉田恭子「第9章 フェミニストソーシャルワークの誕生と発展」河野貴代美・杉本貴代栄編著『新しいソーシャルワーク入門——ジェンダー、人権、グローバル化』学陽書房, 2001.

インドの SEWA の事例：貧困の女性を ターゲットとしたコミュニティ支援の実践

学習のポイント

● インフォーマル・セクターの極めて貧しい国の女性の支援の実際を知る。

● 貧しい女性をターゲットとしたコミュニティ・ディベロップメントの実践を理解する。

1 インドの SEWA の紹介

　SEWA（Self-Employed Women's Association：女性自営者協会）は1972年にインドのインフォーマル・セクター（非公式部門）で働く最貧困層の女性のために設立された労働組合である。

　このインフォーマル・セクターの女性たちは市場や道路のわきで商売をする露天商、また、たばこ巻き、線香づくり、縫製、木版染色、パッチワーク、キルトづくり、竹籠編みなどの家内労働に従事している。露天商は交通のじゃまになるといわれ、商売を容認する代わりにわいろを警察官から要求されたり、家内労働者は労働者と扱われていない状況があった。

　長年の活動の結果、2008年までにインド12州で5200人の自営の女性たちの労働組合への参加を支援し、130の協同組合を組織してきた。SEWA の創設者であるイラ・バットは、マハトマ・ガンディーの非暴力と真理に基づいて、今日にいたるまで下層社会で極めて貧しい女性の権利を実現するための社会改革を進めてきた。

　インドのインフォーマル・セクターで働く女性たちは、地域経済に貢献しているにもかかわらず、ほとんど無視され、彼女たちは制度的に搾取される状態におかれてきた。SEWA はこのようなインフォーマル・セクターで働いてきた伝統的に労働組合に入れず権利を守るすべのない女性たちが、自分たちを 'self-employed'（自営者）と呼び、労働者としての権利を勝ち取ってきた。SEWA は、労働運動、女性運動、そして協同組合の運動を通して働く女性たちの組織化を果たしている[注1 1)]。

　都市部のインフォーマル・セクターの組織化から始まった SEWA は、

工芸品や生産者グループ、セルフヘルプグループ、SEWA農村資源センターと連携し、農村流通ネットワークを通して農業生産品の加工からパッケージングまで行い、市場の開拓を通じてインドの農村地方へと拡大していった。現在では、SEWAの女性メンバーの7割は農村地域で活動している。SEWAの支援事業には、①SEWA銀行による貯蓄と融資、②保健ケア、③保育、④住宅援助、⑤法的支援、⑥社会保障プログラム、⑦研修・養成がある。

2 極めて貧しい働く女性の組織化

　SEWAは極めて貧しい働く女性の組織化を行う際に、SEWAのワーカーたちが彼女たちの体験を直接聞き取り、深く共感することを通して信頼関係を築いていく。そして、彼女たちの体験から問題をアセスメントして、労働組合と社会経済の基盤を強化するための協同組合運動を通して女性たちを組織化している。

　SEWAは、会員主体の原則をうたっており、組織運営を貧しい女性が行うことを目標としている。SEWAの最高議決機関である執行委員会から地方の協同組合や農村グループにいたるまで彼女たちが参加している。またSEWA銀行の理事会も彼女たちから構成されている。

　また、SEWAの強みとして、高学歴の女性スタッフが調査や研究を行い、極めて貧しい働く女性が直面する課題を政府に対してのロビー活動を通して交渉や政策提言を行っている。このようなアドボカシー活動を通して、政府や社会の意識変革を促進している。また、SEWAが貧しい働く女性の声を代弁してくれることを知る女性たちが参加している。

3 SEWA銀行

　インド社会では、男性が家族の財産を管理する伝統的な習慣があり、女性には参加が許されていなかった。男性に従属することを求められる社会の伝統が女性たちを貧困のサイクルに取り込んでしまっている。このような構造から女性たちが抜け出せるようにしなければならない。そこで、小規模の物売りや行商をしている女性たちが自分の商売を自分で管理できるよう支援することにした。

　SEWAは、社会の底辺にいる女性が一般の銀行を利用できるように支援を試みた。しかし、文字の読み書きができないために銀行口座の開

設に必要な手続きができないことや彼女たちの仕事が行商であるため、銀行ローンを利用する規模の生業ではなかったことが一般の銀行を利用することを難しくしていることがわかった。

そこで、SEWA は、このような貧しい女性たちが銀行を利用して自立した生活を実現するために、彼女たちの力で銀行を設立することにした。

銀行を設立するには、2 万ドル近い共同出資金が条件となった。貧しい女性が出資をすることは非常に困難であったが、常に「私たちは貧しい、仲間はたくさんいる」を合言葉にして、女性会員は、1 人 0.2 ドルずつ出資していった。その結果、協同組合方式の銀行を設立するために必要な 1 万 4000 ドルを集めることができた。

銀行登録に際して、十分な教育を受けていない女性たちでも銀行を運営することができることを登録事務所に理解してもらわなければならなかった。設立までの困難を乗り越え、SEWA 銀行（Mahila SEWA Sahakari Bank）は、1974 年に 33 万ルピーの運転資金で営業を開始した。文字の読み書きのできない女性でも身分証明写真を提示すれば口座開設を可能とし、日々の商売の売り上げから貯蓄することや銀行の利用手続きなどのセミナーを通して多くの女性たちが口座を開設していった。

1997 年には、働く貧しい女性 3 万 8691 人が口座を開設して、銀行に 250 万ルピー（4 万 6400 ドル）の預金をするまでになった。SEWA は農村地域の女性たちが預金と貸付けを利用するうえで、女性の自助グループ（SHGs）の組織づくりの支援を行っている。

自助グループに対して、会計や財務管理についてのセミナーを提供して、メンバー同士で支え合いながら貸付金を返済していく仕組みとなった。貸付金額は、50 万ルピーから 2 万 5000 ルピーの間であり、貸付金額は、道具や材料の仕入れなど基本的には女性の仕事の生産性や利益を高めるために使われることを原則としている。また、家の修復、増築、トイレの建設などにも使われている。SEWA 銀行の仕組みは、インド国内にとどまらず開発途上国の貧しい女性に小規模ローンを提供するためのモデルとなっていった。

4 農村の女性協同組合

SEWA のリーダーは、地方から都市に仕事を求めて出稼ぎに来る女

性たちとの交流から農村の女性たちの課題を知ることになった。

1979年に、SEWAは、最低賃金で働く地方出身の貧しい女性労働者の組織化をアーメダバード市で始めた。初期の頃は、女性組合員が雇用主と団体交渉をすることを支援していたが、都市の女性に比べると地方出身の女性たちは交渉する力が高くなかった。例えば、賃金交渉をすることで雇用主から解雇されてしまうことがあり、直接交渉は効果的でないことを経験した。

1986年に、SEWAは、地方のグジャラット・メーサナ郡で村の行政当局（local village council）に対して地元の土地を所有しない女性たちに10エーカーの土地を30年間無償でリースするよう要望して、土地を所有しない女性の協同組合（Vanlaxmi Women Tree Grower's Cooperative）の組織化を始めた。

この土地を所有しない女性の協同組合が共同農場を営むことができたことでこの地方のモデルとして拡大した。SEWAのイニシアチブにみられる手法は、ニーズベース（needs-based）と要求型（demand-driven）アプローチの取組みであるといえる。

1987年には、インド政府とオランダ政府間の開発援助事業の一環で、SEWAはグジャラット政府から声をかけられ、地元の水道パイプ敷設プロジェクトのバナスカンタ郡の女性たちの状況調査を依頼された。この背景には、プロジェクト計画に先立ち、オランダ政府の援助を受けながらジェンダーへの影響調査をすることが条件とされている。

バナスカンタ郡の人々は水にアクセスすることができないため、農業では生計が立たず、仕事を求めて町に出稼ぎに出ていた。SEWAにとってこの事業への参加は、女性たちが天然資源（natural resources）の利用について女性たちを組織する機会ととらえた。貧しい女性たちに生産性があり、働き甲斐のある生業を創出する機会として、パンチャヤッツ（村の水利委員会）を組織して村人の組織強化を図った。

先述したバナスカンタ郡の女性の状況調査結果から、この地域の女性たちの80％が刺繍技術を身につけていることがわかった。伝統的なカースト制度のなかで女性たちが刺繍を母親から娘に技術を伝えてきた。その複雑でユニークな刺繍技術は家族にとっての誇りとされてきた。しかし、彼女たちは、その刺繍製品が市場でどのくらいの価値のあるものなのかについての情報をもっていなかった。そのため、村の外から来た商人に安く買いたたかれていることに気づかずにいた。

SEWA は、弱い立場の女性たちが利益を得られるようにするために、彼女たちが中心都市のアーメダバードで刺繍製品を直接販売する販路を開拓できるように支援した。彼女たちは、販売を通して 1 人につき 150 ルピー（3 ドル）の利益を手にすることができ、世帯の主な生計者の 1 か月の収入と同等の金額を得ることができるようになった。

その後、SEWA は刺繍グループの女性たちの活動を「地方における女性と児童の開発（DWCRA）」と呼ばれる農村開発省が進める政府計画につなぐことを決定した。

このように SEWA が支援する女性たちのグループを政府のマクロレベルの政策にリンクさせることは、SEWA の支援業務の重要な機能となってきた。それは、同じ郡でプロジェクトが重複することを避けることができるからである。支援組織は、同じ県で既存の政府のプログラムを強化し、質を高めていくのである。

SEWA によって組織化を支援された刺繍を生業とする女性グループは、DWCRA の事業につながったことで、女性グループにとって、継続的に収入を得る生業に向けてリーダーシップを発揮する経験となった。バナスカンタ郡では、塩づくりをする女性農民、樹液を集める女性、農林業女性労働者、小規模女性農民などのグループが DWCRA に加盟するようになり、SEWA もバナスカンタ郡の預金貸付け女性グループを組織した。

5 保健と保育サービス

SEWA は女性銀行を利用する女性を通して、女性が経験する健康課題に気づいていった。SEWA 銀行を利用中の女性のなかにマイクロクレジットの借り入れの返済が滞るケースが少なからずあり、その理由を調査したところ、妊娠出産によって死亡してしまい返済ができなくなっていたことがわかった。死亡した女性たちは、出産前の妊婦検診を受けていないだけでなく、出産に際して非衛生的な道具を使うことにより破傷風に罹患しやすくなっていた。また、出産後にすぐに仕事に戻らなければならず母体への負荷につながる人もいた。

公的な妊産婦へのサービスがないことから、この課題への対応として SEWA 独自の「妊産婦保護プログラム」を提供した。SEWA の女性会員が妊娠すると、このプログラムに登録費用を払ってもらい、出産前検診を受けられるようにした。出産後は、このプログラムから手当てを受

け取ることができる仕組みをつくった。この取組みにより、出産後の女性の死亡率が下がったり、効果が確認できた。SEWAはこの実績をもとに、このプログラムをほかの州へも広げていった。そして、州政府が妊産婦プログラムを土地を所有しない農業労働者を対象に提供するようロビー活動を開始した。

　SEWAは、食料の保障、保健と保育を含む社会保障が与えられて初めて労働生産性が高まると考えている。貧しい女性が保育サービスを利用できるように、SEWAは長年にわたり中央政府に対して保育のための基金を設置するようロビー活動を継続してきた。

　その結果、1994年に、「保育のための全国基金」が設置され、その実施についても政府と話し合いを行っていった。その後、SEWAは、インフォーマル・セクターの貧しい女性たちが訓練を受けて、ヘルスワーカーやチャイルドケアワーカーとなっていくモデルをつくり、コミュニティが運営していくために地方政府に対して提言を行った。

6 マイクロ保険・年金の導入

　インフォーマル・セクターの貧しい女性は、雇用主からも政府からも社会保障を受けられないため、夫の死亡、自分の疾病治療、水害や台風、火事や暴動などの災害に遭遇した場合、貧しい女性たちは家財道具や商売道具を失い、生活をするために借金をする。しかし、借金の返済不能に陥るケースが少なくない[2]。このような状況で困難を抱えないために、SEWAは、女性会員のために保険会社と提携して独自の保険プログラムを提供することになった。

　2008年にインドのラジャスタンで、SEWAを主力としてマイクロファイナンスを手掛けてきた団体で形成されるIIMP（Invest India Micro Pension Service）と州政府が協力して、低所得層向けにマイクロ年金を始めた。各自の年金口座に個人が50ルピーずつ毎月定期的に払い込み、それと同額の助成を政府が提供する。積み立てられた年金基金に政府が8％の利子を追加する。18歳から60歳が対象で、60歳になると掛け金をまとめて受け取ることができる仕組みである。

注

注1　この事例は、斉藤千宏編著『NGO大国インド』明石書店，1997．に収められている、甲斐田万智子「2　働く女性の声を政策につなげるSEWA」、岡本真理子・粟野晴子・吉田秀美編著『マイクロファイナンス読本——途上国の貧困緩和と小規模金融』明石書店，2004．、また、2012年のILOの事例集「第7章　女性自営者協会（SEWA）」をもとに作成

した。

引用文献

1) ILO, "Chapter7 Self-Employed Women's Association（SEWA）", Learning from Catalyst of Transformation, pp. 135-167, 2012.
2) 甲斐田万智子「2　働く女性の声を政策につなげる SEWA」斉藤千宏編著『NGO 大国インド』明石書店, p. 77, 1997.

参考文献

・岡本真理子・粟野晴子・吉田秀美編著『マイクロファイナンス読本——途上国の貧困緩和と小規模金融』明石書店，2004.

第 4 節 これからの実践に対する示唆

学習のポイント
- 実践事例をソーシャルワークのアプローチや理論の観点から理解する。
- ソーシャルワークの国際協力の展開への可能性を考える。

1 事例で活用されているアプローチ・理論

第3節で紹介したインドのインフォーマル・セクターで働く貧困女性への SEWA の支援をソーシャルワーク視点からみると、コミュニティのなかの極めて貧しく、偏見や差別にさらされている女性へのエンパワメント・アプローチが実践されていることがわかる。そこには、インドを独立に導いたガンディーの思想を力として SEWA の設立したイラバットの土着の知に共感したソーシャルワーカーやコミュニティワーカーの存在があった。

ソーシャルワーカーやコミュニティワーカーたちは、偏見や差別にさらされ貧しい現実に無力になっていた女性たちの声を受け止め、アセスメントを通してニーズを明らかにし、彼女たちを組織化していった。貧しい女性でも仕事をして暮らしをよくしていくために、彼女たちが利用できる女性銀行を設立し、女性たちの参加を促進して女性銀行を経営していく方法を採用した。

ソーシャルワーカーやコミュニティワーカーは、コミュニティ・ディベロップメント・アプローチを用いて、地方でも貧しい女性たちの職業別協同組合を設立して、社会資源を開発し、貧困から生み出されていた女性たちの収入、健康、子育ての課題に応えていった。地方の協同組合の全国連合体を組織して、政府の政策へのアドボカシーやソーシャルアクションを行うまでの力をつけていった。

SEWA はインド国内の貧しい女性たちの声を代弁しているだけではなく、国連の女性会議など国際レベルでのアドボカシーを進めることで、インドだけでなく、東南アジア、アフリカ、ラテンアメリカの貧困女性の声を代弁する力（南南協力）となっており、フェミニスト・アプ

ローチを用いて、女性のグローバルネットワークを広げる役割を果たしている。

SEWAで働くソーシャルワーカーは、国内の貧しい女性に対するミクロレベルの支援からインドの国境を越えたマクロレベルまでをソーシャルワークの範囲としているといえるだろう。

2 ソーシャルワークの国際協力の展開の可能性

先述の事例のなかで、オランダ政府のインド政府に対する技術援助（水道パイプ敷設プロジェクト）を取り上げた。オランダ政府は、技術協力プロジェクトの実施可能性についての調査では、地域住民の生活や環境への影響調査を実施している。水道パイプ敷設プロジェクトの技術援助を行うなかでジェンダーにどのような影響があるかをアセスメントし、プロジェクトにジェンダーの視点を入れたプランニングを促進することは、支援する側の役割でもある。

インド政府やSEWAには、国連、外国政府、国際NGOからの社会資源（人材、技術、資金など）が投入されている。途上国の社会開発支援を進めるうえで、ソーシャルワークのタスクが含まれている。外部から支援的介入を行う際に国際協力団体はどのようにソーシャルワークやソーシャルワーカーが貢献できるかを研究していくことが課題となるだろう。

1980年代までの発展途上国の開発支援が経済成長中心となっていた反省として、その後、社会開発の視点が取り入れられていった。社会開発は、ソーシャルワークのグローバル定義において親和性が高く、今後に向けて、ソーシャルワークが発展途上国への国際協力において何ができるかの議論が少しずつ進んでいる。

日本政府の国際協力においてもソーシャルワーカーが発展途上国へ派遣され、ミクロ、メゾレベルでのソーシャルワークの実践が行われている。また、ソーシャルワークを学んだ者が海外協力隊に参加できる分野が広がっている。

国際協力を行うNGOにおいても、災害、暴力、貧困、保健、障害、女性、子ども分野の支援においてソーシャルワークの価値、知識、技術が活用できる内容が増えているといえる。人権レジームの時代にあってソーシャルワーカーの活動は国境を越えて広がっていくことを期待したい。

参考文献

・岡伸一・原島博編『新世界の社会福祉 第12巻 国際社会福祉』旬報社，2020.

・原島博『世界の社会福祉年鑑——社会福祉と国際ソーシャルワーク』旬報社，2018.

・東田全央『国際開発ソーシャルワーク入門』大阪公立大学出版会，2021.

・L. ドミネリ，上野谷佳代子・所めぐみ監訳「グリーンソーシャルワークとは何か——環境正義と共生社会実現」ミネルヴァ書房，2012.

・Healy, L.M. & Thomas, R.L., International Social Work : Professional Action in an Interdependent World, Oxford, 2020.

・Cox, D. & Pawar, M., International Social Work, Issues, Strategies, and Programs（2nd Edition）, Sage, 2013.

海外の出稼ぎ女性の帰国後支援
～Yさんの事例から～

● 家族の貧困のために出稼ぎにきたYさん

　フィリピン人女性のYさんは、17歳でエンターテイナーとしてリクルートされ初来日しました。5人兄弟の貧しい家庭の長女で、父母の精神疾患や麻薬への依存等により、家族は住む家もその日の食事もない極度の貧困状態に陥ってしまったため、Yさんは兄弟を支えるため日本への出稼ぎを決心しました。

　当時エンターテイナーの多くは、6か月間日本のパブやクラブで働き、一旦帰国し再来日することを繰り返しており、Yさんも6年間このような生活をしていました。

　帰国中にフィリピンの恋人との間に長女を授かりましたが、子どもを母親に預け日本での仕事を続けました。そして、23歳のときに、日本で働いていたクラブで知り合った日本人男性と結婚し、その2年後に長男を授かりました。フィリピンにいた長女も引き取り、家族4人で日本での生活を始められて幸せを感じていました。

● DVから逃れるために帰国

　しかし、その頃から夫の暴力が始まったのです。言葉による暴力が絶えず、「どうせ主婦だから」と、夫の言うことに従うようにと叱責され、厳しい束縛にあいました。

　ある日、子どもたちの前で、怒った夫がYさんの顔を野球のバットで殴りました。Yさんは携帯電話で119番をし、「助けて」と叫び、住所も伝えようとしましたが、夫に携帯電話を叩きつぶされてしまったため、家から飛び出し、パトカーを見つけて保護を求めました。警察は子どもたちも保護し、Yさんは救急車で病院に搬送。病院での治療の後、警察署で一晩を過ごしました。

　警察の事情聴取では何人もの担当者から同じ質問を繰り返し受けました。特につらかったのは「夫をまだ愛しているか」という質問で、今でも思い出すとつらい気持ちになります。事情聴取後はDV被害者のための施設（シェルター）に移り、1年ほどの滞在中に夫との離婚手続きをし、自分の苗字を取り戻しました。そして、2人の子どもを抱えて日本で生活することは困難だと思い、子どもたちとフィリピンに帰国しました。

　しかし、フィリピンでの生計の見通しも立たず、また貧困に陥ることが不安だったため、もう一度子どもを母親に預けて渡日。夜はエンターテイナーとして働きながら、昼間はフィリピンに戻るときのことを考え手に職のつくネイルアートの専門学校に通いました。

　その後フィリピンに戻り、小さなビューティサロンを経営しながら生活をしていた頃、8歳になった長男が学校でいじめられていることがわかりました。息子を転校させましたが、その学校でもいじめに遭い、悩まされました。息子が自分のアイデンティティについて質問するようになり、Yさんはいじめの原因が日本人の父親をもつJFC（Japanese Filipino Children）

であることに関係しているのではないかと思いました。同じような JFC の母親友だちに相談しながら、ネット検索を通して Batis AWARE という支援団体とつながることができました。

● 出稼ぎから帰国した女性を支援する Batis AWARE

Batis AWARE は、Y さんのように海外の出稼ぎから帰国したフィリピン人女性の支援団体である Batis Center 内の自助グループであり、日本人との間の子どもが多いため JFC の自助グループも存在します。

Y さんは息子がこの団体で同じ JFC のアイデンティティの子どもと出会い、楽しそうに話をしている姿に救われる気持ちになりました。息子のためにこの団体とかかわるようになり、会員として積極的に活動に参加しているうちに、会長として選出されました。

会長の役割を通して組織の運営や企画立案などのスキルを身につけ、国際会議に出席する機会を与えられるなど、Batis AWARE の会長としての働きを通して Y さん自身もエンパワーされる経験となりました。そして息子も自分と同じようなアイデンティティの子どもたちとの出会いが自信となり、ようやく落ち着いて学校に通えるようになったのです。

Batis Center のソーシャルワーカーは Batis AWARE のメンバーの帰国後のさまざまなニーズに対応しながらケースマネジメントを担当しています。支援の内容は生活の立て直しや離婚手続き、子どもの日本国籍の取得など多岐にわたります。Y さんの場合も、息子の父親に養育費を請求する手続きを Batis Center のソーシャルワーカーが担当しました。日本のNPO と連携して戸籍謄本の写しをはじめ必要な書類を取り寄せるなどの手続きを行いました。

● Y さんはアートを通して自己表現をするように

Y さんは子どもの頃から美術に関心をもっていて、日本に出稼ぎに行く前、大学で美術を専攻していましたが、家族の貧困のため 2 年で退学を余儀なくされた経験があります。そんなY さんは日本からの帰国後に、サロンを経営しながら時間を見つけて絵画の制作を始めました。Y さんは Batis AWARE のために、自身の絵画のデザイン入りのシャツやバッグを作成し、それらの販売を通して組織の収入に貢献するようになりました。

その後 Y さんはフィリピン大学の美術学部に入学し、創作活動を続け、さまざまな展示会に作品を出展しています。Y さんの作品は女性のエンパワメントと解放をテーマにしたパワフルなイメージが特徴で、Batis AWARE で出会った女性と子どもの物語にインスピレーションを受け、それをアートで表現しています。

また、国内外のアーティストともつながり、貧困、出稼ぎや人身取引、国際結婚や暴力といった、Y さん自身と同じような経験をした女性たちが、独自のライフストーリーを語り、アートを通して自己表現できるよう支援活動に取り組んでいます。

マーサ　メンセンディーク（同志社大学）

第9章

外国人母子に対する
国際ソーシャルワーク実践

異文化で生活する人のなかで最も脆弱だといわれる人たち
に、外国人母子がいる。本章では、外国人母子が直面する課題
について理解したうえで、そうした課題に有効なソーシャル
ワークのアプローチについての理解を深める。

そして、実際に日本とフィリピンにおいて外国人母子に対し
て支援を行っている機関の取組みをソーシャルワークの理論や
アプローチの観点から考察することで、日本の実践に対する示
唆を提供する。

第 1 節 国際ソーシャルワークにおける外国人母子が抱える課題

学習のポイント

● 女性の海外への出稼ぎに伴う経済的搾取などの課題や帰国後の母国への再統合に関する課題を知る。
● トラフィッキング（人身取引）の被害者の状況を知る。
● 母子保健や DV、性暴力といった国際結婚など海外で暮らす家族が直面する課題を知る。

1 脆弱性の高い外国人母子

　経済の国際化によって生み出された開発途上国における貧困や失業の問題は、先進国における安い労働力の需要もあって、開発途上国から先進国への移住や出稼ぎを生み出している。

　国際連合[1]によると、1990 年に 1 億 5400 万人だった海外移住者の数は 2019 年には 2 億 7200 万人までに膨れ上がっており、その約半数は女性である。日本も例外ではなく、2019 年末の**在留外国人**[★1]数は約 293万人であるが、その半数強の約 149 万人が女性である[2]。

　海外への移住や出稼ぎは、その人やその人の家族の経済状況を改善させる可能性がある一方で、さまざまな問題や課題に直面させる危険性ももち合わせている。そして、海外移住者のなかでも最も脆弱性が高いといわれているのが、外国人母子である[3]。

2 海外への出稼ぎに伴う課題

　開発途上国から先進国の海外に出稼ぎにいく女性の場合、海外からの多額の送金など家族から非現実的な期待を背負わされることに加え、移住プロセスや雇用の手続き、契約に関する十分な情報などを与えられず、海外出稼ぎの斡旋業者や雇用主から経済的に搾取されることが少なくない[4]。

　また、男性と比較すると、家政婦や接客業といった学歴や職業上のスキルと関係ない仕事に従事せざるを得ない割合が高く、自分の将来の

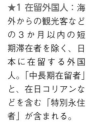

★1 在留外国人：海外からの観光客などの 3 か月以内の短期滞在者を除く、日本に在留する外国人。「中長期在留者」と、在日コリアンなどを含む「特別永住者」が含まれる。

キャリアにつながらないケースが多い。さらに、インフォーマルな職業に従事する割合が高く、労災や失業保険などが適用されないうえに、長時間労働やパスポートの取り上げなどによって**エスニック・コミュニティ★2**や近隣コミュニティからも孤立させられた状況におかれ、情報やソーシャルサポートを受ける機会も非常に限定される危険性が高いとされている ⁵⁾。

　一方、出稼ぎ先から母国への帰国後も、母国での再統合に関して女性のほうが大きな困難に直面することが指摘されている ⁶⁾。出稼ぎ国での過酷な経験からトラウマなどの精神的な問題を抱えて帰国したり、身体的な問題を抱えて帰国したりする割合が女性のほうが高いため、帰国後に社会心理的問題を抱える割合が高い。長期間の出稼ぎ、また特に後述のトラフィッキングや性産業での労働の場合、帰国後の家族メンバーおよび近隣コミュニティとの関係に悪影響を与えることもある。

　海外での出稼ぎで家族の期待ほどの収入が得られなかったり、逆に借金を背負わされたりすることによる経済面での問題や、海外での経験が帰国後の雇用に活かされないということも女性のほうが直面しやすいとされている。

3 トラフィッキング（人身取引）

　国際労働機関（ILO）⁷⁾ によると、2016 年の時点での世界における約 2490 万人のトラフィッキング（人身取引）の被害者のうち、約 400 万人が性的搾取の被害者であり、性産業におけるトラフィッキング被害者の約 99％が女性（あるいは女子）である。日本でも、1980 年代よりフィリピン人女性を中心に**興行ビザ★3**で来日してナイトクラブで働いたり、**資格外就労★4** の形で性産業に従事する外国人女性たちがトラフィッキングの被害にあっている。

　米国が毎年発表している『人身取引報告書』で、日本の興行ビザがトラフィッキングの隠れ蓑になっていると指摘を受けたことにより 2005 年に興行ビザの発給が厳格化され、日本政府が保護するトラフィッキングの被害者数は 2005 年の 117 名（全員外国籍）をピークに減少しているが、2015 年から 2019 年の 5 年間の被害者数は 224 名で、その約半数が外国籍であった ⁸⁾。こうした数値は、実際に日本政府が保護した被害者数であるため、実際の被害者はもっと多いであろうと推測される。

　トラフィッキングの被害にあった外国人女性の多くは、甘言を用いて

★2 エスニック・コミュニティ：人種や民族ごとに形成される集団やコミュニティであり、そのなかで相互扶助的な活動が行われることが多い。

★3 興行ビザ：演劇、演芸、歌謡、舞踊または演奏などの芸能活動や、スポーツなどの興行の活動を行うためのビザ。フィリピンパブなどで歌手やダンサーとして就労する場合には、最長 6 か月の就労が可能である。歌手やダンサーとしての就労のみが認められているが、実際には多くの女性が接客などの資格外の仕事に従事させられていた。

★4 資格外就労：日本に在留する外国人は入管法で定められた在留資格をもって在留しており、それぞれが日本で行うことができる活動はそれぞれの在留資格に応じて定められている。したがって、観光や留学生、家族滞在などの在留資格では就労はできない。ただし、留学生や家族滞在の場合、「資格外活動」が許可されれば週に 28 時間以内であれば就労が可能である。

日本に入国させられ、ナイトクラブや性産業で労働を強制されたり、性暴力を受けることが多い。こうした女性たちの多くが、渡航手続きにかかる費用として課せられる膨大な借金、性的・経済的搾取を含む渡航前の約束や契約と異なる労働実態、従業員や顧客からの性暴力やハラスメント、パスポートの取り上げなどによる生活の管理や隔離といったことに直面させられている[9]。また、保護された後も長期間にわたってトラウマなどの精神的症状に苦しむケースが少なくない。

4 海外での出産や子育てに関する課題

2005年のトラフィッキング対策による偽装結婚を排除しようとする**出入国管理及び難民認定法**[★5]の改正に伴い、日本人の国際結婚数は2006年の約4万5000組をピークに減少傾向にあるが、2011年から2018年の間は2万組台で推移している。そのうち約7割は日本人夫と外国人妻の組み合わせとなっており、その多くはアジア諸国出身の女性たちである。

国際結婚の家族に加えて、1990年の入管法改正では、ブラジルやペルーを中心とする南米諸国から多くの日系人たちが家族を伴って日本に出稼ぎに来るようになり、日本で生活する外国にルーツをもつ子どもも増加している。

母国を離れての出産や子育ては、親族からのサポートの欠如、母国と異なる家事や子育て文化の違い、保育所や学校におけるコミュニケーションの課題など、非常にストレスが高くなる。外国人母親たちは、保健や福祉を含むさまざまな社会サービスの利用の際に直面する言語や心の壁によって、こうしたサービスに対して不満や不信感を募らせているものが少なくない。あるタイ人女性は「病院や保健所での東南アジア出身の女性に向けられる侮辱的な態度などで得られる情報がほとんどない状態で、出産に向き合わなければならず、恐怖と不安でいっぱいだった」[10]と語っている。

日本人の母親にとって身近で当たり前に活用されている保健福祉センターや自治体の窓口、さらには子育て支援センターや保育園、児童館などといった地域社会に存在する社会的資源が、外国人母親にとってはその存在すら知られていなかったり、知られていても利用方法が理解できなかったり、活用しづらかったりする状況におかれている。

日本で生活する外国につながりのある子どもたちも、学校への適応・

★5 出入国管理及び難民認定法：略して入国管理法、さらに略して入管法とも呼ばれる。入国・出国、外国人の在留資格、不法入国などに関する法律である。

居場所の確保、学習するための言語能力の確保、学力の向上、アイデンティティの確立・自尊感情の向上、**母語・母文化**★6 の保持、進路の問題といった課題に直面しており 11)、スクールソーシャルワーカーの対応が求められるようになってきている。外国につながりのある子どもたちは、たとえ日本生まれであっても、小学校入学前に日本社会や日本語に触れる機会が少ないことによって入学後に学習面や生活面で多くの課題を抱えたり、本来であれば出産から就学前までの制度上のサポートを受けられるのに言語や文化の障壁で十分な支援が受けられなかったりするケースが少なくないことが指摘されている 12) 13)。

★6 母語・母文化：その人が幼児期に周囲の人が話すのを聞いて自然に習い覚えた最初の言語が母語であり、幼児期に身につけた振る舞いなどの総体が母文化である。在日コリアンのように日本語を母語としながら日本国籍をもたない場合や、政治的・地理的独立国家をもたないイディッシュ語やバスク語を母語とする人たちのように母語が母国語と一致しない場合もある。

5 DV や性暴力に関する課題

日本における配偶者やパートナーからの暴力に関する相談件数は、国籍にかかわらず年々増加している。内閣府男女共同参画局 14) によると、2002 年に 3 万 5943 件だった配偶者暴力相談支援センターにおける DV に関する相談件数は 2019 年には 11 万 9276 件へと増加しているし、2001 年に 3608 件だった警察における配偶者からの暴力事案等の相談等件数も 2019 年には 8 万 2207 件へと増加しており、そのほとんどの被害者は女性である。そして、被害者女性のなかでも外国籍の女性の割合が高い。

移住労働者と連帯する全国ネットワーク女性プロジェクト 15) がまとめた厚生労働省家庭福祉課のデータによると、2005 年から 2012 年の間に DV を理由とした**公的シェルター**★7 の利用者のうち外国人女性の割合は約 8.2％から 9.5％の間で推移しており、同時期の総人口数における外国人の割合が約 1.7％から 1.8％であったことと比較すると、かなり高いことがわかる。

日本国籍の女性と比較して外国人女性のほうが DV や性暴力を受ける割合が高いのは、日本人夫と外国人妻の間には、日本語能力、学歴、日本の法律・医療・社会システムに関する知識、家族や親戚を含む社会的ネットワークからの支援の量に圧倒的な差が存在し、その結果夫婦間において夫が絶大なパワーとコントロールを得るようになるからである 16)。

外国人妻のなかには、日本における自分の権利について知らなかったり、情報が与えられなかったり、あるいは偽りの情報が与えられたりしているケースもあり、その結果、社会的ネットワークが限定されて社会

★7 公的シェルター：DV の被害者を加害者である配偶者等から隔離し、保護する施設のなかでも、児童福祉法に基づいて設置された母子生活支援施設。

のなかで孤立し、経済的に夫に依存せざるを得ない状況に追い込まれていることが少なくない。

　また、外国籍の妻に対する DV が日本国籍の女性の場合と異なるのは、例えば在留資格の延長ができないように妻に対して離婚すると脅したり、延長の申請に協力しないと脅したりするなど、日本人夫が在留資格を用いて妻をコントロールしようとする点である。在留資格の喪失、そして国外退去となってしまう恐れから、外国人妻は DV の被害を訴えることを躊躇してしまうのである。特に、日本国籍の子どもがいる場合には、子どもと一緒に暮らせなくなってしまう可能性から躊躇してしまう。在留資格以外にも、日本語能力や日本の法律や制度の知識などに関する夫婦間での差異を利用して、夫は虐待を続け、外国人妻たちは脆弱な立場におかれてしまうのである。

引用文献

1) United Nations, Department of Economic and Social Affair, Trends in International Migrant Stock：Migrants by Destination and Origin, 2019. https://www.un.org/en/development/desa/population/migration/data/estimates2/estimates19.asp

2) e-Stat「国籍・地域別　年齢・男女別　総在留外国人」2019. https://www.e-stat.go.jp/stat-search/files?page=1&layout=datalist&toukei=00250012&tstat=000001018034&cycle=1&year=20190&month=24101212&tclass1=000001060399

3) 李節子「これからの多文化共生社会における母子保健のあり方」『保健の科学』56（4）, pp. 220-228, 2014.

4) Kawar, M., Gender and migration：Why are women more vulnerable?, F. Reysoo & C. Vershuur（Eds.）, Femmes en Mouvement Graduate Institute Publication, pp. 71-87, 2004. https://books.openedition.org/iheid/6256?lang=en

5) UNIFEM Human Rights Protections Applicable to Women Migrant Workers, pp. 13-17, 2003. https://www.un.org/ruleoflaw/files/HRProtectionsApplicable2WMW_eng.pdf

6) ILO Preventing Discrimination, Exploitation and Abuse of Women Migrant Workers：An Information Guide Booklet 5：Back Home：Return and Reintegration, pp. 13-22, 2003. https://www.ilo.org/wcmsp5/groups/public/---ed_emp/documents/instructionalmaterial/wcms_116365.pdf

7) ILO Global Estimates of Modern Slavery：Forced Labour and Forced Marriage, pp. 9-10, 2017. https://www.ilo.org/wcmsp5/groups/public/---dgreports/---dcomm/documents/publication/wcms_575479.pdf

8) 首相官邸「人身取引（性的サービスや労働の強要等）対策に関する取組について（年次報告）」p. 6, 2020. https://www.kantei.go.jp/jp/singi/jinsintorihiki/dai6/honbun.pdf

9) 武田丈編『フィリピン人女性エンターテイナーのライフストーリー——エンパワーメントとその支援』関西学院大学出版会, pp. 77-97, 2005.

10) 齋藤百合子・ルアンケーオ, パタヤ「外国籍女性とその子どもたちの社会包摂：福岡県のフィリピン人およびタイ人女性の多文化共生」『アジア女性研究』20, p. 50, 2011.

11) 文部科学省『外国人児童生徒受入れの手引き』pp. 7-11, 2019. https://www.mext.go.jp/a_menu/shotou/clarinet/002/1304668.htm

12) 福田久美子「外国人住民の妊娠から子育てを地域で支える——かながわ国際交流財団（KIF）の取り組み」『保健師ジャーナル』75（1）, pp. 35-40, 2019.

13) かながわ国際交流財団「外国人住民への子育て支援に関わる調査報告書」2016. http://www.kifjp.org/wp/wp-content/uploads/2014/02/outline-cs-2016.pdf.

14) 内閣府男女共同参画局「配偶者からの暴力に関するデータ　令和元年度」 http://www.gender.go.jp/policy/no_violence/e-vaw/data/pdf/2019soudan.pdf

15) 移住労働者と連帯する全国ネットワーク（移住連）女性プロジェクト「移住女性の民間シェルター利用状況調査報告書」p. 3, 2015. http://migrants.jp/wp-content/uploads/2015/01/d134b611f15be076304cf34972d51be0.pdf

16) Warrier, S. & Rose, J., Women, gender-based violence, and immigration, F. Chang-Muy & E. P. Congress (Eds.), Social Work with Immigrants and Refugees : Legal Issues, Clinical Skills, and Advocacy, Springer, pp. 235-256, 2009.

参考文献

・望月優大『ふたつの日本――「移民国家」の建前と現実』講談社現代新書, 2019.

・国際子どもの権利センター編『日比国際児の人権と日本――未来は変えられる』明石書店, 1998.

・京都 YWCA・APT 編『人身売買と受入大国ニッポン』明石書店, 2001.

・鳥井一平『国家と移民――外国人労働者と日本の未来』集英社新書, 2020.

● 文化的コンピテンスに基づくケースマネジメント（ミクロレベル）を理解する。
● グループワークを通したエンパワメント・アプローチ（メゾレベル）を理解する。
● コミュニティ・オーガナイジングによるアドボカシー活動やソーシャルアクション（マクロレベル）を理解する。

1 多様な課題に対応したアプローチの必要性

　第1節で議論したように、外国人女性や外国につながる子どもたちの直面する課題にはさまざまなものがあるため、当然幅広いソーシャルワークのアプローチが必要となってくる。

　外国人女性が移住先で、または母国への帰国後に課題に直面した際に最初に必要となってくるのが、ケースマネジメントを中心とするミクロレベルの支援である。しかし、外国人母子が抱える問題の多くは共通しており、課題に対して必要な支援につなげたり、個別に対応したりする対処療法的な支援だけでなく、同じような問題を抱える母子が共助し、互いのエンパワメントを促進するようなグループやコミュニティを核とするメゾレベルのアプローチも不可欠である。

　こうしたメゾレベルの支援は、外国人母子の抱える課題の原因である社会のなかの構造的差別や既存の政策や制度の変更を求めるコミュニティ・オーガナイジングによるアドボカシー活動やソーシャルアクションといったマクロレベルへ発展していくことが可能となる。

　本節ではミクロ、メゾ、マクロレベルに分けて外国人女性およびその子どもたちに有効なアプローチを紹介していく。

2 ミクロレベル

移住先国でさまざまな問題や課題に直面した外国人女性や外国につな

がりのある子どもたち、あるいは、さまざまな問題を抱えて母国に帰国した女性たちは、第1節で説明したように社会的資源、社会的ネットワーク、情報が不足しており、最初に必要となるソーシャルワークのアプローチはケースマネジメントである。

ソーシャルワーカーは、それぞれの女性や子どもの状況をアセスメントしたうえで、例えば地域の学校や教育委員会、役所、国際交流協会、DVシェルター★1、NPO/NGO、医療保健機関、法的機関などのさまざまな社会的資源につなげていく必要がある。ただ、ここで注意しなければならないのは、こうしたケースマネジメントが、文化的コンピテンスに基づいて実践されなければならないということである。

多くの外国人母子たちが家族、同国出身の友人や知人に助けを求める傾向にあるのは、母語によるコミュニケーションが可能なことに加え、それぞれの文化や慣習を理解し合っており、自分の抱える課題を理解してもらいやすいからである。したがって、ソーシャルワーカーも、それぞれの利用者の所属するエスニック・コミュニティで受け容れられる態度、信念、行動に関する知識を学び、それらに応じた支援計画を考える必要がある[1]。例えば、DVの被害を警察に通報したことが、その利用者のエスニック・コミュニティに知られてしまうとコミュニティの規範を逸脱してしまって、その利用者がコミュニティのなかで孤立してしまう可能性がある。そうならないように、利用者の文化的背景、価値観、慣習などに配慮して支援を行うことは、非常に重要である。

また、外国籍の利用者が福祉機関から援助を求めるかどうかは、サービスへのアクセスのしやすさによって左右される。日本語でのコミュニケーション能力、公共交通機関へのアクセス、福祉機関の利用対象の基準（例えば、国籍要件や日本語でのコミュニケーション能力が必須など）、サービスに関する知識や認識度、エスニック・コミュニティと機関との関係、地域の外国人に対する偏見や差別の程度などによって、サービスを利用するかどうかが影響を受けるかもしれない。

さらに、それぞれの文化におけるジェンダー規範★2、家族関係、コミュニティ内での恥やメンツといったことが、利用を躊躇させるかもしれない。また、日本での滞在期間、何世代目か、エスニック・コミュニティ内で受けられるサポートの程度によっても影響を受ける。

したがって、ソーシャルワーカーは、こうした利用者が直面する要因を認識して、利用の障壁を取り除くように努力しなければならない。

★1 DVシェルター：DVの被害者を加害者である配偶者等から隔離し、保護する施設。児童福祉法に定められた公的なシェルターである母子生活支援施設に加え、民間の女性向けの居住施設などがこれに含まれる。

★2 ジェンダー規範：性別に基づく社会規範のこと。例えば、女性は家事、男性は賃労働といった性別役割や、女らしさ・男らしさといった性差に対する考え方や価値観が含まれる。

　利用者の文化的背景に配慮した実践を行う場合には、エンパワメント・アプローチが有効であろう。例えば、「利用者自身による問題の定義」「利用者の強さを見極めて強化」「利用者のもつ階級や権力に関する意識の向上」といったエンパワメント・アプローチの構成要素は、文化的コンピテンスに基づくケースマネジメントに合致するものである。

　しかし、「集団化された行動の利用」や「相互支援やセルフヘルプのネットワークやグループの利用」という構成要素は、グループワーク、セルフヘルプグループ、さらにはコミュニティ・オーガナイジングといったアプローチを通して実践されるべきであろう。

　外国人母子たちのようにホスト社会のなかで抑圧されている人たちは、同じ境遇の人たちから支援を受けたり、また反対に支援することを望む傾向にあるので、エンパワメントを目的としたグループワークが有効となる[2]。グループワークを通してグループ内にサポートネットワークが形成され、グループの各メンバー個人とともにグループ全体のエンパワメントが促進される。

　さらに、こうしたグループのエンパワメントは、自分たちを抑圧している社会制度や社会構造の変革に働きかけようとする意識を高め、マクロレベルの実践にもつながっていく。グループ内では、メンバー同士がお互いに助け合い、いかに自分たちの意見や権利を主張していくべきか、どのようなサービスや制度を求めていくべきかといったアドボカシー活動に関する理解が深まるとともに、そのために必要なコミュニケーションや対人関係能力を身につけていくことが可能となる。

　つまり、グループは、外国人母子たちに、自分たちの生活を自分でコントロールするのに必要な能力や技能を経験、体得、実践する理想的な機会と状況を提供するのである。実際に、日本でDVを受けたフィリピン人女性6名がグループワーク（**フェミニスト参加型アクションリサーチ★3**）を通して尊厳を回復しエンパワメントを可能とするコミュニティへと変革していく事例[3]や、外国につながる子どもたちがグループワーク（写真を用いたアクションリサーチ）を通してエンパワメントを実現していく事例[4]がある。

★3 フェミニスト参加型アクションリサーチ：当事者が主体的にリサーチに参画して状況を改善しエンパワメントを目指す参加型アクションリサーチのなかでも、フェミニスト理論に基づいて参加者たちが女性の従属や抑圧を女性の視点で理解し、女性解放のための行動につなげていくもの。

4 マクロレベル

　個人やグループのエンパワメントやアドボカシーに加えて、より多くの同じような問題を抱える外国人たちへのアウトリーチのため、またエスニック・コミュニティの変革やエンパワメントのため、さらにエスニック・コミュニティを主体とするソーシャルアクションの喚起には、コミュニティ・オーガナイジングが有効である。

　例えば、DV や女性に対する性暴力に対する認識が低かったり、そうしたことを家庭外でオープンに語ることがタブー視されていたりするエスニック・コミュニティでは、こうした否定的な価値観に対抗するためにエスニック・コミュニティに対するコミュニティ・オーガナイジングが重要となってくる[1]。

　特に外国人にとってはエスニック・コミュニティ内のインフォーマルなサポートは非常に重要なので、コミュニティのメンバーの態度や社会規範を変えていくことは、「被害者たたき」を減らし、堂々と援助を求めることの必要性の認識を高めるために不可欠である。

　アドボカシー活動にコミュニティ・オーガナイジングを組み合わせることで、DV の被害を受けているコミュニティの女性たち自身にこの課題の主体であるという認識をもってもらうことが可能となり、コミュニティの社会規範を変える可能性を高められる。DV の被害者にリーダーシップをとってもらうことによって、女性に対する暴力に取り組むコミュニティの能力を高めることが可能となる。

　ソーシャルワーカーは、リーダーとなり得る被害者のメンバーを探し、コミュニティのリーダーになれるようにサポートするという非常に重要な役割を担う。そうすることで、コミュニティのメンバーたちは、サービスへの障壁を軽減し、女性への暴力に対するコミュニティの認識を高めていくことができる。

引用文献

1) Warrier, S., & Rose, J., Women, gender-based violence, and immigration., F. Chang-Muy & E. P. Congress（Eds.), Social Work with Immigrants and Refugees：Legal Issues, Clinical Skills, and Advocacy, Springer, pp. 235-256, 2009.

2) 武田丈「異文化適応のためのグループワーク——難民へのエンパワメントを中心とした介入」『ソーシャルワーク研究』22（4), pp. 275-282, 1997.

3) カラカサン編『移住女性が切り拓くエンパワメントの道——DV を受けたフィリピン女性が語る』解放出版社, 2006.

4) 武田丈・原弘輝「外国にルーツを持つ子どもたちに対する参加型調査の可能性——フォト

ボイスを活用した事例をもとに」『Human Welfare』5 (1), pp. 45-57, 2013.

参考文献

・S. ファーネス・P. ギリガン, 陳麗婷監訳『ソーシャルワーク実践のためのカルチュラルコンピテンス──宗教・信仰の違いを乗り越える』明石書店, 2020.
・移住者と連帯する全国ネットワーク編『外国人の医療・福祉・社会保障相談ハンドブック』明石書店, 2019.
・東洋大学福祉社会開発研究センター編『社会を変えるソーシャルワーク──制度の枠組みを超え社会正義を実現するために』ミネルヴァ書房, 2020.
・L. M. グティエーレス・R. J. パーソンズ・E. O. コックス編, 小松源助監訳『ソーシャルワーク実践におけるエンパワーメント──その理論と実際の論考集』相川書房, 2000.

第3節 外国人母子に対する実践事例

ここまでみてきたように、日本に出稼ぎにやってきたり国際結婚で日本に暮らしたりする外国人女性たちとその子どもたちは、海外出稼ぎに関する問題から、トラフィッキング、DV や性暴力、そして出産や子育てまで非常に幅広い課題に直面している。

したがって、こうした外国人母子に対するソーシャルワーク実践では、個別支援的なミクロレベルの実践から、グループやコミュニティを核としたセルフヘルプ、さらにはアドボカシー活動といったメゾレベルやマクロレベルの実践が不可欠であることを説明してきた。

本節では、こうした幅広いソーシャルワーク実践を外国人母子に対して提供する日本国内の機関の取組みと、母国への帰国後の母子に対して提供する海外の機関の取組みを紹介することで、外国人母子へのソーシャルワーク実践の実際を理解していく。

1 国内の事例：ふじみの国際交流センター（FICEC）

「ふじみの国際交流センター（Fujimino International Cultural Exchange Center：FICEC）」は、全国で 5 番目の外国人人口を有する埼玉県のふじみ野市で、外国人住民の生活サポート全般を行っている認定 NPO 法人である。

1997 年の設立当時の日本の在留外国人数は約 140 万人と現在の外国人人口の半数以下であったが、興行ビザで来日し、歓楽街で働くフィリピン人女性を目にする機会が増えてきた頃であった。

毎週、公民館で開催されていた日本語教室には、「アジアからの花嫁」と呼ばれる日本人男性と結婚したアジア出身の若い女性が多く集うようになった。彼女たちの多くは日本語が理解できず、日本の文化を学ぶ機

図9―1 FICEC の活動

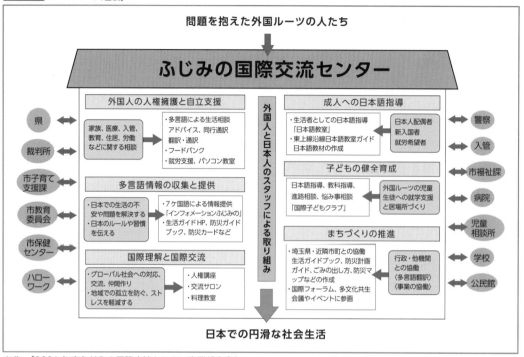

問題を抱えた外国ルーツの人たち

ふじみの国際交流センター

外国人の人権擁護と自立支援

| 家族、医療、入管、教育、住居、労働などに関する相談 | →・多言語による生活相談 アドバイス、同行通訳・翻訳・通訳・フードバンク・就労支援、パソコン教室 |

多言語情報の収集と提供

・日本での生活の不安や問題を解決する・日本のルールや習慣を伝える → ・7ケ国語による情報提供「インフォメーションふじみの」・生活ガイドHP、防災ガイドブック、防災カードなど

国際理解と国際交流

・グローバル社会への対応、交流、仲間作り・地域での孤立を防ぐ、ストレスを軽減する → ・人権講座・交流サロン・料理教室

外国人と日本人のスタッフによる取り組み

成人への日本語指導

・生活者としての日本語指導「日本語教室」・東上線沿線日本語教室ガイド 日本語教材の作成 | 日本人配偶者 新入国者 就労希望者

子どもの健全育成

日本語指導、教科指導、進路相談、悩み事相談「国際子どもクラブ」 | 外国ルーツの児童生徒への就学支援と居場所づくり

まちづくりの推進

・埼玉県・近隣市町との協働 生活ガイドブック、防災計画ガイド、ごみの出し方、防災マップなどの作成・国際フォーラム、多文化共生会議やイベントに参画 | 行政・他機関との協働〈多言語翻訳〉〈事業の協働〉

県　裁判所　市子育て支援課　市教育委員会　市保健センター　ハローワーク

警察　入管　市福祉課　病院　児童相談所　学校　公民館

日本での円滑な社会生活

出典：「2021年度ふじみの国際交流センター事業報告書」

会もなく、困ったときに相談できる友達さえいない、いわば社会的孤立状態にあった。そこで、日本語指導をする日本人ボランティアが、日本語学習以外の支援の必要性や地域に住む外国人と日本人が交流できる拠点の必要性を強く感じ、こうした女性たちが尊厳をもって生活できるようにするためにFICECを立ち上げたのである。

その後、FICECは社会的孤立状態にある外国人住民にとって必要だと考えられる支援を次々と提供し始め、現在は**図9―1**が示すように、「外国人の人権擁護と自立支援」「多言語情報の収集と提供」「国際理解と国際交流」「成人への日本語指導」「子どもの健全育成」「まちづくりの推進」という六つの事業を柱に活動している。

また、これらの事業のほかにも社会教育の一環として、学生インターンシップの受け入れや、地域自治体との協働による外国人住民の実態調査など、地域に根差した幅広い活動を行っている。

FICECの活動の大きな特徴は二つある。

一つ目は「ミクロからマクロレベルまでの連続した働きかけ」を行っていることである。例えば、両親の仕事の都合で来日した外国籍の子どもたちは「家族滞在」という在留資格をもつが、日本での義務教育を9

年以上受けなければ就労の制限がない「定住者」という在留資格に切り替えられず、週に 28 時間までしか就労できないといった問題を引き起こしている。

こうした問題に対応するために FICEC では、来日後の日本語教育や在留資格に関する相談といった個別ケースへの細やかな支援（ミクロ実践）だけでなく、長期間にわたって継続的な支援から明らかになった在留外国人の前に立ちはだかる「制度の壁」が外国人の人生に与える影響に関する情報発信（マクロ実践）・啓発活動のために、国会議員や出入国在留管理庁との意見交換会の場を積極的に設けるなどの活動を行っている。

二つ目の特徴は「支援の循環」ができていることである。FICEC にはさまざまなバックグラウンドをもったスタッフがいるが、外国人スタッフは自身が来日してすぐのときに FICEC の日本語教室や生活相談の利用をしていたという人が多い。

日本での生活が落ち着くと、今度は自分が地域の外国人のために活動したいという思いをもつようになり、FICEC にスタッフという立場で戻ってくる。この支援の循環により、彼女たちが日本社会のなかで経験してきた当事者の視点（**ピアサポート**★1 の視点）を FICEC の支援活動に盛り込むことが可能となる。

外国人であること、女性であること、そして日本語が十分ではないといったことで社会的資源へのアクセスに制限があるなど、社会の周縁におかれた立場にある外国人女性たちを支援するためには、当事者に寄り添い続けながらミクロからマクロの実践の双方を視野に入れた展開を行う必要がある。「多文化が未来を拓く」というミッションを掲げ、FICEC はこれからも多様性が尊重される社会の実現を目指して活動を行っていく。

2 海外の事例：バティス女性センター（フィリピン）

日本とフィリピンの両政府の合意のもと 1981 年から始まった興行ビザによる若いフィリピン人女性の来日は、2005 年の興行ビザ発給の厳格化まで最盛期には年 7 万人以上が来日し、フィリピンパブでホステスとして働いていた。

来日したフィリピン人女性のなかには経済的に成功したり、日本人男性と結婚して日本で幸せな家庭を築いた人たちもいる一方で、トラ

★1 ピアサポート：共通する課題や問題をもち、同じような立場にある仲間（英語で peer＝ピア）が、体験を共有し、お互いに支援し合う取組み。

フィッキングの被害や性的・経済的搾取にあったり、妊娠した途端にパートナーの日本人男性と連絡がとれなくなったり、結婚してもDVなどの理由で離婚したりする女性も少なくなかった。その結果、日本人父親に認知してもらえなかったり、養育費をもらえなかったりするJFC★2も多く生み出されたのである。

こうしたさまざまな問題を抱えて日本から帰国したフィリピン人女性を支援するために設立されたフィリピンの民間団体が、バティス女性センター（Batis Center for Women）である。1988年の設立以来、バティス女性センターは1000人以上の日本からフィリピンに帰国したフィリピン人女性とJFCたちを、そして近年では日本以外の国からフィリピンに帰国したフィリピン人女性たちを支援している。

設立時の支援の目的は、問題を抱えて帰国した女性やJFCたちが家族のもとに戻って、住み慣れた環境のなかでもとの平穏な生活が送れるように、ソーシャルワーカーがケースマネジメントしていくことであった。

特に、苦しんでいる状態から女性やJFCたちが一刻でも早く回復できるよう、必要な医療、法律、カウンセリング、職業訓練のサービスにつなげていった。例えば、JFCの認知や養育費であれば、フィリピン国内の関係機関だけでなく日本の外国人支援団体と連絡をとることによってJFCの父親に対して交渉したり、訴訟を起こしたりするのである。

しかし、こうした女性たちや関係者の声に耳を傾けるうちに、単に被害者の女性に個別的な福祉サービスを提供するだけでなく、「女性たちやJFCのエンパワメントの促進」を積極的に推進していく必要性を認識するようになり、ケースマネジメントに加えて「女性エンパワメントプログラム」と「子ども・若者育成プログラム」を立ち上げ、「自己への支援（self help）」「他者への支援（help others）」「社会への支援（help society）」という三つの活動を柱にした包括的なアプローチに取り組み、女性とJFCたちの短期的なニーズとともに、より長期的なニーズに対してもサポートしていくようになった（図9—2）。

例えば女性エンパワメントプログラムであれば、女性や移住労働者の権利についての研修、リーダーシップや組織マネジメントに関するワークショップ、職業訓練、起業支援などを提供している。

こうした活動を通じて、女性やJFCたちはお互いに助け合えるよう

★2 JFC：Japanese Filipino Children の略称であり、日本人男性とフィリピン人女性の間に生まれた子どもたち。

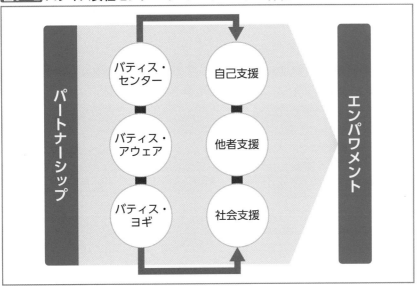

図9-2 バティス女性センターのエンパワメントの枠組み

パートナーシップ

- バティス・センター
- バティス・アウェア
- バティス・ヨギ

- 自己支援
- 他者支援
- 社会支援

エンパワメント

になるとともに、同じような状況にあるほかの人たちをも支援できる能力を身につけることを目指している。つまり、女性やJFCたちが単にバティス女性センターの「利用者」ではなく、「エンパワーされた人」に変わっていけることを目標に、さまざまな資源や機会を提供しているのである。

さらに、当事者である女性やJFCたちが自主的・主体的に活動していかなければ、本当の意味でのエンパワメントを達成することはできない。そこで、女性たちの当事者組織であるバティス・アウェア（Batis-AWARE：<u>A</u>ssociation of <u>W</u>omen in <u>A</u>ction for <u>R</u>ights and <u>E</u>mpowerment）と、JFCたちの組織であるバティス・ヨギ（Batis-YOGHI：<u>Y</u>outh <u>O</u>rganization <u>G</u>ives <u>H</u>ope and <u>I</u>nspiration）を設立し、三つの組織によるパートナーシップをベースにしたエンパワメントを目指している。

女性やJFCたちは必ずしもフィリピンの同じ地域に生活しているというわけではないが、「日本への出稼ぎ生活のなかのつらい経験」や「日本人男性との関係に関する問題」という共通の痛みや苦しみを共有している。そして、こうした問題や痛みの共有からお互いのなかに連帯感が生まれ、自然発生的に「自己への支援」や「他者への支援」の基盤が確立していくのである。

「社会への支援」としては、女性移住労働者やJFCに関する調査や研究の結果を公表したり、自分たちのライフストーリーをベースにした啓

発演劇活動や講演活動をフィリピン国内および日本で行うことによって、国際社会のこの問題に対する認識や支援を高めるとともに、法律や公的な支援の必要性を訴えるアドボカシー活動を続けている。先に説明した2005年の日本政府による興行ビザ発給の厳格化も、こうしたアドボカシー活動が一助になったことは間違いない。

参考文献

・カラカサン編『移住女性が切り拓くエンパワメントの道——DVを受けたフィリピン女性が語る』解放出版社, 2006.

・武田丈編『フィリピン女性エンターテイナーのライフストーリー——エンパワーメントとその支援』関西学院大学出版会, 2005.

・とよなか国際交流協会編『外国人と共生する地域づくり——大阪・豊中の実践からみえてきたもの』明石書店, 2019.

・吉富志津代『多文化共生社会と外国人コミュニティの力——ゲットー化しない自助組織は存在するか？』現代人文社, 2008.

第4節　これからの実践に対する示唆

学習のポイント

● 実践事例をソーシャルワークのアプローチや理論の観点から理解する。
● 外国人母子に対する支援に必要な実践の概要を学ぶ。

1　事例で活用されているアプローチ・理論

　第3節で紹介した国内およびフィリピンにおける外国人母子に対するソーシャルワークの実践事例では、ミクロ実践としてともにケースマネジメントを行っている。それはFICECの場合には生活相談という形で、バティス女性センターではフィリピンに帰国した母子たちが抱えるニーズに必要な社会資源やサービスにつなげるという形で行われている。

　特にFICECの場合には、当事者が支援員になることによってピアサポート的な支援が可能となると同時に、文化的コンピテンスに基づく実践が可能となっている。バティス女性センターの場合も、当事者団体であるバティス・アウェアのなかでピアサポートを実践しているといえるであろう。

　こうした活動は、当事者だからこそ理解し合える経験、共通する体験や文化の視点から状況理解をし、そして文化に合致した支援を可能とする反面、守秘義務は設定されていたとしても同じエスニック・コミュニティの人に自分の情報が共有されてしまうという恐れを利用者が抱いてしまう可能性があることには留意しておく必要があるであろう。

　また、FICECの場合には日本語教室や多言語による生活情報提供、バティス女性センターでは研修やワークショップを提供するなど、外国人母子のエンパワメントの促進を目的とした支援を行っている。こうしたエンパワメント・アプローチは、個人レベルにとどまらず、FICECであれば国際子どもクラブにおいて、バティス女性センターではバティス・アウェアやバティス・ヨギにおけるグループワークやコミュニティ・オーガナイジングを通してグループや組織レベルでも実践されているのである。

さらに FICEC では制度の壁について国会議員や出入国在留管理庁との交渉、バティス女性センターでは啓発演劇活動、また両団体とも実態調査や啓発活動を活用したアドボカシー活動やソーシャルアクションを展開することで、外国人母子が生活しやすい環境となるようマクロレベルの実践も行っている。

2 外国人母子に対するソーシャルワークへの示唆

二つの事例からみえてくることは、異文化のなかでさまざまな課題を抱えている外国人母子に対するソーシャルワークでは、ケースマネジメントなどのミクロ実践は支援の初期段階では非常に重要であるが、それだけでは不十分だということである。

差別や抑圧、経済的・性的搾取、トラフィッキング・性暴力などを外国人母子が異文化のなかで経験する背景には、不平等あるいは差別的な社会構造が存在する。そうした社会構造に対抗していくためには、母親や子どもたちが同じような経験を共有でき、またそれぞれの文化や価値観に合致した支援を受けることのできるグループやコミュニティを通したエンパワメント・アプローチが有効であるとともに、こうしたグループやコミュニティを核としたアドボカシー活動やソーシャルアクションを展開することで社会構造の変革が可能となり、根本的な問題解決につながっていくのである。

参考文献

・石川久美子『多文化ソーシャルワークの理論と実践──外国人支援者に求められるスキルと役割』明石書店, 2012.
・社団法人日本社会福祉士会編『滞日外国人支援の実践例から学ぶ多文化ソーシャルワーク』中央法規出版, 2012.

在日外国人の支援活動
〜Ａさんの事例から〜

● 日本を夢見て出稼ぎに来るも夫のDVに悩まされるAさん

　Aさんは、多くのフィリピン人エンターテイナー同様、母国の貧困に押され、また日本で稼げるという夢に引かれ、21歳で親の反対を押し切って来日しました。エンターテイナーとして来日して2週間後、勤め先の店のオーナーに日本人男性から、いわゆるパトロンとしてAさんを独占したいという依頼がありました。

　いずれ夫となるその男性と付き合い始めて3か月後にAさんは妊娠しましたが、店との6か月の契約の途中だったため、契約違反として罰金を負わされたうえ解雇され収入が断たれました。そのためAさんは帰国しましたが、子どもの父親も後を追い、2人はフィリピンで結婚し、Aさんは配偶者として再来日しました。

　11年の結婚生活の間に4人の子どもを授かりましたが、結婚から1年が過ぎた頃からAさんは夫から精神的・経済的な虐待を受けるようになりました。自分の家に監禁され、友だちとの交流も教会に行くことも、日本語を勉強することも禁じられました。一方夫は愛人をつくり、愛人の働く店に毎晩通い、家にいるときはいつも不機嫌で、Aさんには常に家で家事をし彼に仕えることを要求しました。そのような状態に耐えきれず、役所に助けを求めても、夫は彼女の居場所を探し出して連れ戻しました。

● 言語や宗教の壁で支援につながらず

　そのようななか、Aさんは近所でフィリピン人と出会い、カトリック教会を中心としたフィリピン人コミュニティを紹介され、夫には内緒で日曜日のミサに通いました。

　ちょうどその頃、次男ががんと診断され、フィリピン人のシスターが息子のお見舞いをしてくれたことで、ようやくそのシスターに夫との問題を打ち明けることができるようになりました。しかし、カトリック教会、特にフィリピンでは離婚が認められていないため、夫と話し合いなさい、我慢しなさいと言われるだけでした。

　ある日、フィリピン人の友人から「何か問題を抱えていますか？」とタガログ語で書かれた一枚の紙を渡されました。紙に書かれた番号に電話すると福祉事務所につながりましたが、Aさんは日本語ができなかったため、京都府の国際相談窓口にまわされました。ところが、そこでも言葉が通じなかったため、京都YWCAの外国人相談窓口APTに紹介されました。

● 相談窓口の活動

　APTで、ようやくAさんはタガログ語を話す日本人スタッフ（ソーシャルワーカー）とコミュニケーションができました。ソーシャルワーカーはAさんの話を聞き、AさんがDVの被害者であることを説明しました。多くのDV被害者と同じく、Aさんはそれまで自分が被

害者であるという認識がありませんでした。離婚の決心はすぐにはできませんでしたが、ソーシャルワーカーとシスターの継続的な精神的支えもあり、2年間迷った末にやっと夫から逃げ出す決意ができました。

　シスターとソーシャルワーカーがAさんと子どもたちを迎えに行き、婦人相談所まで付き添い、そこから母子生活支援施設に移ることができました。弁護士もケースに加わり離婚の手続きを手伝いました。離婚が成立し、生活保護を受給していましたが、Aさんはいずれ施設を出て自立するためには仕事を見つけなければならず、そのために日本語を勉強し始めました。

　喫茶店で仕事を始めましたが、子どもの病気で休んだりすることも問題となりました。シングルマザーの状況に理解をもつ職場を見つけたいとAさんが思っていたところ、APTを通してバザールカフェ^注を紹介され、フィリピン料理のシェフとしての職を得ることができました。バザールカフェでは子どもの病気などで休んでも解雇されるおそれはなく、リラックスした環境で働きながら日本語の練習もできました。子どもを職場に連れて来たり、スタッフに問題を打ち明けたりすることもでき、友だちも増えました。バザールカフェにかかわる大学生ボランティアは子どもたちの学習支援など、さまざまなサポートをしてくれました。

　また、Aさんにとっては母子生活支援施設での生活も苦労が多く、施設内の厳しい規則に従うのに必死でした。特に大変だったのは入浴の時間で、4人の子どもをお風呂に入れるだけでなく、濡れた脱衣所の拭き掃除までを与えられた時間内に済ませなければなりませんでした。ときにはほかの入所者とうまくいかないこともあり、いじめられたこともありました。文化の違いや言葉の壁も感じました。そういう悩みをAPTのソーシャルワーカーに打ち明けることができたのは大きな支えとなりました。

● 重要なソーシャルワーカーとなったAさん

　Aさんはバザールカフェや介護施設などでさまざまな仕事をしながら、APTの電話相談事業にボランティアとして加わり、病院や裁判所、役所などへ行くフィリピン人に同行し、通訳ボランティアを行うようになりました。フィリピン人にとって相談しやすい相手であり、問題を抱える人に自分の経験を通して共感できるAさんは、APTの重要なワーカーに成長しました。Aさんは、これは自分がAPTから受けた支援の恩返しだという思いを強くもっており、献身的に相談援助活動を続けています。

　そのようななか、Aさんは滋賀県国際協会から外国人の相談員としての仕事を打診されました。まずは通訳として働くことを希望して採用され、現在は在日外国人のための支援者として経済的にも自立して働いています。

マーサ　メンセンディーク（同志社大学）

注

　バザールカフェは京都にある非営利カフェ。さまざまな生きづらさを抱えている人の支援をしている。

第10章

教育に関する
国際ソーシャルワークの実践

　教育は、子ども時代での生活の質だけではなく、その後の進学や職業選択、そして成人後の人生全般に影響を及ぼす。子どもは、学校では多くの壁に直面するが、その背景にはさまざまな要因が影響を与えている。本章では、子どもがおかれている実情と課題、そしてソーシャルワーク実践について考えたい。

　なお、教育とは成人への生涯教育等も含むが、ここでは18歳未満の児童への教育を対象とする。また、本章での「移民の子ども」は、外国籍のみの子ども、移住した保護者の子どもに加えて日本で生まれた外国にルーツをもつ子どもも含む。

国際ソーシャルワークにおける子どもの教育に関する課題

● 子どものウェルビーイングにおける教育の重要性を理解する。
● 移民の子どもの教育をめぐる実態を理解する。
● 教育に関連して、移民の子どもたちが直面する課題を理解する。

1 子どものウェルビーイングにおいて教育がもつ意味

　なぜ、教育がソーシャルワークの対象となるのか。子どもにとって、教育を受ける権利の保障とは、単に勉強する時間が保障されるということにとどまらない。**児童の権利に関する条約★1 1)** は、子どもの教育について以下のように示している。

第 29 条
1　締約国は、児童の教育が次のことを指向すべきことに同意する。
(a)　児童の人格、才能並びに精神的及び身体的な能力をその可能な最大限度まで発達させること。
(b)　人権及び基本的自由並びに国際連合憲章にうたう原則の尊重を育成すること。
(c)　児童の父母、児童の文化的同一性、言語及び価値観、児童の居住国及び出身国の国民的価値観並びに自己の文明と異なる文明に対する尊重を育成すること。
(d)　すべての人民の間の、種族的、国民的及び宗教的集団の間の並びに原住民である者の間の理解、平和、寛容、両性の平等及び友好の精神に従い、自由な社会における責任ある生活のために児童に準備させること。
(e)　自然環境の尊重を育成すること。

　つまり、子どもは、教育を受けることを通じて、人格や才能を開花させ、精神的・身体的な能力を伸ばすことが可能となる。そして、多様性を尊重する姿勢を身につけ、平和や寛容、平等や有効の精神を学び、自由な社会で責任ある行動をする力を得る。
　この意味において、教育は人としての豊かな人生、つまりウェルビーイングを構築していくための力を得るうえで不可欠であり、ウェルビー

★1 児童の権利に関する条約：子どもの基本的人権を国際的に保障するための条約。1990 年に発効した。18 歳未満の児童を権利をもつ主体と位置づけ、一人の人間としての人権を認めるとともに、成長の過程で特別な保護や配慮が必要な子どもならではの権利も定めている。前文と本文 54 条で構成されており、第 22 条では難民の子ども、そして第 30 条では少数民族・先住民の子どもについても規定している。日本は 1994 年に批准。

イングの保障を役割の一つとするソーシャルワークとも重なるところが大きい。

　一方、世界をみれば、2018年には移民であるかどうかにかかわらず、2億5800万人の子どもが学校教育から排除されている[2]。そのなかでも、難民や移民の子どもにおける教育からの排除は深刻である。

　2020年末時点で、8240万人が紛争や迫害により故郷を追われたが、そのうち42%は18歳未満の子どもである。これらの子どもたちは、自分たちの文化と異なる地で教育を受けるか、あるいは難民キャンプなど、学校が整備されていないような状況下で長期にわたり生活していることが少なくない。

　学校教育を受けている移民の子どもの中等教育（主には中学・高校）の修了率や読解力は非移民の子どもたちに比較して低いとの報告[3]が、彼らがおかれた環境の厳しさを示している。そして、移民の子どもが教育から排除される状況は、日本も例外ではない。

2 日本における移民の子どもの教育をめぐる実態

　子どもの教育に関する問題としては、就学にかかわる課題、就学後の学校生活上の課題、そして、社会での自立につながる進路選択や義務教育終了後の課題という時間軸に基づく課題としてみることができる。

　それぞれの段階で、子どもたちは厳しい状況におかれていることを複数のデータが示している。ここでは、就学、就学後の生活課題、そして自立にかかわる課題それぞれで困難におかれている状況を示すデータを取り上げていく。

　まず、外国人児童の不就学[注1]である。文部科学省[注2]によれば、就学

第10章 教育に関する国際ソーシャルワークの実践

表10-1　外国人の子どもの就学状況

	①義務教育諸学校	②外国人学校	③不就学	④出国・転居	⑤就学状況把握できず	①〜⑤の合計	⑥学齢相当の外国人の子供の住民基本台帳上の人数との差
小学校	68,237人	3,374人	399人	2,204人	5,892人	80,106人	6,960人
割合	85.0%	4.2%	0.5%	2.8%	7.4%	100%	
中学校	28,133人	1,649人	231人	813人	2,766人	33,592人	3,223人
割合	83.7%	4.9%	0.7%	2.4%	8.2%	100%	
合計	96,370人	5,023人	630人	3,017人	8,658人	113,698人	10,183人
割合	84.8%	4.4%	0.6%	2.7%	7.6%	100%	

出典：文部科学省「外国人の子供の就学状況等調査結果（確定値）令和2年3月」より筆者作成

状況が確認できておらず、不就学の可能性がある子どもが約2万人になる（ 表10—1 の③⑤⑥の合計）[4]。この調査は、市町村教育委員会が把握している状況に関する調査であり、実際と異なる可能性はあるが、住民基本台帳での児童数12万3830人のうち、不就学の可能性がある子どもが7人弱に1人というのはあまりにも大きな数字である。不就学として確認されている子ども（630人）、就学状況が確認できない子ども（8658人）で7.5％というのも深刻な数字である。

こうした状況は、国際社会からも問題視された。**経済的、社会的及び文化的権利に関する国際規約（A規約）**[★2]第13条では「この規約の締約国は、教育についてのすべての者の権利を認める」としているが、国連・社会権規約委員会は「委員会は多数の外国人児童が学校に通っていないことに懸念をもって留意する（第13条及び第14条）」と、日本で移民の子どもが教育を受ける環境が整備されていない状況への懸念を表明している[注3]。

就学後の学校生活上の大きな壁の一つが、言葉の壁による学習達成の困難である。文部科学省の調査によれば、2018年の調査における日本語指導が必要な児童生徒数は、外国籍児童で4万755人、日本国籍児童で1万371人となっている（ 図10—1 ）[注4][5]。

この調査の対象は公立学校のみであり、私立の学校、そして不就学の可能性がある児童数を考慮すると、その数はさらに多いと予想される。こうした子どもたちは、各学校での判断のうえ、「**特別の教育課程**」による**日本語指導**[★3]や日本語支援員のサポートを受けながら学校に通う。ただし、日本語指導を受けている者の割合はこの10年程度の間、80％

★2 経済的、社会的及び文化的権利に関する国際規約（A規約）：「経済的、社会的、文化的権利に関する国際規約（International Covenant on Economic, Social and Cultural Rights）」は1976年に発効した。この規約では、「公正かつ好ましい条件のもとで働く権利」「社会保障、適切な生活水準、到達可能な最高水準の身体、精神の健康を享受する権利」「教育を受ける権利、文化的自由と科学進歩の恩恵を享受する権利」を、促進、擁護する権利として規定している。
★3「特別の教育課程」による日本語指導：児童生徒が学校生活を送るうえや教科等の授業を理解するうえで必要な日本語の指導を在籍学級の教育課程の一部の時間に替えて、在籍学級以外の教室で行う教育の形態。小学校、中学校、中等教育学校の前期課程または特別支援学校の小学部もしくは中学部において行われる。

図10—1 　日本語指導を要する児童生徒の受け入れ状況

出典：文部科学省「「日本語指導が必要な児童生徒の受入状況等に関する調査（平成30年度）」の結果について」より筆者作成

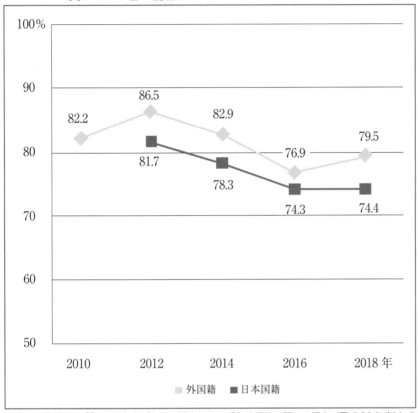

図10—2 日本語指導が必要な児童生徒のうち日本語指導等特別な指導を受けている者の割合

出典：文部科学省「「日本語指導が必要な児童生徒の受入状況等に関する調査（平成30年度）」の結果について」より筆者作成

前後にとどまる（ **図10—2** ）[5]。

　こうした状況は、子どもたちの進路にもみられる。日本語指導が必要な高校生等の高等教育機関への進学率は、全高校生等は71.1％なのに対して42.2％と低い。また、就職でも日本語指導が必要な高校生等の場合、非正規職率は40％と、全高校生等（4.3％）の約9倍、そして進学も就職もしていない者の率は全高校生（6.7％）の3倍弱（18.2％）である[5]。移民の子どもは日本語指導や就学の機会から排除されており、子ども時代全般にわたり負の影響を及ぼしていることがうかがえる。

　SDGs[★4]の目標4では「すべての人々への、包摂的かつ公正な質の高い教育を提供し、生涯学習の機会を促進する」としている[6]。しかし、世界、そして教育環境が整備されている日本においても、移民の子どもの教育問題は多くの課題がある。

★4 SDGsについては第2章第4節参照

注

注1　ここで取り上げる調査での外国人児童とは、日本国籍を有しないものであり、二重国籍のものは含まない。

注2　1741の市町村教育委員会（特別区を含む）への調査

注3　日本政府による「規約第16条及び第17条に基づく第3回政府報告」に対する「同報告に関する社会権規約委員会の総括所見（2013年5月17日）」より。

注4　調査対象は、公立小学校、中学校、高等学校、義務教育学校、中等教育学校及び特別支援学校における児童生徒である。また、この調査において「日本語指導が必要な児童生徒」とは、「日本語で日常会話が十分にできない児童生徒」及び「日常会話ができても、学年相当の学習言語が不足し、学習活動への参加に支障が生じており、日本語指導が必要な児童生徒」を指す。

引用文献

1) 外務省「児童の権利に関する条約（全文）」

2) The UNESCO Institute for Statistics, Fact Sheet no. 56：New Methodology Shows that 258 Million Children, Adolescents and Youth Are Out of School, p. 1, 2021.　http://uis.unesco.org/sites/default/files/documents/new-methodology-shows-258-million-children-adolescents-and-youth-are-out-school.pdf

3) OECD, Education at a Glance 2021：OECD INDICATORS, p. 31, p. 33, 2021.　https://www.oecd-ilibrary.org/docserver/b35a14e5-en.pdf?expires=1637471879&id=id&accname=guest&checksum=0FF84CF078FBD0BFE3F9AF5D9BFA1311Education at a Glance

4) 文部科学省「外国人の子供の就学状況等調査結果（確定値）令和2年3月」https://www.mext.go.jp/content/20200326-mxt_kyousei01000006114_02.pdf

5) 文部科学省「日本語指導が必要な児童生徒の受入状況等に関する調査（平成30年度）の結果について」https://www.mext.go.jp/content/20200110_mxt-kyousei01-1421569_00001_02.pdf

6) 国際連合広報センター「持続可能な開発目標（SDGs）とは」https://www.unic.or.jp/activities/economic_social_development/sustainable_development/2030agenda/

参考文献

・外務省ホームページ「国際人権規約」https://www.mofa.go.jp/mofaj/gaiko/kiyaku/index.html

第2節 移民の子どもの教育に関する ソーシャルワーク

学習のポイント

- 移民の子どもの教育をめぐる課題をソーシャルワークの視点でとらえる重要性を理解する。
- ミクロレベル、メゾレベル、そしてマクロレベルのソーシャルワークの方法を理解する。

I ソーシャルワークの視点でとらえる移民の子どもの教育課題

まず、事例を読んでほしい。

> A君は、外国から1年前に呼び寄せられて来日し、週に1回、日本語指導を受けていたが授業の内容が理解できないようで、学校を長期欠席していた。担任が自宅に行くと、6歳の弟と二人でテレビを観ていた。
>
> 両親は仕事に行っており、変則勤務で夜10時頃まで子どもたちだけで過ごすこともあるという。
>
> 担任が「なぜ学校に来ないの」と聞くと「弟も家にいるし授業はわからない。お母さんに話しても『わからないけど頑張って』と言われた」と言う。

この場合、学校の関係者のみで学習支援を行うという方法が必ずしも正しいとはいえない。なぜなら、この問題の背景には保護者による日本語や日本の教育システムの理解、子育て、経済的な問題などもあると思われるからである。

移民の子どもの就学や学校適応困難の課題は、言葉の問題だけではなく、移民の子どもが直面するさまざまな壁によって生まれる。移民を阻む壁は、五つの壁、すなわち「言葉の壁」「制度の壁」「文化の壁」「心の壁」「アイデンティティの壁」に整理できる。まず言葉の壁として、移住先国の言語が理解できないために教科学習、そして他児とのかかわ

★1 ダブル・リミ
テッド：母国語も日
本語も十分な学習機
会がないために、両
方の言語を習得する
に至らない状態を指
して使うことが多
い。

りを含む学びの場面で参加が困難となる。親に呼び寄せられて転校・転
入した子どもの場合、自宅や母国では母語を使用していた場合、いわゆ
る**ダブル・リミテッド★1**となり、精神的なよりどころも不安定になり
やすい。親が語学力が十分でないゆえに子どもの宿題をサポートできな
いことも多く[1]、中学校・高校以降、学習困難は受験や進路選択での困
難となり、結果として不安定な就職や低賃金での就労につながりやすく
なる。

　制度の壁として、日本では日本国憲法における「教育を受ける権利及
び受けさせる義務」の対象は「国民」であるとの解釈[注1]により、外国
人児童生徒の就学状況の把握や支援が十分に行われない状況があった。
また、都道府県立高校受験における外国人生徒および**中国帰国生徒等★2**
に対する**特別措置・特別入学枠★3**を設けていない都道府県、そして高
校入学後に支援体制をもたない都道府県もある[2]など、支援制度の整
備は不十分かつ地域差がある。

★2 中国帰国生徒
等：一般には、戦後
中国大陸に取り残さ
れ、1972年の日中
国交正常化以降に帰
国した日本人（中国
残留邦人）の2・3
世の生徒を指す。
★3 特別措置・特別
入学枠：特別措置と
は、受験時の試験時
間の延長、漢字への
ルビ振り、辞書の持
ち込みの許可、別室
受験、注意事項の母
語表記等の措置。「特
別入学枠」とは募集
定員を別枠で置き、
受験資格要件や対象
の高校などが定めら
れていること。

　文化の壁として、学校は受け入れ社会の文化や価値規範が色濃く反映
される空間である一方、移民の子どもは、家庭での生活様式が母国文化
に基づいたものであることも多い。学校で受け入れ社会の文化適応がう
まくできない、また、母国の文化や宗教に根ざす服装や行為と日本の学
校の規定が相容れず、転校・転居や遠方の外国人学校に通うという子ど
ももいる。保護者は、学校での使用物品の準備やPTA活動など、日本
の教育文化にかかわる知識や作法の理解が困難なためにストレスを抱え
ることも多い。さらに、子どもは学校生活を通じて保護者よりも先に日
本社会に適応して、それが親子の文化の違いや葛藤をもたらすこともあ
る[3]。

　心の壁としては、日本における外国人、特に一定の国籍や宗教的背景
をもつ移民に対する偏見をもつ人が存在する。また、日本社会の同調圧
力や、日本の生活様式に基づいた言動をしない外国人に対する苦手意識
や批判意識は、地域での外国人家庭の孤立を生んでいることもある。

　最後にアイデンティティの壁について、移民の子どもたちは、クラス
メイトと自分の容姿や、家庭環境の違いに対して劣等感を抱いたりする
こともある。また、言語や生活習慣、交友関係は日本を基盤とする子ど
もと、アイデンティティが母国にあり、母国語や母国文化の学習を子ど
もに期待する保護者との間で子どもが悩んだり、自分の居場所がないと
感じたりして、非行等の形で周縁化する場合もある。

このように、移民の子どもが教育現場で抱える就学やクラスでの適応困難は、さまざまな要因により生じる。こうした社会環境要因を子どもの課題に影響を与える要因として理解する、つまりエコロジカルな視点が、支援において重要となる。

2 多文化背景に配慮したソーシャルワーク実践

　では、子どもや保護者への教育支援では、どのようなソーシャルワークの視点や実践が有効だろうか。ここではミクロレベル、メゾレベル、マクロレベルでの支援について考えたい。

ミクロレベルでの支援：多面的なアセスメント

　子どもや保護者の出生、生活の場所、滞日年数、保護者が根ざす子育て文化、保護者の就労状況、そして宗教等も子どもの育ちや教育課題のありように影響を与える。

　適応の課題が多文化背景か、発達かという要因の判断が困難なゆえに、ときに発達障害として扱われることなども課題となっている。子どもや保護者の状況を、文化的要因、社会経済的要因、発達上の要因など、多面的な視点でアセスメントを行うことが求められる。

　支援では、バイステックの7原則★4 を意識した支援が重要だ。例えば、たとえ同じ出身国の子どもでも背景は全く異なり得るという「個別性の尊重」の視点が求められる。

　また、移住労働者である保護者の社会経済的な事情により、子どもの学習をサポートする術や時間をもつことができないこともある。その際に、子どもの教育への関心が低いと評価せず、「非審判的な態度」で受け止める。そのうえで、その背景に文化や生活上の課題が要因となっているのではないか、そしてその状況は受け入れ社会側にも要因があるのではないか、といった視点でとらえることが大切である。

★4 バイステックの7原則：アメリカの社会福祉学者バイステック（Biestek. F. P.）が示したケースワークの基本姿勢。①個別化、②意図的な感情表現の表出、③統制された情緒的関与、④受容、⑤非審判的態度、⑥自己決定の尊重、⑦秘密保持を援助における重要な姿勢であるとした。

メゾレベルでの支援：地域の学習支援活動等との協働や連携

　教育支援を行うにあたり、地域の社会資源を取り入れることは不可欠である。その理由は、子どもは地域で生活する住民でもあること、子どもの就学や学習・学校適応の問題には、多くの場合、家族内での問題や保護者の社会経済的な問題の影響を受けていることが多いこと、そして学校のリソースのなかには通訳や日本語支援等は必ずしも十分に整備さ

れてはいないものがあることである。通訳、日本語教育ボランティアや教室、療育・教育機関、そして卒業後の進路先となる学校や企業等との連携が重要なのはもちろんだが、教会や同国出身コミュニティなど、移民ゆえの社会資源とも協働、連携できることが望ましい。

地域での機関連携による外国人児童・生徒等および保護者への「進学ガイダンス」の実施事例からは、子どもたちのエンパワメントや地域での課題認識にもつながる様子も示されている[4]。スクールソーシャルワーカーが中心となり、地域の社会資源や人々も学校での課題を解決する役割を生み出すことが重要となるだろう。

マクロレベルでの支援：関係者とともに社会発信を行う

支援を通じてさまざまな社会資源とつながり、問題意識が共有された場合、支援の仕組みの改善を提言したり、自治体や政府に意見を提出したりすることも重要な役割である。

移民の子どもの教育支援は、支援範囲や提供者の役割などについて法的根拠があいまいであることも多い。個別支援のみならず、よりよい支援体制の整備に向けて、学校内、あるいは個人の問題として扱うのではなく、地域や国の課題として認識されていくべく、発信につながる活動に参画する、あるいは自らつくっていくこともソーシャルワークの重要な役割の一つである。

注

注1　日本国憲法第 26 条

① すべて国民は、法律の定めるところにより、その能力に応じて、ひとしく教育を受ける権利を有する。

② すべて国民は、法律の定めるところにより、その保護する子女に普通教育を受けさせる義務を負ふ。義務教育は、これを無償とする。

引用文献

1) 南野奈津子『いっしょに考える外国人支援』明石書店，2020.

2) 認定 NPO 法人多文化共生教育ネットワークかながわ「都道府県立高校（市立高校の一部を含む）における外国人生徒および中国帰国生徒等に対する 2021 年度高校入試の概要」2021. https://www.kikokushacenter.or.jp/shien_joho/shingaku/kokonyushi/other/2020/202103houkokushoA4.pdf

3) 南野奈津子「外国にルーツをもつ子どもたちが直面する課題とは——問題の背景と幼児期・児童期の支援」『子育て支援と心理臨床』19, pp. 42-48, 2020.

4) 近藤善彦「外国人生徒等のキャリア支援について」『都市とガバナンス』3, pp. 62-67, 2021.

外国人の子どもの教育にかかわる支援に関する実践事例

学習のポイント

- 外国人の子どもに対する教育支援の事例を理解する。
- 外国における移民の子どもへの教育支援事例を理解する。

本節では、外国人の子どもの教育にかかわる支援として、日本の社会福祉法人での実践、そして韓国における多文化家族支援における教育支援の体制について紹介する。

1 国内の事例：NPO/ボランティア団体による学習支援

ここでは、社会福祉法人日本国際社会事業団の事例、そしてNPO団体の事例を紹介する。

日本国際社会事業団（ISSJ：International Social Service Japan）は、東京都に事務所をおく社会福祉法人で、移民やその家族などに対するソーシャルワークを行う日本では数少ない専門支援機関の一つである。

ISSJはジュネーブに本部をおく世界的な社会福祉機関で国連の諮問機関のInternational Social Service（ISS）の日本支部でもある。ISSJは、1959年に社会福祉法人としての認可を受けて以来、多文化背景をもち、社会的援助を必要とする子どもと家族への相談事業、国際養子縁組事業、難民や移民に対する社会統合支援事業などを行っている。

ISSJは、2017年より「**ムスリム★1**女性のための日本語教室」を開始した。それは、母親として子どもを支援する力を身につけることが女性たちの自立や社会統合を支えるという視点に基づいている。

女性たちの悩みには子どもの学習に関するものがあり、また、学習の悩みを抱える子どもたちの背景には、家族の社会統合や地域での孤立等がある。女性たちの社会統合と子どもの教育問題は不可分であり、それらを統合的に支援するために、女性たちへの支援と並行して子どもたちの学習支援も行い、それによって家族の社会統合支援を行っていくことを目指している。教育と福祉が統合された支援を展開した結果、女性たちが暮らしや子育ての社会資源を理解する力がつき、問題への対処力が

★1 ムスリム：世界三大宗教の一つであるイスラム教を信仰している人々のこと。

向上している状況が生まれた。同時に、子どもにとっては居場所ができることに加えて、学習支援を通じて家族の生活課題や支援ニーズが把握できるようになっている。

学習支援を通じて福祉的課題を把握した児童や保護者に対しては、個別支援を行う。その際には、学校と連携するほか、必要に応じて行政機関にもつないでいる。また、支援の際には通訳を入れることで、家族が課題や支援について理解することを助けるように配慮している。

ISSJ は、群馬県に集住するムスリムコミュニティに対する子どもへの個別支援を行っていたが、コロナ禍により対面での支援が困難となり、オンラインで学習支援を行った。その際、他大学の学生、そして筆者のゼミの学生がボランティアとしてオンラインでの学習支援を行い、大学の教育活動との連携により支援が展開されていた。

オンラインでの学習支援の方法としては、ISSJ のソーシャルワーカーが子どもと学生が参加できる日時を調整し、当日はオンラインで両者をつなぎ、ボランティアは 45 分から 60 分程度、国語や算数のプリントを一緒に取り組むという形である。音読や算数の宿題等をともに取り組み、ときには雑談もしながら学ぶことで学習意欲の維持を支えている。学生からは、「今までかかわったことのない子どもたちと学ぶ機会をもつことができて、自分のなかの壁を以前よりもなくすことができた」「日本語の壁とは何なのかがよくわかった」等の声が聞かれ、受け入れ社会側に立つ者が日本社会での多文化問題に目を向ける機会となっていることも、意義ある点だといえる。

この事例のように、ソーシャルワークの機関が教育問題への支援を行い、そのなかで背景にある生活課題に対しても支援を行う点、そして地域大学との連携により大学生の意識変容がみられた点は、子どもたちが抱える、言葉と学習という課題のみに働きかけるのではなく、多様な文化背景をもつゆえの生活環境や社会統合上の課題にも働きかけをも行うという点、そして当事者のみならず社会環境の変化を促す（受け入れ社会の人々の意識変容）という点において、教育現場での国際ソーシャルワークの実践の重要性が示されたといえるだろう。

2 海外の事例：韓国の多文化家族の子どもの教育支援

　次に、韓国の事例を紹介する。韓国の 2020 年 11 月時点での外国人数は 170 万人で、全体の 3.3％を占め、国際結婚の割合は、韓国での全結婚の 7.6％、そして両親のいずれかが移民である夫婦から生まれた子どもの出生は、全体の 6.0％となっている [1]。

　韓国では、「多文化家族支援法」が 2008 年に施行された。この法律に基づき、結婚移住者や国際結婚家庭の子どもへの支援策が構築され、各自治体が多文化家族支援施策の実施、そして多文化家族支援センターの設置により多様かつ包括的な支援を提供している。

　表10-2 は、ソウル市での施策のうち、子どもの教育支援に関するものである。多文化家族支援センターでの子どもへの教育支援では、多文化家族の子どもを対象とする言語発達教室や、12 歳以下の多文化家族の子どもを対象とする韓国語発達評価および促進教育・親相談、そして訪問教育サービス等がある。

　訪問教育では、各家庭のニーズに応じて、韓国語教育、妊娠・出産サービスのほか、児童の教育その他の相談援助である「児童養育支援」などを行っている。

表10-2　ソウル市における多文化家族の子どもの教育支援

事業名	事業概要
多文化家族子女訪問学習	・多文化家族および外国住民子女（満 2〜12 歳）対象 ・韓国語や基礎科目（韓国語・英語・数学・社会・科学のうち 1 科目を選択）の訪問授業および心理検査の支援
多文化家族学位取得支援	・ソウル市立大学の随時募集（推薦入学）で特別選考に多文化家族の子どもが志願する機会を提供
訪問での多文化理解教育	・対象：ソウル市内の幼稚園・小学校・中学校・高校など ・期間：年中（休み期間を除く） ・方法：あらゆる国籍の外国人講師（40 か国、51 名）が学校を訪問し、教育実施 ・内容：多文化の紹介および体験活動など
幼少年サッカー教室	・多文化家族子女サッカー教室運営（満 5〜12 歳）
中途入国青少年および多文化家族子女進学指導	・中途入国青少年を対象に上級学校進学に関する保護者および生徒相談 ・多文化家族の予備受験生のための大学入試現場相談
多文化家族奨学金支援、合同結婚式、グローバル体験	・ウリ多文化奨学財団と協力して多文化家族の生活安定および社会統合を促す ・低所得層の多文化家族の子どもおよび結婚移民女性に対する奨学金支援 ・経済的な理由で結婚式をあげることができなかった多文化夫婦の結婚式および前撮り撮影、披露宴、新婚旅行などを支援 ・多文化家族の子どもにグローバル文化を体験する機会を提供
多文化家族子女への母国語教育支援	・多文化家族の子女に対する父母のそれぞれの国の言語と文化に対する教育の提供

出典：ソウル市ホームページを参考に筆者作成

表10—3	多文化教育政策の推進

> ●カスタマイズ型教育による公教育への接続・適応の支援
> ・多文化家族の幼児に言語および基礎学習を支援する「多文化幼稚園」の運営拡大
> ・中途入国や外国人生徒等に韓国語と韓国文化の教育を提供する「予備学校」の拡大
> ・学校生活への適応と基礎学力向上のための大学生によるメンタリング支援
> ・教科に関連した補助教材の開発、個人の才能にあった能力の開発、進路・進学教育の実施
> ●多文化理解教育の拡大
> ・すべての児童・生徒の多文化受容度と理解度を高めるための「多文化重点学校」の運営の拡大
> ・多文化教育に対する情報（教育機関や支援事業、教育資料等）を共有する「多文化教育コンテンツ」運営の計画
> ●部署間の協力や地域内の連携の強化
> ・多文化教育の支援にかかわる中央部署間の緊密な協力関係の構築と地域の多文化教育支援センターの拡大による地域の特性に配慮した多文化教育政策の推進

出典：小川佳万・姜姫銀「韓国における『多文化教育』支援に関する一考察——多文化予備学校の実践を中心に」『学校教育実践学研究』23, pp.140-141, 2017. を参考に筆者作成

　支援は、多文化家族支援センターに所属する教職員の経験者、社会福祉士などから選考された訪問指導士が行っており、センターに出向くことができない家族の学習権を保障するものとなっている[2]。また、韓国政府は 2016 年に「2016 年多文化教育支援計画」を公表し、 表10—3 の諸施策を実施している[3]。これをみると、教育支援と多文化家族支援が自治体を基盤として一体的に提供されていることがわかる。内容も幼児期から高校生、そして保護者を広く対象として、訪問教育のような**アウトリーチ型の支援**[★2] も積極的に取り組まれている。そのほか、すべての児童・生徒の多文化理解度を高める取組みも行っているなど、社会全体の多文化理解を促進する施策である点は、学ぶべき点も多い。

★2 アウトリーチ型の支援：「外へ(out)手を伸ばす(reach)」という意味であり、支援機関・支援者が機関で利用者を待つのではなく、積極的に支援を要する人、またはその状況にあると思われる人々や機関に出向いて支援を届ける取組みのこと。支援が必要であっても心身、あるいは社会経済的な事情でつながることができない人々への支援を行うための手法として開発された。

引用文献

1) 韓国統計庁「2020 Population and Housing Census (Register-based Census)」 http://kostat.go.kr/portal/eng/pressReleases/8/7/index.board?bmode=read&aSeq=391585&pageNo=&rowNum=10&amSeq=&sTarget=&sTxt= （2022 年 2 月アクセス）
2) 朴賢淑・坪田光平「国際結婚家庭における家族支援の意義と課題——韓国の訪問教育を事例にして」『東北大学大学院教育学研究科研究年報』60, 1, pp. 477-495, 2011.
3) 小川佳万・姜姫銀「韓国における『多文化教育』支援に関する一考察——多文化予備学校の実践を中心に」『学校教育実践学研究』23, pp. 139-145, 2017.

参考文献

・日本国際社会事業団『福祉の視点を取り入れた社会統合の試み：赤い羽根福祉基金　日本語教室を介した外国につながる家族へのアウトリーチと相談支援事業　2019 – 2020 年度活

動報告書』2021. https://www.issj.org/wp-content/uploads/2021/04/afcc0169bf66e05a220
281a62ce072a0.pdf

・ソウル市ハンウルタリホームページ（2021 年 11 月 22 日アクセス）　https://www.mcfamily.
or.kr/web/hcontents/hcontents.php?Spageno=8

学習のポイント

● 事例を踏まえて、教育の保障におけるソーシャルワークの役割を理解する。
● 課題解決に向けた社会への働きかけの重要性を理解する。
● ソーシャルワークのグローバル定義に基づいた子どもの教育支援の視点を理解する。

1 移民の子どもの教育支援におけるソーシャルワークの役割

　ここでは、日本の社会福祉法人による子どもへの教育支援、そして韓国における多文化家族支援施策に位置づけられている教育支援に共通した、ソーシャルワークの視点に支援をあらためて解説する。

　ISSJ の実践事例では、子どもへの支援だけを行うのではなく、保護者、特に母親の社会統合支援を重視し、子どもの学習支援と保護者への日本語学習や生活支援を関連づけて提供している。また、韓国での訪問教育では、訪問教育の一環として児童養育支援を行い、特に国際結婚女性の母親が家族内で劣位におかれるなど、家族、そして夫婦間の葛藤に悩む姿、そしてその悩みへの相談支援も並行して提供されている。子どもの教育問題の背景には親の言葉の問題や社会統合をめぐる悩みや苦しみがあり、その悩みへの支援を行うことを重視する視点は、保護者のエンパワメントであり、そして子どもが抱える課題を保護者、そして社会のなかでおかれている状況との関係に焦点を当てながらとらえる「エコロジカルな視点」の重要性を示している。

　また、ISSJ の事例、韓国の取組みはともに、多機関連携を重視した支援が展開されていた。ISSJ の実践では地域の機関や大学、そして韓国の「2016 年多文化教育支援計画」でも、機関連携の強化を重要施策として位置づけている。

　人の問題は、個人の能力や資質で起きるのではなく、家族や地域、施策などの社会環境要因の影響を受けて生じる。ゆえに、人の問題を理解

したり解決したりするためには、その個人や家族への働きかけや支援だけではなく、社会環境に対する働きかけが必要である。これが、ソーシャルワークの根幹にある、人と問題、そして環境のとらえ方である。教育機関のみで児童や家族に対し教育支援を行うのではなく、家族へも支援を行い、かつ地域の機関とともに対応するという社会環境への働きかけを含む点が、ソーシャルワークとして重要といえる。

②課題解決に向けた施策構築にかかるソーシャルワーカーの役割

　韓国の事例から得られる示唆の一つが、国による法律の整備が、子どもの教育問題、そして多文化家族にかかる福祉課題の解決に寄与している点である。韓国の場合、多文化家族支援法が2008年に施行され、この法律に多文化家族支援センターが位置づけられた。多文化家族支援センターが根拠法令に基づく機関であることは、多文化家族や子どもの教育支援を行ううえで、円滑かつ継続的な事業運営や、関係者や社会の理解を得るうえでも、そして支援を必要とする子どもや家族に対して効果的に支援を提供するうえでも重要である。

　一方日本では、文部科学省が日本語指導等、特別な配慮を要する児童生徒に対応した教員の配置、教員研修、「外国人児童生徒受入れの手引き」の作成、外国人児童生徒への日本語指導の「特別の教育課程」への位置づけなど、徐々に支援体制を整備してきた。また、2019年6月には日本語教育の推進に関する法律が施行され、「外国人等に対し、その希望、置かれている状況及び能力に応じた日本語教育を受ける機会」の最大限の確保を行うこと、そして子どもの教育においては「幼児期及び学齢期にある外国人等の家庭における教育等において使用される言語の重要性に配慮」することを基本理念として示した。基本的施策の一つに「外国人等である幼児、児童、生徒等に対する日本語教育」も位置づけられたことは、大きな前進である。しかし、教育問題にかかわる生活課題は支援の法的枠組みがあいまいなままに実践者の努力に依存している実情もあり、規定の整備は今後の課題である。こうした子どものウェルビーイングの保障を阻んでいる実情を社会に発信したり、施策を提言したりするのも、ソーシャルワークの責務である。

3 ソーシャルワーク専門職のグローバル定義に基づく、子どもの教育におけるソーシャルワークの役割

グローバル定義では「社会正義、人権、集団的責任、および多様性尊重の諸原理は、ソーシャルワークの中核をなす」としている。第1節で示したように、本来すべての子どもが教育へのアクセスが保障されることは子どもの人権保障であり、その実現が社会正義でもある。しかし、現実には多くの子どもがそうした状況にはない。その状況に対し、関係者だけではなく受け入れ社会全体の課題、つまり集団的責任に基づく課題としてとらえ、多文化背景をもつ子どももそのルーツにより排除されることのない社会をつくるということが、グローバル定義に基づく教育のあり方だろう。

「ソーシャルワークは、生活課題に取り組みウェルビーイングを高めるよう、人々やさまざまな構造に働きかける」と定義にもあるように、ソーシャルワークとは、可視化されていない人の声を代弁し、国や社会が仕組みを構築するのを促進するための行動をとることも含まれる。地域の諸機関と協働・連携して子どもの教育課題に取り組むとともに、受け入れ社会の変容も意図するような働きかけが求められる。

諸外国においても、難民・移民の子どもたちは教育を受ける環境では多くの試練に直面している。公教育への統合についても、受け入れ社会での公用語が話せない子ども、あるいは庇護希望者と認定された子どものみが、国の統計の対象となっているなど、全体像を把握することが困難となっており、流動的な難民や移民の子どもたちのニーズを正確に国レベルで把握できてはいない。混沌とした世界情勢のなかで、移民の子どもへの教育は、多くの国の共通課題であり、それがSDGsの目標になっているゆえんだろう。諸外国とも連携・連帯しながら解決を目指すことも、国際ソーシャルワークの重要な役割である。

参考文献

・小島祥美「外国籍の子どもの不就学ゼロに向けた教育支援の在り方──『誰ひとり取り残さない』ために自治体ができる教育施策の提案」『都市とガバナンス』3, pp. 28-36, 2021.
・南野奈津子「在日外国人の子どもの支援」『保健の科学』60 (9), pp. 593-597, 2018.
・UNHCR, UNICEF, IOM, ACCESS TO EDUCATION FOR REFUGEE AND MIGRANT CHILDREN IN EUROPE, 2019. https://www.unicef.org/eca/media/7971/file

グローバル化と
スクールソーシャルワーク実践

　私が外国につながる子どもとかかわり出したのは、大学卒業後数年たった頃です。阪神淡路大震災での多言語支援を機に展開していった多文化共生センターでのボランティアがきっかけでした。そこから他団体での子どもの進路相談や勉強会、学校での通訳等、活動は広がっていきました。その後家庭をもち子どもを授かりました。転勤族が多い土地柄もあり、地域とのつながりが薄く不安や悩みを抱えながら「孤育て」している母親たちと出会い、親子の居場所づくりに携わりました。身近な生活圏で新たな外国につながる子どもの支援活動も始めました。

　それから5年後。当時2歳だった次男の病気でこれまでの生活は一変しました。1年に及ぶ入院生活は死と隣り合わせで、悲しみと恐怖で押しつぶされそうでした。同時に幼い兄妹の世話や生活面での不安も募りましたが、医療福祉制度や支援団体の助け、親族や友人の支えで乗りきることができました。

　一方で、同じ病棟には職場と病院の往復で疲れ切っているひとり親の方や、日本語がほとんどわからない外国人家族がいました。メンタルの不調をきたし病院に来ることができない親も少なくありませんでした。病気の子どもと過ごすことも、必要な支援にたどり着くことも難しい状況である人が大勢いました。

　数年が経ち当時をふり返るなかで、困難を抱える人たちを支えるための仕組みを考える社会福祉を学びたいという思いが高まり、大学に編入しました。ソーシャルワークの価値を中核に据え幅広い領域の学びを深める過程で、自分自身の「人」と「社会」のとらえ方が日々変化していくのを感じました。さまざまな社会現象に対する自分の偏狭で一面的な見方に気づくこともできました。また、これまでの活動で「支援」と称してきた自分の言動について省みる機会にもなりました。

　大学のテキストで「スクールソーシャルワーカー（SSW）」という職業を知り、これまで出会ってきたさまざまな子どもたちが集う学校での実践に心惹かれました。その後SSWとなり、現在は後進育成も担っています。日本におけるスクールソーシャルワークの歴史はまだ浅く課題も山積みですが、子どもの最善の利益を目指し何ができるのか模索しています。

　学校には困りごとを抱える外国につながる子どもが何人もいました。メディアでは外国人集住地域での先駆的取組みをしている学校をよく目にします。しかし、私がかかわった学校のほとんどは受け入れ経験も少なく、子どもの問題をとらえ切れていないことが多々ありました。

　言葉や文化の違い、社会構造を背景とした脆弱な家庭環境の割合の高さ、アイデンティティのゆらぎ、同調圧力の強い学校文化への不適応等によるしんどさは、不登校や問題行動と呼ばれる言動で表出します。意欲や関心の低下、沈黙という形で表れることもあります。

　SSWは学校を拠点に家庭や地域ともつながっていき、関係機関にも足を運びます。さまざまな場面で子どもと出会いかかわりを深める過程でニーズを把握し、アセスメントを深め、ス

トレングスを活かした支援につなげていけるよう試みます。また、個別のかかわりから見えてきた学校や地域の共通課題に向けたメゾ実践、自治体での仕組みづくりや社会資源開発といったマクロ実践へと展開する役割も担っています。

忘れられない出来事があります。

ある日、いつも私の名札をじっと見ていたＡさんが声をかけてきました。

「名札の名前見られてこわくない？」と。

聞くとＡさんは両親から母親が外国人であることを内緒にするよう言われていました。母親が外国人であることは見た目でわかるので、学校行事は日本人の父親だけ参加しているとのことでした。Ａさんは「いじめられたら嫌だから友だちには言わないで」と繰り返しました。

不安な気持ちは痛いほどわかります。私も数年前に街中でヘイトスピーチに遭遇したとき、怒りでも悲しみでもなく、足元が崩れ去るような恐怖を感じました。在日コリアンとして生まれ育ち、生活を営み、数え切れないほどの大切な人たちがいる故郷である日本に住み続けられないのではと怯えました。

コロナ感染拡大から社会不安が高まり出すと、初対面の人に自分の名前を伝えるときの緊張感がいつも以上に増しました。どこかで同じ思いをしている子どもや子どもの家族を思うと、心が痛みます。

急激なグローバル化に伴う社会変化により、至る所でコンフリクトが起きています。多文化背景をもつ人は増加していますが、互いが出会う機会は少ないのではないでしょうか。偏見からではなく接し方がわからず距離をおいてしまうこともあり、それは心の距離を広げていきます。そのような現状を考えたとき、多様な背景をもつ子どもたちが出会い、ともに学び育つ学校という「場」に大きな希望を感じます。さまざまな友だちとの出会いが、それぞれの子どもたちの豊かさにつながるよう、SSWとして何ができるのか問い続けていきたいです。

Ａさんの後日談があります。Ａさんはその日から会うたびに声をかけてくれ、家にも来てほしいと言ってくれました。担任の先生と一緒に訪問を重ね、ご家族と語り合いました。クラスや学年では子ども一人ひとりが大切にされる集団づくりを目指しさまざまな取組みを行いました。

3学期の学校行事の日、初めてＡさんのご両親がそろって学校に来られました。友だちにお母さんを紹介するＡさんのはじけるような笑顔が忘れられません。

李　慶姫（スクールソーシャルワーカー）

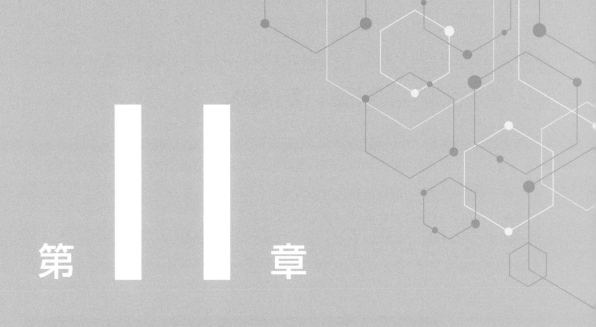

第 **II** 章

医療に関する
国際ソーシャルワーク実践

　人は生活のなかで、病気、けが、事故など困難な事態に陥ることがある。

　近年の医療の進展、IT などの情報システムの普及、そして交通機関の発達により、人の交流は世界レベルとなっている。このグローバル化は感染症などにみられるように、世界レベルで病気が蔓延するなどの現象が起こっている。

　これにより国内外でさまざまな課題を残している。医療もソーシャルワークも人の「生」を対象として、病気や障害によって生じる健康や生活などの課題に対して、生活の質の維持向上を目的としている。

　本章では、医療に関連した世界の動向や国内の課題についてまとめ、国際ソーシャルワークにおけるミクロ・メゾ・マクロレベルの実践について具体的に解説する。

国際ソーシャルワークにおける医療に関連した課題

学習のポイント

● WHO の役割と意義を理解する。
● SDGs と健康の社会的決定要因を理解する。
● ユニバーサル・ヘルス・カバレッジ (UHC) を理解する。

1 WHO (World Health Organization) とは

WHO★1 （World Health Organization）は 1948 年に設立された。

その目的は、すべての人々の健康を増進し、保護するため互いにほかの国々と協力することとしている。

同年に国際連合の世界人権宣言が採択されたが、第 25 条には、「すべて人は、衣食住、医療及び必要な社会的施設等により、自己及び家族の健康及び福祉に十分な生活水準を保持する権利並びに失業、疾病、心身障害、配偶者の死亡、老齢その他不可抗力による生活不能の場合は、保障を受ける権利を有する」と明記されている。つまり基本的な人権として、「健康」が明示されたのである。

また、WHO 憲章★2 においては、健康の定義について「病気の有無ではなく、肉体的、精神的、社会的に満たされた状態」にあることを掲げた。そして、それが人種、宗教、政治信条や経済的・社会的条件によって差別されることなく、最高水準の健康に恵まれることが基本的人権であるとしている。

WHO の設立以来、医療保健の国際的取組みは広がりをみせるが、当初は主に天然痘やマラリアなどの感染症予防が重視されてきた。その後、1970 年代以降には感染予防の視点だけではなく、開発途上国の人々の保健医療や教育など生活の基本的なニーズ（Basic Human Needs）を重視する開発戦略が重視されるようになった。

1978 年に WHO、UNICEF（ユニセフ）の合同会議がカザフスタン共和国のアルマ・アタで開催され、グローバルな保健医療政策の基礎となる歴史的なアルマ・アタ宣言★3（Alma Ata Declaration）が採択された。

★1 WHO：本部はスイスのジュネーブで、194 の国と地域が加盟している。活動内容は、感染症対策、高血圧、肥満、がんなど多くの疾患に関する国際的なガイドラインなどを策定している。

★2 WHO 憲章：世界保健機関（WHO）憲章は、1946 年にニューヨークで 61 か国の代表により署名され、1948 年より効力が発生した。日本では 1951 年に条約第 1 号として公布。WHO の理想や目的を明示したもの。

★3 アルマ・アタ宣言：1978 年、WHO とユニセフの呼びかけで旧ソ連のカザフスタン共和国の首都アルマ・アタに、世界 140 か国以上の代表が集まって行われた国際会議で、「2000 年までにすべての人に健康を」という目標を定め、そのための世界戦略として、プライマリー・ヘルス・ケア（PHC）という理念を打ち出した。

この宣言は人間の価値を重視し、公平、公正、ジェンダーへの配慮を強く提唱したことが特徴である。さらに、保健医療の問題把握とその解決には質的情報も含め、正確な情報が極めて重要であること、また住民自らがその当事者となることが求められている。

　また、国連ミレニアム開発目標（MDGs）は、国連加盟国が2015年までに達成しようとすることに同意した八つの目標がある。そのなかでWHOは六つの目標を健康関連として取り組んだ。その目標は以下の通りである。

ミレニアム開発目標1：極度の貧困と飢餓を根絶する。

ミレニアム開発目標4：乳幼児死亡率を減らす。

ミレニアム開発目標5：母体の健康を改善する。

ミレニアム開発目標6：HIV/AIDS、マラリア、その他の病気と闘う。

ミレニアム開発目標7：環境の持続可能性を確保する。

ミレニアム開発目標8：開発のためのグローバルなパートナーシップを構築する。

　このように、WHOは、保健医療分野では早くからグローバルアクションをとってきている。

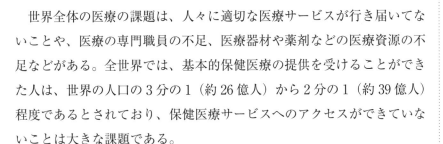

2 世界の医療間格差の問題

　世界全体の医療の課題は、人々に適切な医療サービスが行き届いてないことや、医療の専門職員の不足、医療器材や薬剤などの医療資源の不足などがある。全世界では、基本的保健医療の提供を受けることができた人は、世界の人口の3分の1（約26億人）から2分の1（約39億人）程度であるとされており、保健医療サービスへのアクセスができていないことは大きな課題である。

　2015年中に、保健医療費が世帯支出の10％以上を占めた人は世界で約9億人以上いたとの報告もあり、多くの人が医療費負担を原因として貧困化しているとされている。

　先進国の主な死亡原因は心臓病、がん、脳血管系疾患といった**生活習慣病**★4が主であるが、開発途上国では依然として、下痢症、エイズ、肺炎、マラリア、結核、はしかなどの感染症で多くの人が命を落としている。その原因の多くは安全な水やワクチンがあれば防ぐことができるものである。

　また、感染症は予防することが可能で、治療法もわかっているにもか

★4 生活習慣病：食事や運動、休養、喫煙、飲酒などの生活習慣が深く関与し、それらが発症の要因となる疾患の総称。先進国の死因の上位を占める。心臓病、がん、脳血管系疾患などが含まれる。

かわらず、世界全体の死亡者の半分以上を占めており、そのほとんどが開発途上国で起こっている。

　国際社会の取組みにより、1990年には年間1260万人だった5歳未満児の死亡数が2018年には250万人に減少するなど、大きな成果があった。また、同期間で5〜14歳の子どもの死亡率は53%低下し、死亡者数は170万人から46%減少し、年間90万人に減少した。

　しかし、同じ国のなかでも格差があり、地方部・へき地居住者、低所得者層に加え、女性、障害者、少数民族など社会的に弱い立場にある層では、保健医療サービスから取り残される人々が多くいる。

　医療格差は開発途上国だけでなく、先進国においても存在している。国民皆保険制度がないアメリカでは、収入格差がそのまま医療格差につながっており、収入が少ない人は病気になったとしても、十分な医療サービスを受けられない人が多い状態にある。

　日本においても医療格差は問題である。医師不足の度合いは地方と都市部とで異なるが、地方でも県庁所在地とそれ以外の地域の差が大きいことから、医療格差が存在しているといわれている。この医療間格差は開発途上国だけではなく、先進国のように医療環境が整っていたとしても、満足に医療サービスを受けられない人がいる。こうした不公平を是正することで、医療格差を少しでもなくしていく取組みが重要である。

3　SDGsと健康の社会的決定要因

SDGsについては第2章第4節参照

　前述した国連ミレニアム開発目標（MDGs）の後、持続可能な開発目標（Sustainable Development Goals：SDGs）が掲げられた。保健医療分野は、目標3「あらゆる年齢のすべての人々の健康的な生活を確保し、福祉を促進する」（ 表11—1 ）に集約されている。

　この健康や命にかかわる目標やターゲットはさまざまな分野と深く関連している。WHOでは、健康と関連したSDGsの目標とターゲットは多岐にわたり、以下に示す目標が、健康に関連しているとしている。すなわち、「目標1　貧困をなくすこと」「目標2　飢餓をゼロにする」「目標5　ジェンダー平等」「目標6　安全な水とトイレ」「目標7　クリーンエネルギー」「目標11　まちづくり」「目標16　平和と公正」「目標17　パートナーシップ」などがそれに該当する。

　これらから理解できるように、健康は、社会的決定要因（social determinants of health）である、政治的、社会的、経済的要因によっ

表11—1 SDGs の「目標3　すべての人に健康と福祉を」のターゲット

3.1　2030年までに、世界の妊産婦の死亡率を出生10万人当たり70人未満に削減する。

3.2　すべての国が新生児死亡率を少なくとも出生1,000件中12件以下まで減らし、5歳以下死亡率を少なくとも出生1,000件中25件以下まで減らすことを目指す。

3.3　2030年までに、エイズ、結核、マラリア及び顧みられない熱帯病といった伝染病を終息するとともに肝炎、水系感染症及びその他の感染症に対処する。

3.4　2030年までに、非感染性疾患による若年死亡率を、予防や治療を通じて3分の1減少させ、精神保健及び福祉を促進する。

3.5　薬物乱用やアルコールの有害な摂取を含む、物質乱用の防止・治療を強化する。

3.6　2020年までに、世界の道路交通事故による死傷者を半減させる。

3.7　2030年までに、家族計画、情報・教育及び性と生殖に関する保健サービスをすべての人々が利用できる。

3.8　すべての人々に質の高い基礎的な保健サービスへのアクセス及び安全で効果的かつ質が高く安価な必須医薬品とワクチンへのアクセスを含む、ユニバーサル・ヘルス・カバレッジ（UHC）を達成する。

3.9　2030年までに、有害化学物質、ならびに大気、水質及び土壌の汚染による死亡及び疾病を減らす。

3.a　すべての国々において、たばこの規制に関する世界保健機関枠組条約の実施を適宜強化する。

3.b　主に開発途上国に影響を及ぼす感染性及び非感染性疾患のワクチン及び医薬品の研究開発を支援する。また、知的所有権の貿易関連の側面に関する協定（TRIPS協定）及び公衆の健康に関するドーハ宣言に従い、安価な必須医薬品及びワクチンへのアクセスを提供する。

3.c　開発途上国において保健財政及び保健人材の採用、能力開発・訓練及び定着を大幅に拡大させる。

3.d　すべての国々で健康危険因子の早期警告、危険因子緩和及び危険因子管理のための能力を強化する。

て健康格差[★5]（health disparities, health inequalities, health divide）が生じることになる。**表11—2** に10の因子を示す。

　つまり、健康のためには日常生活の改善が必要ということである。子どもの頃からの生活水準を確保し、健康でいるために必要な収入が誰にも確保される社会的保護の政策が求められる。

★5 健康格差：人種や民族、社会経済的地位による健康と医療の質の格差。WHOは、教育、雇用状況、収入レベル、性別、民族性などの社会的要因が人の健康に著しい影響を与えるとしている。米国保健資源事業局は「疾病、健康状態、医療アクセスにおける集団特異的な違い」と定義している。

表11—2 社会的決定要因			
①社会格差	②ストレス	③幼少期	④社会的排除
⑤労働	⑥失業	⑦ソーシャルサポート	
⑧薬物依存	⑨食品	⑩交通	

　日常生活における不公平の背景である、権力、富、必要な社会資源での不公平を生み出している社会のあり方を是正していくソーシャルアクションが必要になる。男女の不公平を含め、国がすべての政策において健康やその平等を考慮し、社会的決定要因のために国家財政を強化し、国や世界の市場においても理解を得らえる社会づくりが求められる。

　また、社会におけるすべての集団や市民に、健康とその平等のための社会づくりへの参画を求めることも考えられる。さらに、健康格差を測定し、政策のインパクトを評価することが重要である。

　健康格差と健康の社会的決定要因をモニタリングする地域的・国家的・世界的サーベイランスシステムをつくり、そのデータに基づいた研究でエビデンスを生み出す。政策立案者・利害関係者・保健医療実践者の健康の社会的決定要因に対する理解を促進し、社会の関心を高める必要がある。健康は社会的な状況を整備することが求められており、社会保障、社会福祉、公的扶助、公衆衛生からの関与が求められている。

4 ユニバーサル・ヘルス・カバレッジ（UHC）

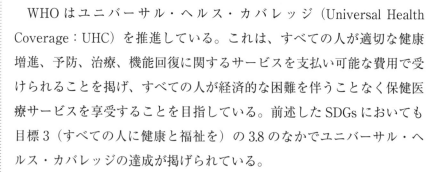

　WHOはユニバーサル・ヘルス・カバレッジ（Universal Health Coverage：UHC）を推進している。これは、すべての人が適切な健康増進、予防、治療、機能回復に関するサービスを支払い可能な費用で受けられることを掲げ、すべての人が経済的な困難を伴うことなく保健医療サービスを享受することを目指している。前述したSDGsにおいても目標3（すべての人に健康と福祉を）の3.8のなかでユニバーサル・ヘルス・カバレッジの達成が掲げられている。

　その達成のためには「保健医療サービスが身近に提供されていること」「保健医療サービスの利用にあたって費用が障壁とならないこと」の二つが達成される必要があることから、2017年7月の国連総会では「必要不可欠の公共医療サービスの適用範囲」と「家計収支に占める健康関連支出が大きい人口の割合」をSDGsにおけるユニバーサル・ヘルス・カバレッジ指標とすることが採択された。

図11—1 ユニバーサル・ヘルス・カバレッジの達成に向けて

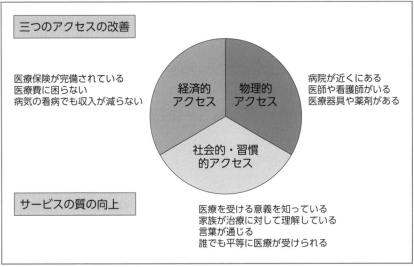

三つのアクセスの改善

医療保険が完備されている
医療費に困らない
病気の看病でも収入が減らない

経済的アクセス

物理的アクセス

病院が近くにある
医師や看護師がいる
医療器具や薬剤がある

社会的・習慣的アクセス

サービスの質の向上

医療を受ける意義を知っている
家族が治療に対して理解している
言葉が通じる
誰でも平等に医療が受けられる

出典：国際協力機構「ユニバーサル・ヘルス・カバレッジ（UHC）」 https://www.jica.go.jp/aboutoda/sdgs/UHC.html を参考に筆者作成

　ユニバーサル・ヘルス・カバレッジを達成するためには、物理的アクセス、経済的アクセス、社会的・習慣的アクセスの三つのアクセスの改善に加え、提供されるサービスの質が高まることが重要であるとしている（**図11—1**）。

参考文献

・WHO, 世界銀行「2017 UHC グローバルモニタリングレポート」2017.
・World Health Organization, Primary health care on the road to universal health coverage：2019 global monitoring report, 2019.
・厚生労働省 2020 年度海外情勢報告　https://www.mhlw.go.jp/wp/hakusyo/kaigai/21/
・World Health Organization, Social determinants of health：The solid facts, 2nd ed, 2003. http://www.euro.who.int/_data/assets/pdf_file/0005/98438/e81384.pdf（WHO ヨーロッパ事務局『健康の社会的決定要因——確かな事実の探求 第 2 版』2004.　http://www.tmd.ac.jp/med/hlth/whocc/pdf/solidfacts2nd.pdf）
・Goldberg, J., Hayes, W., and Huntley, J.,Understanding Health Disparities. Archived WHO https://www.who.int/news-room/facts-in-pictures/detail/health-inequities-and-their-causes （2021 年 12 月 10 日アクセス）
・国際協力機構「ユニバーサル・ヘルス・カバレッジ（UHC）」 https://www.jica.go.jp/aboutoda/sdgs/UHC.html
・日本 WHO 協会　https://japan-who.or.jp/about/ （2021 年 12 月 10 日アクセス）
・World Health Organization　https://www.who.int/ （2021 年 12 月 10 日アクセス）

医療に関連したソーシャルワークアプローチ

● 医療領域における外国人患者のソーシャルワーク（ミクロレベル）を理解する。
● 医療領域における外国人患者支援の地域連携のあり方（メゾレベル）を理解する。
● 医療領域における国際的な課題（マクロレベル）を理解する。

I 医療領域における外国人患者のソーシャルワーク（ミクロレベル）

外国人患者家族へのソーシャルワーク

　移住先で外国人が医療機関を利用するにあたっては、さまざまな課題がある。

　なかでも、近年は労働目的で入国してくる外国人の増加で、外国人患者もまた増加しており、医療現場では外国人患者の言葉の違いが大きな障壁となる場合がある。つまり、医療スタッフと患者間でコミュニケーションが困難になる場合が少なくない。

　患者側からは、正しい情報収集に基づいた納得のいく治療を選択できなくなる。医療者側にとっても、説明をして同意を得たうえで治療を進めたいが、言葉が壁になってそれがかなわない場合がある。

　さらに、外国人患者はその国の複雑な制度の仕組みやサービスも理解できない。また多くは医療費の問題に直面する。特に異国の地で病気やけがをすることは、それだけでもストレスである。さらに、医療者側は治療や入院中の宗教上の禁忌や、文化・習慣にも配慮する必要もある。

　外国人の定住化が進むことで、コミュニティ内の施設、機関、保健センターなどを巻き込んでの支援も必要になる。例えば、子育て支援との連携、高齢者サービス提供機関や施設からのサービス提供、職場復帰や復学支援なども、医療機関のソーシャルワーカーは行うことになる。また、がん患者や HIV/AIDS★1 などの課題も大きい。

★1 HIV/AIDS：後天性免疫不全症候群（acquired immunodeficiency syndrome：AIDS：エイズ）と、ヒト免疫不全ウイルス（human immunodeficiency virus：HIV）のことをいう。HIV の感染によって AIDS が生じ、適切な治療が施されないと重篤な全身性免疫不全により日和見感染症や悪性腫瘍を引き起こす。

国によっては、性風俗産業組織のなかで外国人女性を強制労働させていることもある。医療機関にはそのような外国人患者が来院することがあるが、来院して初めて人身売買だったことが発覚するケースも少なくない。売春などによる性感染症への罹患や、知らずに妊娠、中絶を強要されることなどもある。

　さらに、異国の地での子育てによる母親のストレス過多から生じるメンタルヘルスの問題、児童虐待で救急外来に運ばれてくる子ども、DVなどによって危機的状況にある外国人の保護など、人権侵害にかかわるケースに対してソーシャルワーカーは支援を行うことになる。

外国人支援におけるソーシャルワークに必要な知識・視点と役割

　上記のようなケースでは、ソーシャルワークに専門的知識、技法が求められる。まず、法制度、外国人固有の出入国に関連する法律や難民に関する法律などを理解することが求められる。また、在留外国人はフォーマルな資源が使える可能性もあるが、非正規滞在者★2 に適用できる国の法制度の存在と、その限界性を知っておく必要がある。

　特に非正規滞在者に提供できるフォーマルのサービスには限界がある。したがって、インフォーマルな資源の役割は大きい。NGO/NPO機関、ボランティア団体、宗教団体などの社会資源を知っておくことは、外国人患者の大きな助けになることがある。

　また、各国の文化、宗教、国情、医療サービスの状況などの正しい知識も必要になることはいうまでもない。

　外国人患者は、医療機関では権利を阻害されやすい。外国人に対する偏見や理解不足も多く、必要な医療が受けられないことも多い。医療機関には「外国人は医療費支払いに困る」などとラベリングされ、治療拒否されることもある。ソーシャルワーカーはアドボカシーを基盤に、ときに医療者側に対して代弁機能や仲介機能を果たすことなどが求められる。

　医療費などの問題に対しては、使えるサービスを探すことも必要となる。病気やけがで障害を残す場合や、継続した治療が必要な場合、慢性疾患を抱えながら生活をしなければならない外国人患者に対しては、退院後の療養支援や生活支援を検討する必要がある。この場合、医療サービスを提供している機関、地域サービスを提供している機関や施設など

★2 非正規滞在者：在留の資格をもたない人がその国に滞在していること。ここでは、在留資格のない外国人が日本に滞在している場合を指す。

第11章 医療に関する国際ソーシャルワーク実践

との調整機能を果たすことが求められる。

2 医療領域における外国人患者支援の地域連携のあり方（メゾレベル）

医療領域でのソーシャルワークのメゾレベルの実践では、生命や治療に価値づけられた医療機関という組織に社会や人生、生活、ウェルビーイングを意図して介入することに特徴をもつ。コミュニティでの展開でも、地域で適切な医療のサービスの提供に加えて、ソーシャルワークの目指すウェルビーイングを組み込む形で実践が行われる。

例えば、外国人である当事者団体と連携、その課題解決のための専門職チームの立ち上げ、地域で会議を開催、同じ目的をもっている組織を地域に立ち上げ、財政的基盤を構築するための助成金やカンパの募集など、さらに立ち上げたものをコミュニティに定着するように働きかけることも含む。また、この活動をコミュニティからほかのコミュニティへ、そして市町村レベルに実践を広げていくことにもなる。

そのためにソーシャルワーカーは、この活動の意義を理解してもらう啓発活動、ソーシャルアクションなどを展開していく必要があろう。

また、次節で述べるが、地域医療機関での外国人の言葉の壁注1 を、地域課題として地域全体で共有しNPO法人を設立させ、行政との協働事業として実施している例などがある。

3 医療領域における国際的な課題（マクロレベル）

グローバリゼーションにおける保健医療現場の現状を考えてみると、近年の医療の進展、ITなどの情報システムの普及、そして交通機関の発達により、人々は気軽に世界を飛び回ることができ、人の交流は世界レベルとなっている。

その一方で、現在の国際開発は、富の蓄積と貧困が同時に存在する状況を生み出し、社会的・経済的不平等が顕在化している。

医療の国際化によって、先進国を中心とした富裕層が開発途上国の貧困層から臓器を買う「移植ツーリズム」などが世界的に問題になっている。2008年のイスタンブール宣言★3 では臓器移植は自国で行うべきであるという「世界的自給自足の方向性」が示されているが、世界中では、人間の臓器を斡旋・提供する臓器売買が横行しているのも事実である。しかもその実態はかならずしも明らかにされていない。

★3 イスタンブール宣言：「臓器取引と移植ツーリズムに関するイスタンブール宣言」の略称。2008年、国際移植学会が中心となってイスタンブールで開催された国際会議で採択された宣言。臓器売買・移植ツーリズムの禁止、自国での臓器移植の推進、生体ドナーの保護を提言している。

また、生殖補助医療の進展を受けて、代理出産が可能になったが、日本国内では代理出産そのものを規制する法制度は未整備となっている。不妊夫婦にとっては子どもが欲しいという思いが切実である。そのため、アメリカなどの先進国より費用が安く代理出産ができるインドで、多数の先進国の不妊夫婦が代理出産を行っている事実がある。しかし、ここには宗教上の問題や、代理母が子の引き渡しを拒否する事件、生まれた子が障害をもっていたために依頼元の父母が引き取りを拒否する事例などの人権侵害も起きている。

　このようなケースに対しては、マクロレベルの介入として、ソーシャルワーカー団体は、国内の関係省庁と連携を図ること、ロビーイング活動、さらに国際ソーシャルワーカー連盟（IFSW）と連携を図り、国際レベルでのソーシャルアクションを展開する必要がある。

　特に、HIV/AIDS、新型コロナウイルス感染症の問題をはじめとする地球規模で起こっている健康課題は医療だけでは対応できない。保健医療のソーシャルワークの領域においても、国際機関、官民、市民社会と連携しながら、マクロレベルでの支援を検討する時期が到来している。

注

注1　門美由紀「エスニシティに配慮したソーシャルワーク実践」『ソーシャルワーク研究』42-2, pp. 27-33, 2016.「ことばの壁」についてソーシャルワークの価値に基づいて、気づき・知識・技術について整理している。

参考文献

・小原眞知子「グローバリゼーションと保健医療対策の動向とその課題──ソーシャルワークからの貢献とその可能性」ソーシャルワーク研究, 41-3, pp. 37-45, 2015.

・井上順孝ほか『グローバル化と民族文化』新書館, 1997.

・小西加保留『ソーシャルワークにおけるアドボカシー』（MINERVA 社会福祉叢書）, ミネルヴァ書房, 2007.

・R. ロバートソン, 阿部美哉訳『グローバリゼーション──地球文化の社会理論』東京大学出版会, 1997.

・Held, D., McGrew, A., Globalization/Anti-globalization, Polity Press, 2002.（2nd ed., 2007）（D. ヘルド・A. マッグルー, 中谷義和・柳原克行訳『グローバル化と反グローバル化』日本経済評論社, 2003.）

・McGrew, A. G., The Transformation of Democracy? "Globalization and Territorial Democracy", Polity Press, 1997.（A. マッグルー, 松下冽監訳『変容する民主主義──グローバル化のなかで』日本経済評論社, 2003.）

・小堀栄子ほか「日本在住外国人の死亡率 示唆されたヘルシー・マイグラント効果」日本公衛誌第 64 巻第 12 号, 2017.

医療領域のソーシャルワーク実践事例

● 非正規雇用外国人の労働災害に関する支援から文化・宗教を考慮する意義を理解する。
● 医療費で苦慮したアジア人女性の支援から、制度活用を理解する。
● 外国人患者にとっての医療通訳派遣事業の意義を理解する。

Ⅰ 非正規雇用外国人の労働災害に関する支援から学ぶ文化・宗教を考慮する意義

中東のイスラム教徒の 20 代の男性である A さんは、母国の友人と同居していた。ある日、工事現場でクレーン車が転倒し、右足に重傷を負う大惨事に見舞われ、救急入院となった。A さんは観光ビザで来日していたので、入院時は非正規滞在であった。

A さんは手術により足を切断することになってしまった。予測される高額の医療費の支払いについては会社側と交渉をし、会社が全額支払うことになった。また、イスラム教徒であることから、豚由来のワクチンを接種できないことや、点滴にアルコール成分が含まれていればそれを受けられないなどの制約がある。

これらについては、A さんに確認をとることが必要となり、母国語の医療通訳が必要になるため、ボランティア機関に依頼し、早急に対応してもらうことができた。

また、ハラルフード★1 が提供できない病院の食事については、母国の友人を中心にボランティアを募り、7 人が毎日、決まった日に食事を届けてくれるように調整した。このことはニュースに取り上げられ、病院に寄付の問い合わせなどがあったため、療養生活のための基金が集まった。それにより、入院中の A さんはハラルフードの食事、身の回りの物品などを購入することができた。

A さんは切断した足を医療廃棄物として処理することは避けたいという希望で、切断した足をモスクに埋葬することを希望した。その間、

★1 ハラルフード：イスラムの教え（聖典クルアーンの規定）に則った食品のこと。適切な方法で畜殺された食品が使われていることや、豚肉や豚肉由来食品、アルコールなどが入っていないことを保障する食品。

病院側に冷凍保存してもらうように依頼した。母国から両親を呼び寄せることができ、本人の体調が回復するのを待って、埋葬の儀式に臨んだ。

この事例の場合、Aさんは労働災害であることから、労災補償を受け取ることができるはずである。これに対し、会社側は申請を拒否したが、働いていれば非正規滞在でも労働法はすべて適用され、就労中にけがをすれば労災補償を受けることができると法的には認められている。そこで、労働相談などの窓口に問い合わせ協議をした。労働組合を通じて会社と交渉した結果、会社から補償を得ることができた。

このように、非正規雇用の外国人の場合、利用できる制度を理解しておく必要がある。また、インフォーマルサポートを形成する必要がある場合も少なくない。また、宗教上の配慮が必要な場合は、ソーシャルワーカーは十分な知識をもって対応することが求められる。

2 医療費で苦慮したアジア人女性の支援から、制度活用を学ぶ

20代の女性Bさんはアジア系の女性である。興行ビザで来日したが、ビザが切れてしまい非正規滞在であった。その間はクラブやスナックで働いていた。日本では知人と生活を送っていた。

Bさんは、ある日体調不良となったが、医療保険がないことから、医療機関で受診をせずに放置していた。ところが、いよいよ体調がおもわしくないことから、しぶしぶ受診した。その結果、末期の卵巣がんであることが判明した。

高額の医療費がかかることから、医師は治療費などについての対応を検討するようにと、医療ソーシャルワーカーに依頼した。

さて、Bさんの状況から、まず居住地であるC市の生活保護課に相談をした。適法に日本に滞在し、労働制限がない永住資格や定住資格をもつ外国人、または在留資格によっては、人道上の観点から、生活保護に準ずる行政措置を受けられる場合がある。

しかし、この場合、Bさんが非正規滞在であることから、適用外であることが告げられた。そこで、末期のがんで苦しんでいるBさんの病状から、医療ソーシャルワーカーは**行旅病人及行旅死亡人取扱法**★2（行旅病人法）の申請を検討した。簡単に申請が受理されないことを知っていた医療ソーシャルワーカーは、都道府県レベルの行政職員と根気強く

★2 行旅病人及行旅死亡人取扱法：行旅人（旅行などで移動をしている人）が病気になったり死亡したりした場合の取り扱いに関する法律。行旅人の病気や死亡時には所在地の市町村が救護するべきことなどを定めている。

協議し、対応を検討した。その結果、申請は受理された。

3 外国人患者にとっての医療通訳派遣事業の意義を学ぶ

厚生労働省の調査（2019年）によると、1か月間で外国人患者数を前向き調査したところ、4395か所の医療機関のうち、5割で外国人患者の受け入れがあったことを報告している。

拠点的な医療機関やJMIP、JIH登録医療機関[★3]では、8割以上が受け入れている。医療機関では、治療を開始する場合に医師や医療スタッフからの説明を受け、外国人患者が治療のメリット、デメリットを理解し、また、自らの文化や宗教上の理由から検討しなければならないことを伝えるなど、通訳が必要となる場合が少なくない。彼らが母国語でコミュニケーションをとり、安心して治療に臨めることが求められる。

医療通訳は医学の専門用語だけではなく、医療保険制度、母子保健、障害者福祉、介護などの通訳をするための幅広い知識も必要である。さらに、医療現場での状況を把握していることや、倫理的側面や医療文化などの知識も必要になる。

日本においては、医療通訳を使う明確な法的根拠はない。医療通訳制度が未整備であり、適切なコミュニケーションが図れないことから診療拒否につながりかねない。

ここでは、神奈川県のNPO法人MICかながわ[★4]について紹介する。現在、医療通訳派遣システム事業として、神奈川県および県内市町との協働事業を行っており、70の協定医療機関があり、年間7767件、対応言語数が13か国語となっている。また、神奈川県内および近郊の医療機関への派遣も行っている。各医療機関では医療ソーシャルワーカーがこの事業の仲介をしている。

このように、医療ソーシャルワーカーが地域の専門家と協働して、外国人の医療問題に取り組んでいく姿勢は重要である。それをほかの医療機関関係者、行政、関係団体、NGO、NPO、当事者を巻き込んで、意義のある事業に発展させていく活動は、多文化共生社会において、今後ますます必要となる。

★3 JMIP、JIH登録医療機関：日本医療教育財団の外国人患者受け入れ医療機関認証制度（JMIP）、Medical Excellence JAPAN（MEJ）のジャパンインターナショナルホスピタルズ（JIH）のいずれかに登録されている医療機関を指す。

★4 NPO法人MICかながわ：「ことばで支えるいのちとくらし」をコンセプトに高い専門性と対人援助姿勢を取り入れて実践されている。

参考文献

・小原眞知子「グローバリゼーションと保健医療対策の動向とその課題——ソーシャルワークからの貢献とその可能性」ソーシャルワーク研究, 41-3, pp. 37-45, 2015.

・沢田貴志「滞日外国人支援セミナー資料」日本医療社会福祉協会, 2011.

・特定非営利活動法人移住者と連帯する全国ネットワーク編『外国人医療・福祉・社会保障相談ハンドブック』明石書房, 2019.

・厚生労働省「医療機関における外国人患者の受入に係る実態調査結果報告書（令和3年3月）」

・NPO法人MICかながわWebサイト　https://mickanagawa.web.fc2.com/mic_rinen.html

第4節 これからの実践に対する示唆

学習のポイント

● 日本における医療と外国人の課題について考える。
● 事例の実践から医療ソーシャルワークの枠組みを考える。

Ⅰ 日本における医療と外国人の課題

劣悪な労働環境がもたらす健康問題

　出入国在留管理庁（入管）の在留外国人統計（旧登録外国人統計）統計表をみると、2020年度の在留外国人は約282万人であり、日本の人口の約2%にあたる。そのなかでも8割がアジア人であり、その数は230万人以上である[1]。

　日本に在住する外国人の内訳は、従来から日本に在住する在日韓国・朝鮮人のオールドカマーに加え、ブラジル、ペルーなどの移住労働者とその家族、日本人と結婚した中国、韓国、フィリピン、タイなどからのアジア人女性といった、ニューカマーが顕著になってきている。このニューカマーの多くが、日本に長期滞在、定住、永住していく人たちで、地域の生活者としての外国人が増えている。

　さらに、産業別外国人労働者数をみると、製造業が36.6%に続いて、サービス業、卸売業となっている[2]（図11—2）。

　特に製造業、サービス業に従事する外国人労働者は、たとえば建設・解体、化学薬品・重機、サービス産業などの、いわゆる3K・3Dといわれる仕事を、夜勤、日雇い、パート就労という不安定な形態で、劣悪な労働環境のもとで働いている。

　労働現場の現状が、健康に影響することはいうまでもない。このような在住外国人の抱える健康問題は今後も減少するとは考えにくい。人は、生病老死は避けられない。適切な医療を受けることは何よりも保障されるべきである。

　また、日本における外国人の自殺者数は224人で、国籍の内訳では、韓国・朝鮮が105人で46.9%を占めている（2019年度）。これは2日に

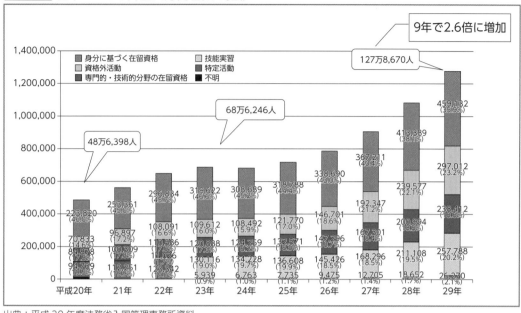

図11−2 日本における外国人労働者数の推移

9年で2.6倍に増加

127万8,670人

68万6,246人

48万6,398人

凡例：身分に基づく在留資格／技能実習／資格外活動／特定活動／専門的・技術的分野の在留資格／不明

出典：平成 30 年度法務省入国管理事務所資料

1 人の割合で日本のどこかで自殺する外国人がいるという計算になる。

　実は自殺死亡率は、日本全体をみても高い。2020 年の自殺者数は 2 万 243 人であり、これは 1 日あたり 55.5 人が自殺で亡くなっている計算になる。また、15 歳から 39 歳の若者の自殺は、同年代のなかの死因順位の 1 位である [3]。外国人が異国の地で適応することは多大なストレスを受ける。自殺の原因は病気などの健康問題、経済・生活問題、勤務問題、家庭問題、人間関係など、さまざまな要因が連鎖しているといわれている。未然に予防できるように、かかりつけ医や精神科の受診を促すことや、継続的支援を行える地域機関につなげる必要があり、保健医療と福祉システムの構築が求められている。

　医療ソーシャルワーク分野では、周産期医療から終末医療まで幅広い領域で外国人医療と関連したソーシャルワークのアプローチが必要となる。言葉の不自由さ、治療費・生活費を含む経済的な課題、複雑な疾患への対応、文化、習慣の相違、サポート体制や適切な社会環境の不備に対応できるよう、専門的知識、技術、そして社会システム構築のための十分なソーシャルアクションのあり方が今後の課題である。これからますます増えると思われる外国人に対応するためには生活環境や労働環境、栄養や情報など日常的な生活基盤の安定こそが重要である。

文化的コンピテンス

　母国ではない移住先で病気になることは、人間である以上当然起こり得る。「医療」をめぐる課題はどのようなものがあり、それらに対してソーシャルワークアプローチの実際をミクロレベル、メゾレベル、マクロレベルでの実践の枠組みで提示する。

　まず基本は、どのレベルの支援においても、ソーシャルワーカーは**文化的コンピテンス**[★1] をもつ必要があろう。NASW では文化的コンピテンスについて、「個人やシステムが、あらゆる文化、言語、階級、人種、民族的背景、宗教、その他の多様な要素（性的指向、性別、性表現、性自認、家族の状況などを含む、しかし、これらに限定されない）を持つ人々に対して、個人、家族、コミュニティなどの価値を認識、肯定、評価し、それぞれの尊厳を守り維持する方法で、敬意をもって効果的に対応するプロセスである」[4]とされている。

　これは、どの実践レベルでも同様に必要な能力であるが、医療ソーシャルワークの基準のなかに文化的コンピテンスがその一つとなっている。

ミクロレベル

　ミクロレベルのソーシャルワーク実践には、第一にこの文化的コンピテンスを発揮し、クライエントに対応することが求められる。さらに、クライエントの住んでいる国の文化や習慣、さらに価値観を理解し、ソーシャルワーカー自らの文化や習慣などとの相違を理解する力量が求められる。

　第二に医療現場では、通常の治療に加え、救急医療の場面、生死にかかわる治療の選択の場面など、非常に深刻な場面に出くわす場合が少なくない。その場合、クライエントに不利益にならないよう、適切な言語での対応・適切な通訳の活用を十分行うことが求められる。

　第三に、権利擁護が必要な場面において、クライエントの代弁・仲介機能を果たし、クライエントの権利を侵害されないようなソーシャルワークの力量をもつことが求められる。

　第四に、医療機関で入院治療を終えた外国人の患者が、元の生活に戻れるような支援や、地域で治療が継続できるように、ソーシャルワー

★1 文化的コンピテンス：NASW では、文化的・言語的多様性の認識と肯定は、クライエントとの治療上の協力関係と同僚との協力関係の両方に不可欠であるとしている。また、文化にはさまざまな側面があり、医療ソーシャルワーカーとクライエントの間のすべてのやりとりは、異文化交流の可能性を秘めている。ソーシャルワークには、アメリカにおける広範な多様性の理解が必要不可欠である。

カーは、外国人の患者に必要なソーシャルネットワークや連携体制を構築する調整や連携機能を果たし、治療中、治療後と切れ目のないサービスの提供などを行い、安心した生活が営めるようにすることが求められる。

　第五に、外国人が理解できる言葉で、必要な情報提供を行う工夫をすることが求められる。そのためには、院内に母国語のパンフレットを作成する、ほかのサポート機関と連携してWebで情報を得ることができる仕組みを検討することなどにより、手遅れにならず、早期受診につなげることができる。

メゾレベル・マクロレベル

　メゾレベル、マクロレベルのソーシャルワークでは、第一に、外国人患者が使える地域のフォーマル、インフォーマル資源を把握することが必要になる。さらに、地域の外国人が病気になったときに生じる共通の課題を把握し、その課題解決のために関連機関とのネットワークづくり、活用できる地域資源を発掘する機能を果たすこと、また、必要性があれば新たな地域のサービスを提供できるように地域資源の開発機能を果たすことが求められる。これは、地域において外国人の患者が医療の場面でも困らない通訳体制を整備することにも関連する。

　第二に、医療サービスが必要になったときに、外国人でも容易にアクセスができ、ソーシャルワーカーに相談できる体制づくりが必要になる。そのためには、地域における外国人がわかる言葉で理解できるインフォメーションが得られるような仕組みづくりが必要になる。

　第三に、外国人が事故に遭遇した場合に救急医療が受けられるよう、医療費の問題を解決する仕組みを、地域、社会、国レベルに働きかける必要があるかもしれない。外国人が医療の場面で陥りやすい課題として、現行の制度の限界から、適切な医療が受けられないことがある。これは、その人の生死にかかわる場合がある。生きる権利を守るために必要なアクションを起こすことが求められることもある。

　第四に、国内で生じている外国人患者のソーシャルワークの現状などを国際学会などで報告することで、世界のソーシャルワーカーと情報共有を図り、共通のソーシャルワークの課題を世界レベルで検討することも可能になる。さらに、世界レベルのソーシャルアクションとして、IFSWや国連との連携を図ることも考えられる。

これらの医療ソーシャルワークの支援は、外国人であろうとなかろうと、地域に住む当事者の力を重視し、主役はあくまでも当事者という考え方を徹底し、ソーシャルワークの究極の目的である人々のウェルビーイングを目指すソーシャルワークを行うことが求められている。

引用文献

1）出入国在留管理庁「令和2年度在留外国人に対する基礎調査報告書」2020. https://www.moj.go.jp/isa/content/001341984.pdf

2）法務省入国管理局「平成30年末現在における在留外国人数について」2019.

3）総務省統計局「人口動態統計」2020. https://www.mhlw.go.jp/toukei/saikin/hw/jinkou/kakutei20/index.html

4）National Association of Social Workers, NASW Standards for Social Work Practice in Health Care Settings, p. 11, 2016.（筆者訳）

参考文献

・National Association of Social Workers, Standards and indicators for cultural competence in social work practice, 2015.

第12章

高齢者に対する
国際ソーシャルワーク実践

現在、全世界において医療、年金、介護などの高齢化への対応が課題となっている。

本章では、まず、世界の高齢者の動向と世界全体での課題に対する取組みを理解する。

次に、異文化のなかで生活する人々も加齢に伴い、経済的、社会的、身体的、精神的な課題を抱えやすくなることから、外国人の高齢者が直面する課題に対するソーシャルワークのアプローチを理解する。

さらに、日本で生活する外国人高齢者の実態を理解し、実際の事例から活用できる理論やアプローチを検討する。

国際ソーシャルワークにおける高齢者に関連した課題

● 世界の高齢化の動向と課題を理解する。
● アジア地域の高齢化の特徴を理解する。
● 高齢化における諸問題と WHO などの対応を理解する。

1 世界の高齢化の動向と課題

世界の高齢化は急速に進展している。2015 年の世界の総人口は 73 億 7980 万人であり、2060 年には 101 億 5147 万人になると見込まれている。

総人口に占める 65 歳以上の者の割合（**高齢化率★1**）は、1950 年の 5.1 % から 2015 年には 8.2 % に上昇している。これは、2060 年には 17.8 %にまで上昇するものと見込まれている。

今後の半世紀で世界の高齢化は急速に進展することになる。地域別に高齢化率の今後の推計を見ると、これまで高齢化が進行してきた先進国はもとより、開発途上国においても、高齢化が急速に進展すると見込まれている（**表12—1**）。

先進国の高齢化率（**図12—1**）を複数国で比較すると、スウェーデンは 1995 年までは最も高い水準であったが、その後 2005 年には日本が最も高い水準となった。今後も高水準を維持していくことが予測されている。

2060 年も日本の高齢化率は 38 %台と最も高く、ドイツ、フランス、スウェーデンとこれに次ぐ。日本の高齢化は欧米諸国と比べると急速に進んでおり、今後は高齢化が最も進んだ国となる。

着目すべき点は、高齢化率が上昇するスピードである（**図12—2**）。

これらを比較すると、高齢化率が 7%から 14%になるまでに、フランスが 126 年、スウェーデンが 85 年、アメリカが 72 年、比較的短い英国が 46 年、ドイツが 40 年かかっている。しかし、日本は 1970 年に 7%を超えると、そのたった 24 年後の 1994 年には 14%に達した。

★1 高齢化率：一般的に、65 歳以上の人口が 7%を超えると高齢化社会、65 歳以上の人口が 14%を超えると高齢社会、65 歳以上の人口が 21%を超えると超高齢社会と呼ぶ。

表12―1 世界の人口の動向

	1950 年	2015 年	2060 年　※中位推計
総人口	2,536,431 千人	7,379,797 千人	10,151,470 千人
65 歳以上人口	128,709 千人	607,548 千人	1,810,398 千人
先進地域	62,737 千人	220,834 千人	357,344 千人
開発途上地域	65,972 千人	386,714 千人	1,453,053 千人
65 歳以上人口比率	5.1%	8.2%	17.8%
先進地域	7.7%	17.6%	28.2%
開発途上地域	3.8%	6.3%	16.4%
平均寿命（男性）	45.49 年	68.53 年	76.29 年
同（女性）	48.49 年	73.31 年	80.64 年
合計特殊出生率	4.97	2.52	2.11

注 1：合計特殊出生率及び平均寿命は 1950 ～ 1955 年、2010 ～ 2015 年、2060 ～ 2065 年
注 2：先進地域とは、ヨーロッパ、北部アメリカ、日本、オーストラリア及びニュージーランドか
　　　らなる地域をいう。開発途上地域とは、アフリカ、アジア（日本を除く）、中南米、メラネシ
　　　ア、ミクロネシア及びポリネシアからなる地域をいう。
出典：UN, World Population Prospects：The 2019 Revision

図12―1 先進国における高齢化率の推移

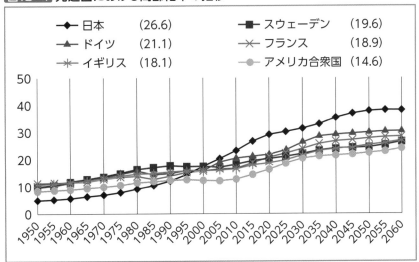

出典：UN, World Population Prospects：The 2019 Revision を参考に筆者作成。ただし日本は、
2015 年までは総務省「国勢調査」 2020 年以降は国立社会保障・人口問題研究所「日本の将来推
計人口（平成 29 年推計）」の出生中位・死亡中位仮定による推計結果による。

　しかも、アジア諸国を概観すると、韓国が 18 年、シンガポールが 17
年となっており、今後、一部の国で、日本を上回るスピードで高齢化が
進むことが見込まれている。

　WHO（世界保健機構）でも、世界の高齢化について予測をし、今後
の課題を提示している。2030 年までには、世界の 6 人に 1 人が 60 歳以

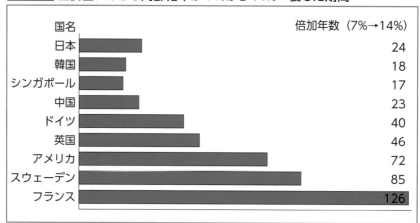

図12—2 主要国における高齢化率が 7%から 14%へ要した期間

国名	倍加年数（7%→14%）
日本	24
韓国	18
シンガポール	17
中国	23
ドイツ	40
英国	46
アメリカ	72
スウェーデン	85
フランス	126

注：1950 年以前は UN, The Aging of Population and Its Economic and Social Implications, Population Studies, No.26, 1956. および Demographic Yearbook, 1950 年以降は UN, World Population Prospects：The 2017Revision（中位推計）による。ただし、日本は総務省統計局「国勢調査」、「人口推計」による。
資料：国立社会保障・人口問題研究所「人口統計資料集」（2020 年）

上になることや、2015 年から 2050 年の間に、60 歳以上の世界人口の割合は 12%から 22%とほぼ 2 倍（21 億人）になることを予測している。

　80 歳以上の人口は、2020 年から 2050 年の間に 3 倍になり、4 億 2600 万人に達すると予想されている。人口の高齢化は、高所得国で起こったが、2050 年には、高齢者の 80%が下位中所得国★2 に住むことになる。このように、世界における高齢化、すなわちグローバルエイジングは、医療、年金、介護などの高齢化への対応や社会システム自体を見直すことを迫られている。

★2 下位中所得国：世界銀行の定義では、1 人当たりの GNI が 1046 ドルから 4095 ドルまでの経済の所得水準の国々。アジア諸国のなかでも後発の工業諸国や北アフリカ諸国など工業化が遅れている国々を中心に 50 か国・地域で構成されている。さらに、インド、インドネシア、ナイジェリアなどといった大きな人口を抱える資源国や新興工業国がここに含まれる。

2 アジア地域の高齢化の特徴

　アジアの人口はますます増加し、高齢化している。世界で人口統計学的に大きな位置を占める大陸であるアジアの人口は、現在 42 億人と推定されており、2050 年までに約 59 億人に増加すると予想されている。

　2065 年には、アジアは約 11.6 億人（東アジアは約 4.6 億人）と 2020 年の 4.1 億人（東アジアは約 2.2 億人）と、約 2.8 倍の増加が見込まれている。歴史上初めて 65 歳以上の人口が 15 歳未満の人口とほぼ同じになる。

東アジア

　東アジアとの比較でみると、日本よりも急速に高齢化が進む国や地域

がある。例えば韓国の 2015 年の高齢化率は 12.9％ と日本の半分以下の水準である。しかし、2065 年になると、42.1％ になり、日本を少し上回る高齢化率になる見通しである。中国も高齢化率の水準そのものは低いが、高齢化率の急速な上昇が見通されている。

東アジアにおいて公的介護サービスという点では、日本、韓国、そして ASEAN★3 加盟国であるシンガポールが先行している。日本は介護保険制度（2000 年施行）、シンガポールはエルダーシールド（2002 年施行）、韓国は老人長期療養保険制度（2008 年施行）により、すでに権利としての介護サービス利用が保障されている。

ASEAN 諸国

ASEAN 諸国の高齢化についても急激な進展をみせている。国連の推計によれば、ASEAN 諸国の人口は 2015 年に 6 億 3300 万人であり、今後 10 年は年平均 1％ 程度で緩やかに増加すると予測されている。

そのなかでも、65 歳以上の高齢者人口は 3700 万人で、今後 15 年間に年平均 4％ を上回るスピードで増加し、2030 年には約 2 倍の 7200 万人となり、10 人に 1 人が高齢者という社会を迎えるという予測がされている[1]。

速い高齢化のスピード

ASEAN 各国で、高齢化の進展が速い国はシンガポール、タイ、ベトナムがあげられる。シンガポールとタイの場合、すでに高齢化社会に突入しており、約 20 年間かけて高齢化が進み、2020 ～ 2025 年頃には高齢社会となる。

この間、65 歳以上人口はシンガポールでは約 100 万人、タイでは約 700 万人増加する。続くベトナムでは、2020 年に高齢化率が 7％ を超えて高齢化社会となり、15 年後の 2035 年には同 14％ を超えて高齢社会となる予測である。また、65 歳以上人口は約 500 万人増加する。

一方、ミャンマー、インドネシア、フィリピンの 3 か国では、高齢化社会は 30 ～ 40 年程度続き、周辺諸国と比較して緩やかな高齢化の進展が予測されている。

東南アジア全体の高齢化は、進行が速いことで生じる課題がある。一つ目は急速な高齢化の進行がある一方で、社会システム構築を含む対策を講じる時間的余裕が限られていることである。

★3 ASEAN：東南アジア諸国連合のこと。1967 年の「バンコク宣言」によって設立された。原加盟国はタイ、インドネシア、シンガポール、フィリピン、マレーシアの 5 か国で、1984 年にブルネイが加盟後、加盟国が順次増加し、現在は東南アジアの 10 か国で構成されている。

多くの国が必ずしも十分な社会保障制度の構築がなされているわけではないなか、今後、少子高齢化が進む可能性があることから、生産年齢人口の減少に伴う労働力人口の確保など、先進国の経験から予測のつかない事態が生じることも懸念されている。

世界銀行★4 の報告書によると、東アジア・大洋州地域の人口構成は、かつてないほど劇的に変化していることから、急速な高齢化をどのように調整するかは、単に高齢者だけでなく、ライフサイクル全体にわたる包括的な政策アプローチを必要とする。育児、教育、保健医療、年金、長期介護など各分野の構造改革を通じて、労働力への参加を促進し、健康なライフスタイルを奨励する必要があると指摘している。

3 高齢化における諸問題と国際機関の対応

国連では高齢化する世界人口に対して、人類史上前例のないものであり、高齢化は今後長期にわたり続き以前のような若者が多い人口構造には戻らないとしている。

これは、一つに公衆衛生の向上、栄養改善、医療技術の進歩などが理由である。また、それにより平均寿命の延伸と少子化の進行も理由の一つである。

少子化による課題は、労働力供給の減少は国の税収の減少となり国家財政の維持が困難になることにある。そして、それにより社会保障制度が崩壊しかねないと懸念されている。

加えて、高齢者の医療ニーズの増加がある。高齢者の特徴は、慢性疾患を複数もっていることから、医療依存度が高くなる。世界の高齢化の進展に伴い、全体での高齢疾患の割合は増加することになる。

2019 年の世界の死因トップ 10（The top 10 causes of death）のなかの七つは非感染性疾患（NCDs）★5 である。高齢者の最も多い疾患においても、非感染性疾患が死因になっている。

また、経済状況からとらえると、下位・中位所得国や低所得国の高齢者は、高所得の高齢者よりも疾患になりやすい。住んでいる地域や場所にかかわらず、高齢者死因は心臓病、脳卒中、慢性肺疾患となっている。これらは、慢性疾患から派生するものが多く、患者やその家族の医療費負担、さらに国家経済にも国家の医療費負担にも大きく影響することを示唆している。

このような情勢に対して、国連は 2021 年から 2030 年に健康な高齢化

★4 世界銀行：貧困削減と持続的成長の実現に向けて、途上国政府に対し融資、技術協力、政策助言を提供する国際開発金融機関である（世界銀行グループは、国際復興開発銀行、国際開発協会、国際金融公社、多数国間投資保証機関、投資紛争解決国際センターの五つの機関から構成されている）。

★5 非感染性疾患：non-communicable diseases；NCDs がん、糖尿病、循環器疾患、呼吸器疾患など、生活習慣の改善で予防可能な感染症以外の疾患。

の 10 年を宣言し、WHO に実施を主導するよう要請した。

　健康な高齢化の 10 年は、政府、市民社会、国際機関、専門家、学界、メディア、民間部門が 10 年間にわたって協調し、触媒的かつ協調的な行動をとり、より長く健康的な生活を促進するためのグローバルなコラボレーションである。

引用文献

1) 大和総研「ASEAN 諸国における高齢化の進展」2015.　https://www.dir.co.jp/report/asia/asian_insight/20151207_010396.html（2021 年 12 月 10 日アクセス）

参考文献

・内閣府「令和 2 年版高齢社会白書」2020.

・WHO, Ageing and health　https://www.who.int/news-room/fact-sheets/detail/ageing-and-health

・増田正暢編著『世界の介護保障 第 2 版』法律文化社, 2014.

・武川正吾・イ・ヘギョン編『福祉レジームの日韓比較——社会保障・ジェンダー・労働市場』東京大学出版会, 2006.

・日本貿易振興機構「シンガポールにおける医療・社会福祉サービスに関する調査報告書」2014.　https://www.jetro.go.jp/ext_images/jfile/report/07001564/report.pdf（2021 年 12 月 10 日アクセス）

・大和総研「ASEAN 諸国における高齢化の進展」2015.　https://www.dir.co.jp/report/asia/asian_insight/20151207_010396.html

・World Bank「2015 年プレリリース」　https://www.worldbank.org/en/home

第12章 高齢者に対する国際ソーシャルワーク実践

高齢領域に関連したソーシャルワークアプローチ

● 高齢領域における外国人高齢者の多様なニーズを理解する。
● 高齢領域における国際ソーシャルワークの理論やアプローチを理解する。

1 高齢領域における国際ソーシャルワーク個別実践

外国人高齢者の多様な背景を知る

　外国人高齢者とその家族に対するソーシャルワークは、とりわけ移民を多く受け入れてきたアメリカ、カナダ、オーストラリアなどで早くに問題に直面し、そのあり方が議論されてきた。

　例えば、アメリカでは中国、韓国、インド、**ヒスパニック**★1 系の移民高齢者に対する課題をあげている。あげられている研究は、経済的虐待に対する家族の文化的価値の違いや、言語の壁がうつ病に影響を与えていること、宗教や信仰がアジアの移民の高齢者の人生の課題に対処するための重要な要素になっていること、さらには、移民高齢者がサービスにアクセスの障壁があることなどがある注1。

　このように、外国人高齢者のソーシャルワークはジェンダーの視点、文化的背景、宗教、言語など、高齢者の多様な背景を理解する必要がある。日本の 195 か国、292 万 8940 人の外国人は、それぞれ母国文化の独自性を有して生活をしていることから、文化的背景を理解し、多様性を尊重する姿勢が必要になる（本章第 4 節参照）。

　欧米は一般的に個人主義ととらえられており、問題を相談して対処する行動をし、自律性を重視するとされている。一方、日本のようなアジア系は集団主義と位置づけられ、問題が生じたときに状況を和らげ、調和のとれた非対立的な雰囲気をつくり出し対応するとされている。これは相互依存、互恵性にも関連する 1) 2)。

　つまり、外国人高齢者のソーシャルワークの観点からとらえると、双方の文化的パターンが異なる場合、根本的な文化的価値を識別し、理解することが重要である 3)。

★1 ヒスパニック：アメリカ合衆国における、スペイン語を日常語とするラテンアメリカ系の住民の総称。主にメキシコからの移民が多い。

これに関連して、老化の認識や、サポートされることへの認識などを文化的側面から把握する必要もある。また、この価値観は家族コミュニケーションを考慮するうえでも重要である。例えば、母国から移り住んできた親の世代の文化的パターンと、移り住んだ国で育った子世代の文化的パターンによって生じる**老親扶養観**★2 などの相違は、親子間の葛藤を生み出す場合もある。

また、誰しも加齢とともに死を迎えることは避けられない。そのために、宗教も大きな意味をもつ。例えば、日本に住んでいる外国人はキリスト教、ヒンズー教、ジャイナ教などさまざまな宗教を信仰している。日本は仏教系の宗教をもつ者が多いが、同じ仏教でも東南アジアなどでは、大乗仏教だけではなく、**上座部仏教**★3 を信仰する者も多い注2。

これらは、生活と密着し、冠婚葬祭などを司る手段として特に高齢者には重要なものとなる。

外国人高齢者の言葉の壁

外国人高齢者の言葉の壁が、福祉サービスにアクセスする場合の弊害になる場合もある。申請主義の日本の社会福祉制度を理解することも困難である。ともすれば、理解できずに利用できるサービスにアクセスできないでいる場合もある。

例えば、日本に住所があり、在留期間が3か月以上で介護保険料を納めていれば外国人高齢者であっても日本人高齢者と同じように介護サービスを受けられるが、それを知らない場合も少なくない。

このように、日本の複雑な介護保険制度やサービスについて理解するのは簡単ではない。加えて、福祉サービスの申請をする場合、必要事項を理解し、日本語で記入するだけでも大変な作業である。

介護施設入所の場合には、施設職員とのコミュニケーションに加え、入居者とのコミュニケーションも困難になる。このような場合に、母国語で話せる通訳も必要になる。

外国人高齢者の多様なニーズに対応する

外国人高齢者の多様なニーズを把握する力、公的サービスなどの社会資源の活用などに向けた調整だけではなく、当事者団体、教会などの宗教コミュニティ、NGO/NPOの機関、ボランティア団体なども含めた幅広い社会資源へのアクセスが必要な場合もある。

★2 老親扶養観：「親の介護は長男の嫁がみるべき」など、老親の面倒を誰がどうみるのかについての規範意識のこと。

★3 上座部仏教：インドで起こった仏教のうち、南側を通り東南アジアなどで広まった仏教の宗派の一つ。日本など東アジアに北回りで伝わった仏教と異なり、伝統的な出家を中心とする。

★4 無年金・低年金：
無年金とは国民年
金、厚生年金や共済
年金に加入していな
いなどの理由で年金
を受給していないこ
と、また低年金とは
国民年金保険料、厚
生年金、共済年金の
納付期限が短いこと
により、生活に必要
な十分な年金額が受
け取れないことであ
る。

また、国民年金制度の国籍要件は1982年に撤廃されたが、周知が十分でなかったことや、年金の意義を理解できていなかったことに加え、制度の複雑さ、行政サービス機関へのアクセス困難などにより、**無年金・低年金★4** の高齢者が存在している。

外国人が高齢になっても安心して地域生活を送るには、診療所や医療機関、高齢者の福祉サービス機関や施設、地域包括ケアセンターなどを巻き込んだ支援体制整備、地域連携・協働の力も必要になる。

2 外国人高齢者支援におけるソーシャルワーク理論やアプローチ

外国人高齢者は、二重、三重と権利を阻害されやすい。例えば、人種的位置、健康状態、貧困、社会的孤立、サービスや情報のアクセスへの障壁、外国人に対する偏見や理解不足に加え、高齢者であることの差別など、何重にも課題が重なっており、直面している課題は個人レベルでは解決困難である。

外国人高齢者へのエンパワメント・アプローチ

エンパワメント・アプローチは、社会的、文化的、経済的抑圧を経験している多様な高齢者をエンパワーする。さらに、公平性や社会正義に則り、高齢者自身の生活に関する決定や行動がコントロールできるようになることに焦点を当てる。それにより、高齢者自身の意識変革、政治、社会的動員を通じて、個人、対人、政治的レベルの実践を横断的に行うことになる。

エンパワメント・アプローチは、マイノリティの位置におかれやすい外国人高齢者が直面する課題に対して、社会制度やサービス、住宅、就労、所得などにかかわる活動に参加し、構造的抑圧に対して活動することも含まれる。退職後の年金の課題、再雇用など就労の課題、家族介護や社会的介護の課題などがある。

例えば、在日コリアンの高齢者の生活上の課題の一つに年金の問題がある。在日コリアン高齢者は失業率が高く、1か月の世帯収入が10万円未満である世帯が多い。そして、日本語での対話の困難さや文化的な葛藤から介護保険サービスの利用を躊躇してしまう実態が報告されている[4)] [5)]。

特に、政治的状況下で移住を余儀なくされた外国人の高齢者の社会的

課題は、単に個人的な問題ではなく、その時代を反映したものである場合がある。外国人高齢者の抱える課題は多様であり、その特徴をとらえる必要がある。そこで、ライフサイクルとコーホート理論を活用することを考えてみたい。

ライフサイクル

ライフサイクルは生物学[注3]、経済学[注4]、社会心理学[注5] などでとらえられている。ソーシャルワーカーはその人の生きてきた様を理解するために生活史を把握する必要がある。生涯発達論の考え方は、加齢による生物学的な成熟（身長、体重の増加など）、そして衰退（体力的衰えや、記憶力の低下など）のみを基礎としたものではなく、年齢の時期に応じて、社会的、文化的な誕生から死までの生涯をかけて「発達する存在」であることを前提として、出生から、子ども、大人、老人に至るまでの発達を包括的にみていくことになる。

エリクソンは生涯発達の理論を八つの段階で示している[注6]。老年期は「自我の統合と絶望」で示される。すなわち、家族や地域を越えた大きな世の中、そして人類の秩序や意味の伝承を意味し、自分自身の人生を肯定的・否定的の双方から振り返った際に、よい人生だったと確信をもって自らが受け入れられるものかを評価する時期である。これは、最終的な「死」の受容に大いに影響を与える。その一方で、「死」を受け入れる力の乏しさや、さまざまな衰えに対しての恐怖などを抱くことは「絶望」というこの時期のネガティブな力ともなる。

ソーシャルワークでは、母国を離れ、異国の地で生活を育み、さまざまな課題に取り組んできた外国人高齢者のその人なりの価値観と人生のゴールなど老年期のニーズを理解し、人生の集大成を支援することになることを意識しておく必要がある。

コーホート理論

外国人高齢者の場合、個人的なライフサイクルが、その人の時代背景からも影響を受けることを確認する必要がある。その特性をとらえるのに、コーホートの考え方がある。

コーホートは、特定の出来事を同時期に経験した人々からなる統計的集団である。年齢コーホートは同時期に同じ年齢の人々のグループを指す。これは身体的、精神的な健康や幸福に影響を与える可能性がある。

高齢者の場合、前期高齢者（65〜74歳）と後期高齢者（75歳以上）のグループで健康行動や思考が異なる場合がある。その特性をとらえることにより、健康推進の方策を検討することが可能となる。

　出生コーホートは、ある期間に出生した人々のグループを指す。例えば、1940年代に生まれた人と、1960年代に生まれた人は、加齢に伴う発達の変化が異なる場合がある。それが歴史的、社会的、政治的、環境的な経験が異なる年齢の集団に差のある発達的影響を与える場合もある。例えば、在日コリアンやインドシナ難民の高齢者グループの場合、調査時点の集団として、継続して追跡することが可能となり、世代による変化を分析することができる。

　同じような理由で母国を離れて、外国で暮らす高齢者グループを分析し、その傾向を把握することにより、個別的支援を検討するだけではなく、メゾ・マクロレベルのソーシャルワークの支援方法を検討することが可能となる。次節で具体的事例を用いて理解を深めたい。

注

注1　Journal of Gerontological Social Work, Volume 52, 2009. は移民高齢者のソーシャルワークについて特集をしている。

注2　文化庁「在留外国人の宗教事情に関する資料集」東南アジア・南アジア編（平成24年度）、東アジア・南アメリカ編（平成25年度）をまとめている。在留外国人の宗教ニーズが必ずしも満たされていない結果となっている。

注3　生活環とも呼ばれ、生物の成長、生殖に伴う変化がひと回りする間の様子、特に核相とのかかわりから見た場合のそれを指す。

注4　ライフサイクル研究の創始者はラウントリー（Rowntree, B.S.）ともいわれている。彼は『貧困——都市生活の研究』において、19世紀末のイギリスの労働者の生涯にわたる経済的浮沈みのパターンを示した。社会科学では、生活の現象の経済的側面に焦点化している。

注5　ライフサイクル理論はユング、エリクソン、レビンソンなどが提唱している。エリクソンの心理社会的発達理論（漸成的発達理論）では、人生の発達段階を八つに分けて、それぞれの発達段階には発達課題（心理社会的危機）があり、その発達課題を克服することで獲得できる要素があるとしている。

注6　発達段階には、成長・健康に向けてのポジティブな力と、一方で、退行・病理に向かうネガティブな力が拮抗しており、その両者の関係性が正常な発達に関係している。

引用文献

1) Hofstede, G., Culture's consequences : Comparing values, behaviors, institutions, and organizations across nations (2nd ed.), Sage, 2001.

2) Li, C., The Confucian Ideal of Harmony, Philosophy East & West, 56 (4), pp. 583-603, 2006.

3) Xizhen, Q., Exploring the Impact of Culture in Five Communicative Elements, Journal of Intercultural Communication, 34, 3, 2014.

4) 高谷幸・大曲由起子・樋口直人ほか「1980年国勢調査にみる在日外国人の仕事」岡山大学大学院社会文化科学研究科紀要, 38, pp. 37-56, 2014.

5) 吉中季子「在日コリアン高齢者の無年金問題の実態——大阪・生野における在日コリアン高齢者調査から」大阪体育大学健康福祉学部編『大阪体育大学健康福祉学部研究紀要』3, pp. 45–62, 2006.

参考文献

・柏崎千佳子「都市と『外国人住民』——移住者・マイノリティ・市民」『季刊家計経済研究』 SPRING No.66, pp. 32-40, 2005.

・金朋央「"違いの尊重"について考える——在日コリアン三世の個人的経験から」『移民政策研究』第8号, pp. 171-181, 2016.

・Journal of Gerontological Social Work, Volume 52, 2009.

・Li, C., The Confucian Ideal of Harmony, Philosophy East & West, 56（4）, 2006.

・Xizhen, Q., Exploring the Impact of Culture in Five Communicative Elements, Journal of Intercultural Communication, 34, 3, 2014.

・店田廣文「世界と日本のムスリム人口2018年」『早稲田大学人間科学研究』第32巻第2号, 2019.

・G. ホフステードほか, 岩井八郎ほか訳『多文化世界——違いを学び未来への道を探る 原書第3版』有斐閣, 2013.

・エリク・ホーンブルガー・エリクソン, 西平直ほか訳『アイデンティティとライフサイクル』誠信書房, 2011.

・高谷幸・大曲由起子・樋口直人ほか「1980年国勢調査にみる在日外国人の仕事」『岡山大学大学院社会文化科学研究科紀要』38, 2014.

・吉中季子「在日コリアン高齢者の無年金問題の実態——大阪・生野における在日コリアン高齢者調査から」大阪体育大学健康福祉学部編『大阪体育大学健康福祉学部研究紀要』3, 2006.

高齢領域のソーシャルワーク実践事例

● 外国人高齢者の異文化ケアの実際を学ぶ。
● 海外に在留する日本人高齢者のサポートの実際を学ぶ。

1 外国人高齢者の異文化ケアの実際

　ミクロレベルの支援の実践事例として、インドから来日してきたD さんという女性のケースを紹介する。

　インドから家族に呼び寄せられて来日してきた女性のD さんは現在、80 代後半であり、滞在年数 40 年以上である。日本での永住権もある。

　心疾患の持病があり、身の回りのことをするのに介助が必要な状態である。日本語はできず、母国語はヒンディー語である。現在は独居であり、アパートで暮らしている。50 代の息子が近くに住んでいたが、その息子は、1 年前にがんで亡くなった。

　D さんは、息子の貯金で生活をしてきたが、それも底をつく状態になっている。ときどき、横断歩道でない道路を杖でふらふらと横切るなど、危険な行動が目につくようになった。それを見かけた近隣の住民から民生委員に連絡が入り、地域包括支援センターのソーシャルワーカーがかかわるようになった。

　地域との交流もないD さんは、日本語ができないことから周りに友人などがいない。無年金であることや、貯金が底をつく状況にあることから、ソーシャルワーカーは生活保護課に連絡をとり、生活保護が受給できないか相談した。

　外国人であることから、窓口で申請が拒否されたが、ソーシャルワーカーは日本国憲法第 25 条の「健康で文化的な最低限度の生活」の保障は外国人の場合「生活に困窮する外国人の生活保護の措置について」★1 に記載があるように、永住権の在留資格のある外国人は生活保護の準用の対象になることを説明し、生活保護の受給にこぎつけた。

　さらに、介護保険の申請をした結果、要介護 3 の認定を受けた。これ

★1「生活に困窮する外国人の生活保護の措置について」：1954 年に発出された厚生省通知。外国人であっても条件により生活保護を受けられることやその具体的措置などについて定められている。

により、訪問診療をしてくれる医師を探し、定期的受診と訪問介護のヘルパーを毎日入れることができるようになった。ヒンズー教徒で、肉類などを避ける食事の工夫があることから、ソーシャルワーカーがケアワーカーに、ヒンズー教徒の食事づくりの指導をすることになった。

　このように異文化介護にあたり、食べられないもの、食事制限の内容や程度などを聞いて個別の対応ができるように準備した。

　Dさんは母国語でしか話すことができないことから、ケアワーカーとのコミュニケーションは難しい。Dさんは言いたいことがなかなか通じないことに苛立ちを見せることもときどきあった。そこで、ソーシャルワーカーは、自治体で委託をしている多言語通訳団体に依頼し、ヒンディー語を話せる通訳士とともに、Dさんの家を定期的に訪問し、本人の状況確認とメンタルヘルスの対応を行っている。

　最近、Dさんは、自分が亡くなった場合は、遺灰をガンジス川に流してほしいと切に願っていることから、本人のスピリチュアルに関するニーズに対応することを検討している。

　このように、外国人高齢者のソーシャルワークにあたっては、利用できる制度や福祉サービスを理解しておく必要があるが、当事者の視点でサービスのアレンジを検討することも必要になる。

　また、文化を共有できるコミュニティを活用することやクライエントのもつ文化的背景を理解する環境を醸成することも求められる。さらにケアワーカーが母国の文化・習慣を理解できるようにサポートすることもソーシャルワーカーには求められる。

　宗教上の配慮や看取りケアについても、十分な知識をもって対応することが求められる。

２ 海外に在留する日本人高齢者のサポート

　日本に在留する外国人の高齢者だけではなく、日本から国際結婚や仕事で海外に永住し、異文化のなかで高齢期を迎える日本人も増えている。外務省の海外在留邦人数調査統計によると、2018年に海外にいる日本人のうち、18万2155人が60歳以上であり、これは全体総数（133万8477人）の13.6％にあたる[1]。

　こうした海外にいる日本人に対する支援についてメゾレベルの視点からドイツの高齢者サポートグループを取り上げたい。

　ドイツには4万5784人の日本人が在留している。このなかで、60歳

以上は 4507 人である（男性 1790 人、女性 2717 人）。ドイツでは、日本人の高齢者を支える当事者団体の活動がいくつかある。

DeJaK（デーヤック）友の会[注1] は、ドイツ在留の日本人によって 2012 年に設立された。ドイツで暮らしながら、自分らしく安心して送れる老後を目指して行動していく団体として、文化に配慮した介護を日本語を母国語としている人に提供している。

地域や年齢の枠を超えて、専門家とともにサポートし合えるシステムづくりや老後に備えて、介護費用、健康管理、成年後見制度、介護システム、介護費用など、必要な知識が得られるように、専門家を招いた講演会の開催なども行っている。日本人ボランティア養成や派遣、介護入居者への訪問ボランティア紹介、ドイツの制度や支援についての相談、地区レベルでの勉強会や懇親会の開催なども活動に含まれる。

★2『ドイツで送る老後』：ドイツの介護保険制度の仕組みやドイツでの老後の資金計画、福祉制度などについて日本人向けに解説した日本語冊子。

また、在独日本国大使館委託による調査を実施して、『**ドイツで送る老後**』★2 の冊子なども配布している。DeJaK はドイツ在留の日本人当事者の団体であるが、さまざまな専門家と協働して活動を行っている。さらに、日本の認知症サポーター養成講座を受講できる仕組みをつくっており、サポーター養成を行い、認知症や言語の問題などから社会的に孤立しがちな高齢者を支えている。

このような活動は、世界各地で行われている。例えば、日系アメリカ人の高齢者、日系ブラジル人の高齢者などの支援は、それぞれのコミュニティで高齢者施設の運営、ケアサービスの提供など、独自の文化や習慣、食事など日本人に合う生活スタイルを取り入れて実施されている。そこで活躍するソーシャルワーカーは、文化的コンピテンスが必要であることはいうまでもない。

多様な文化的背景をもつクライエントを理解し、文化的コンピテンスの知識を個別支援に対応させるだけではなく、ソーシャルワーカーの所属する組織、機関のレベルでも対応させることが求められる。

そのうえで、必要な活動の目的・目標設定、活動のためのニーズや組織分析、地域の支援団体との協働、活動のための資金を、個人、法人、企業、政府などから集める広報を含む財源確保の知識と技術、ボランティアの募集と育成、専門家を巻き込むことなど、その集団のもつ文化的背景を尊重したソーシャルワークの組織マネジメント力が問われる。

注

注1　DeJaK 友の会の立ち上げ準備段階で，ソーシャルワーカーである筆者と相談をし，その
　　サポートグループの構想を練った経緯がある．　https://dejak-tomonokai.de/

引用文献

1) 外務省「海外在留邦人数調査統計」2018.　から筆者作成

参考文献

・金松美「日韓の『カルチュラルコンピテンス』に関する概念の検討——社会福祉の文献を
　中心に」同志社大学社会学会『評論・社会科学』125 号, pp. 55-75, 2018.

・移住者と連帯する全国ネットワーク編『外国人医療・福祉・社会保障　相談ハンドブック』
　明石書房, 2019.

第12章　高齢者に対する国際ソーシャルワーク実践

これからの実践に対する示唆

学習のポイント

● 日本における外国人高齢者の特徴からニーズを理解する。
● 事例の実践から外国人高齢者ソーシャルワークの枠組みを考える。

Ⅰ 日本における外国人高齢者の特徴とニーズ

　日本で生活している外国人（在留外国人）は、総務省の統計によると 2020 年時点では、195 か国 292 万 8940 人である（本章第 2 節参照）。

　そのなかで、65 歳以上の高齢者は 19 万 7197 人であり、外国人全体の 6.7 % を占めていて、そのうちアジア圏は、16 万 8676 人であり 85.5 % を占めているのが特徴である。

　これは、外国人高齢者が抱える課題そのものである。国別でみると、韓国と朝鮮（在日コリアンを含む）が多く 12 万 2790 人で実に 62 % を占めている。その次に中国が 2 万 1047 人である。その他、ブラジル（1 万 407 人）、北米、ペルー、フィリピンなどの順になっている。

　ここからわかることは、日本の植民地化政策によって、多くの人々が朝鮮半島から日本に渡ってきた**オールドカマー**★1 の在日コリアンはすでに要介護者が 1 世から 2 世にシフトしており、すでに介護問題に対応してきていることである。

　また、**ニューカマー**★2 は、1980 年代以降にさまざまな形で移住してきた。例えば、エンターテイナー目的で渡日した外国人女性が、日本人男性のパートナーとなり定住している者も多くいる。

　また、1990 年代前半には改正入管法により、日本の明治以降の移民政策によってハワイ、北米、ブラジルやペルーなどの南米に渡った労働移民の子孫である日系南米人（特にブラジル人）が労働目的で日本に定住したことにより、現在、高齢化が進行してきた。

　1972 年の中華人民共和国との国交回復後に中国帰国者（在留孤児・残留婦人およびその家族）、さらにインドシナ難民の定住化とともに、現在、高齢化が進行している。今後、確実に外国人高齢者が増えていく

★1 オールドカマー：日本においては「在日」と呼ばれる外国人のこと。主に大韓民国（韓国）、朝鮮民主主義人民共和国（北朝鮮）など日本の旧植民地出身者のことを指す（一部、台湾出身者も含まれる）。

★2 ニューカマー：1980 年代以降に急増し、定住した外国人のこと。

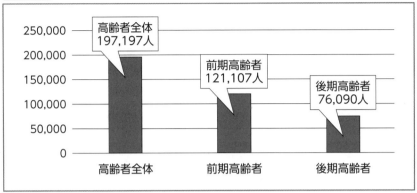

図12―3 日本の在留外国人の高齢化の特徴

出典：出入国在留管理庁『在留外国人統計 統計表』2020. https://www.moj.go.jp/isa/policies/statistics/toukei_ichiran_touroku.html より筆者作成

ことになることから、ここでは課題を提示する。

　第一に、日本の高齢者の増加は大きな課題である。日本の在留外国人高齢者は、19万7197人となっているが、前期高齢者は高齢者全体の61.4％（12万1107人）であり、後期高齢者が全体の38.9％（7万6090人）である（**図12―3**）。

　これに対し、日本の高齢者人口は、約3619万人であり、高齢者人口全体のなかで前期高齢者48.2％（1747万人）であり、後期高齢者51.7％（1872万人）のほうが多くなっている。外国人高齢者の割合は、外国人全体の高齢化率は低いが、今後は、在留外国人高齢者全体は日本の高齢者人口と同様に後期高齢者が増加することが見込まれる。

　第二に、今後予想されているのは、日本だけではなく、世界中の認知症高齢者の増加である。国際アルツハイマー病協会が発表した「国際アルツハイマー」によると、世界の認知症患者の数は約5500万人で、これが2050年には1億3900万人に達し、現在の3倍近くになる可能性がある。また、下位中所得国の増加が見込まれるとされている[1]。

　日本でも2025年には認知症患者が700万人を超え、高齢者の5人に1人かかるとする予測を厚生労働省が発表している[2]。

　これは、外国人高齢者にも同様にいえることであり、認知症高齢者のケアの問題は大きいことが予想される。また、外国人高齢者は、移住国の言語が話せたとしても、認知症になると母国語しか話さないなどもある。母国でない外国で、高齢期を迎える場合、介護する家族側の課題、介護される高齢者側の課題があり、外国人高齢者に介護を提供するためのシステムの検討が急務である。

第三に、日本は介護の人材不足を補うために外国人介護人材の受け入れをしている。日本人高齢者を外国人介護職などがケアをする場合もあるし、逆に外国人高齢者を日本人がケアをする場合もある。

このように、介護システム自体がすでに多文化で構成されており、コミュニケーションの問題、異文化を理解する土壌を醸成することによって、共生社会をつくり出していくことが求められている。

② 事例の実践における外国人高齢者のソーシャルワークの枠組み

ライフコース理論を用いた外国人高齢者支援のあり方

外国人高齢者のソーシャルワークの理論的枠組みの一つとして、ライフコース理論を提示する。ソーシャルワーカーは、外国人高齢者を支援する場合、どのようなサービスが受給できるのかなど、活用できる社会資源を念頭に、ソーシャルワークを考えるかもしれない。

それと同時に、クライエントにとって、最適なものは何か、このサービスを提供することで生じる効果性や限界性、また将来的に影響を及ぼすものは何かなどを考慮するだろう。

まずは、高齢者クライエントの個別的ニーズを捉える必要がある。母国で育った後に、60年、70年、80年間の時間軸のなかでつくり上げてきたその人なりを理解することから始まる。

また、このクライエント自身を知ることも重要である。その一つが、ライフコース理論の活用である。

これは、人生を継続的なプロセスとして捉え、それぞれの段階がお互いに関連し、個人のさまざまな経験が現在の状態に影響し、現在から将来の可能性を形成しているとする。

個人のライフイベント（生育、教育、移住、結婚、退職など）と関連して、その人の地位や役割に変化が生じる。

またライフコース理論は、個人のライフイベントと歴史的・社会文化的コンテクストの相互作用に焦点を当てることにより、その人の人生の軌跡を幅広い社会的コンテクストでとらえることができる。これは、高齢者がこれまで歩んだ人生で培った適応能力を知ることができ、社会資源へアクセスできる力を把握することができる。

多様性を尊重した高齢者のサクセスフルエイジングを支援するために、ナラティブ・アプローチがある。これは社会構成主義に基づき、物

事は社会との相互の影響のなかで形成されるという考え方であり、現実も客観や本質によるものではなく、さまざまな影響を受けて変わり得るものであり、人々の間で言葉を介して構成されているとしている。

具体的には、高齢者自身の語るストーリーという形でその人の問題や課題を提示する。高齢者である語り手とソーシャルワーカーである聞き手が語りを通して相互に影響し合い、ストーリーが変わっていくことで、考え方や課題を変えていくという手法である。ナラティブ・アプローチは高齢者の健康状態、人種や民族のアイデンティティ、セクシャリティ、高齢である不安、喪失などの対処を支援できる。

ソーシャルサポート理論と地域資源の開発

外国人高齢者がニーズに応じて適切な資源を活用することは、本章第3節にある全事例においてもその重要性を述べている。

外国人高齢者が抱える課題はさまざまである。その課題の解決に関係する人的、物的資源に関して、ソーシャルサポートの観点から整理してみる。ウィルズによれば、ソーシャルサポートは、「個人が他者から愛され、大切に思われている、尊敬され価値を認められている、あるいは相互支援や責任の社会的ネットワークの一員である、などを知覚、経験すること」[3] と定義している。

ここでは、「知覚」と「経験」の両方を含み、サポートは「他者」や「社会的ネットワーク」から得られるということである。

外国人高齢者の事例にみるように、地域組織や、福祉サービス資源、当事者団体などからソーシャルサポートを得られることを知覚、経験することによって、自分が尊敬され価値を認められていると知覚することになる。

これは、特に老年期の高齢者の人生を大きく左右するものになるともいえる。特にソーシャルサポートは心身の健康を促進することが示されている。

特に人はストレスが高い状況にある人、若しくは困難な状況にさらされている人に対して、ソーシャルサポートが有効である。前述したウィルズはソーシャルサポートにおいて六つのサポート機能を示している[4]。

① 情緒的（自己評価）サポート
② 地位のサポート

③　情報のサポート

④　道具的サポート

⑤　社会的コンパニオン

⑥　モティベーションのサポート

　これらは、社会福祉の専門家だけで提供されるものではなく、家族、友人など自然発生的に存在するサポート、老人クラブ、ボランティア団体や、当事者団体などの意図的につくられたサポートシステム、医療機関、専門機関など社会制度化されているサポートシステムなど、さまざまな社会ネットワークから得られる。

　外国人高齢者の支援の場合、外部資源にアクセスし、支援を求めるかどうかは文化的背景によっても、ジェンダーによっても異なることを理解しておく必要がある。特にアジア系はヨーロッパ系よりもストレスに対処するためのソーシャルサポートを活用しない傾向にある[5]。

　地域福祉の観点からは、当事者や住民主体の原則のもと地域組織化や福祉組織化を進め、地域のなかで集約される外国人高齢者の課題への対応を当事者や住民が主体となって、自治的に各種の機関や団体とも連携・協働して地域ぐるみで取り組んでいくというような支援であり、まさに、コミュニティオーガニゼーションやコミュニティワーク実践である。

　人と人との関係性のなかで育まれる当事者や、地域住民の立ち上がり、その主体的な活動が資源開発の原動力となる。地域における当事者や住民の力を主軸にして、彼らと専門職との関係から生み出される相互にエンパワメントされた主体力を活かしてともに共同活動や事業を行うことが求められる。

　このようなコミュニティーワークこそ、外国人高齢者が介護が必要になっても安心して最期まで住み慣れた地域で生活することができる地域における多文化共生社会の創出になるであろう。

引用文献

1) 国際アルツハイマー病協会（Alzheimer's Disease International）, Dementia facts & figures https://www.alzint.org/about/dementia-facts-figures/（2021 年 12 月 10 日アクセス）

2)「日本における認知症の高齢者人口の将来推計に関する研究」（平成 26 年度厚生労働科学研究費補助金特別研究事業）p. 6, 2014.

3) Wills, T. A., Social support and interpersonal relationships, M. S. Clark（Ed.）, Prosocial behavior, Sage Publications, pp. 265–289, 1991.

4) Wills, T. A., Supportive functions of interpersonal relationships, S. Cohen & S. L. Syme（Eds.）, Social support and health, Academic Press, pp. 61–82, 1985.

5）Taylor, S. E., Sherman, D. K., Kim, H. S., Jarcho, J., Takagi, K., & Dunagan, M. S., Culture and Social Support：Who Seeks It and Why?, Journal of Personality and Social Psychology, 87（3）, pp. 354-362, 2004.

参考文献

・Elder, G.H., Jr., Children of the Great Depression：Social Change in Life Experience. Chicago, IL., University of Chicago Press, 1974.（グレン・H・エルダー，本田時雄・川浦康至ほか訳『大恐慌の子どもたち──社会変動と人間発達』明石書店, 1986.）

・Wills, T. A., Social support and interpersonal relationships, M. S. Clark（Ed.）, Prosocial behavior, Sage Publications, pp. 265-289, 1991.

・Wills, T. A., Supportive functions of interpersonal relationships, S. Cohen & S. L. Syme（Eds.）, Social support and health, Academic Press, pp. 61-82, 1985.

・Taylor, S. E., Sherman, D. K., Kim, H. S., Jarcho, J., Takagi, K., & Dunagan, M. S., Culture and Social Support：Who Seeks It and Why?, Journal of Personality and Social Psychology, 87（3）, 354-362, 2004.

第13章

防災に関する
国際ソーシャルワーク実践

いざというときに、高齢者や障がいのある人[注1]が誰一人取り残されないようにしたい。このミッションを実現するのが、ソーシャルワーカーとともに進める「誰一人取り残さない防災」である。

本章では、この取組みのためにソーシャルワーカーが身につけるべき防災の基本的な視点や、これらの人に被害がなぜ集中するのか、その根本問題を学んだうえで、根本的な解決策としての別府モデルの流れをつかむ。

そして、「誰一人取り残さない防災」のエクアドル共和国での実装の経験を振り返り、グローバルな展開への示唆を深める。

防災とソーシャルワークの連結

学習のポイント

● ソーシャルワーカーが身につけるべき防災の基本的な視点（ハザードと脆弱性）について知る。
● 障がいの社会モデルの考え方を知る。
● 防災とソーシャルワークは連結することを知る。

1 防災の基本的な視点

　まずは防災の基本的な考え方についてみていこう。実は、二つの視点を押さえるだけで、防災の基本的な考え方を身につけることができる。

　一つは、**図13−1** の左側の円で示した、被害を生み出す直接のきっかけになるような自然の現象である。こういった自然現象を、防災の世界では〈ハザード〉と呼んでいる。例えば大雨が降って堤防が切れ、洪水が押し寄せる。あるいは大量の雨水が土砂に吸い込まれ、崖崩れが起きる。津波が押し寄せる。地面が揺れる。このような、危険をもたらす自然現象がハザードだ。

　ハザードは、日常では聞き慣れない言葉のように思われるかもしれない。けれども、例えば車の運転中に、高速道路で急に具合が悪くなって路肩に寄せなければならなくなることがあるだろう。そのときに後続車に危険が及ばないように点けるランプをハザードランプと呼ぶ。そのハザードと同じ言葉である。つまり、危険をもたらす事象のことをハザードと呼ぶわけだ。

　ここで大事なことは、ハザード＝災害ではないということである。無人島、すなわち誰も住んでいないところを津波が襲っても、それは津波ハザードではあるが、被害は出ない。そうすると、それは災害にはならない。

　ということは、災害という現象が起こるためには、もう一つの視点が必要になってくる。それが **図13−1** の右の円で表現している、社会が抱える脆弱性のことである。

図13—1 防災の基本的な視点

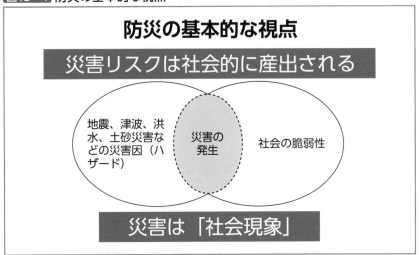

出典：立木茂雄『災害と復興の社会学』萌書房, p.12, 2016.

　地面が揺れる。その揺れに耐えられない脆弱な住宅が倒壊する。倒壊した住宅の下敷きになって、人が亡くなる。こう考えると、災害はハザードが社会の脆弱な側面を襲う結果として現れてくるといえる。たとえ地面が揺れようが、丈夫な住宅であれば家は倒壊せず、結果的に人的な被害は生まれない。

　そのように考えると、被害が生じる災害という現象は、社会的な産物であることがみえてくる。そして、社会的な産物であるとすれば、災害とはつまり、社会現象ということになる。災害が社会現象であるならば、社会的な取組みや対策を通じて、その被害を減じていくことができる。決して運を天に任せるような話ではなくて、私たちが汗をかけば、被害は社会的な取組みによって減じることができるのだ。これが防災の考え方である。

　防災の視点をもう一度言い換えると、式（1）のようになる。災害のリスクは、その社会を襲うハザードと、その社会が本質的に抱えている脆弱性、この二つの関数だということだ。

　先ほどの事例でみたとおり、津波というハザードが無人島を襲っても、それは災害にはならない。なぜなら人間社会という、脆弱な側面が存在しないからなのだ。

（1）　災害リスク＝f（ハザード，脆弱性）

　災害とソーシャルワークは、どのように関連しているのだろう。障がいのある人への対応を例に考えていこう。そもそも障がいとは「何」で、「どこ」にあるのだろう。障がいのとらえ方も変化をたどってきた。

　図13—2の左側では、下肢が不自由で車いすに乗っている人を、障がいのある人だと定義している。かつてはこのような、何らかの医学的な原因——疾病や事故などによって、心身の構造や機能に不自由さがあることを障がいと定義していた。

　しかし、日本は2014年1月、障がいのある人をこのようなかたちでとらえることをやめるという宣言をした。障害者権利条約の批准である。国際条約に批准することによって、日本の制度や法制が縛られることを宣言したということだ。

障がいの社会モデル

　障がいが現在、どのように定義されているのかというと、**図13—2**右側のイラストのようになる。

　下肢の不自由な人が車いすで街中に買い物に行き、バーゲンセールの会場に入りたいと思う。けれども、入り口に段差があるために、バーゲン会場に入れない。まさに社会の側がつくり上げた障壁によって、この人の活動が制限され、買い物をするという社会参加が制約を受けている。これこそが障がいなのである。

　つまり、この人に生じる不利益は、決して下肢が不自由だということに由来するのではなく、その人が車いすで社会活動に参加しようとした

図13—2 障がいの医学モデルから社会モデルへの変化

障がいの医学モデル　　　障がいの社会モデル

Disability Equality Training教材

ときにそれを阻むバリア、障壁が社会の側にあることに由来する。このような障がいの見方のことを、障がいの社会モデルという。

図13-2 の車いすの人が、バーゲン会場に入れないのは、段差があって一人では上れないからである。あるいは、入り口が一階ではなく、階段を上ったところにあるからである。それが障壁ではないかととらえるのが障がいの社会モデルの考え方である。

社会の側が段差を取り除く努力や取組み、あるいは合理的配慮を提供すれば、当事者の不利益を社会の側で減じることができるとソーシャルワークでは考える。主体（当事者）と客体（環境）との相互作用のなかで、その人の不利益が決定されるからだ。

防災の考え方と福祉の考え方は、実は非常に密接に関係している。つまり、みなさんのようなソーシャルワーカーを目指す人は、脆弱な側面に対する対策を日々考えている。そしてその脆弱な側面を減じることが、今まさに防災の世界が一番一生懸命考えていることなのだ。そういった意味で、ソーシャルワーカーの仕事は、防災の仕事そのものであるともいえる。

3 防災とソーシャルワークの連結

防災とソーシャルワークの関数式

障がいの社会モデルをさきほどの防災の関数式と併せて考えると、ソーシャルワーカーの仕事との関係がみえてくる。利用者（主体）の心身機能・構造上のニーズと、利用者の暮らしている社会環境（客体）、この二つの相互作用のなかで脆弱性が決まる。

例えば、あるレベルの生活機能上のニーズに応じてどんな社会資源をマッチングすればよいのかということを、ソーシャルワーカーは見立てをして処遇する。つまり人（主体）と社会環境（客体）の相互作用のなかで、脆弱性とは当事者のニーズだと言い換えることもできる。これを関数の形にすると、式（2）のようになる。

(2)　脆弱性 = f（主体，客体）

最初にみた防災の関数式と、このソーシャルワークの関数式には、同じ言葉が使われていることがわかるだろう。災害のリスクはハザードと脆弱性によって決まる。そして、脆弱性は、主体の要因と客体の要因に

よって決まるのである。

障がいの社会モデルの視点を防災に活かす

　ここで、ソーシャルワークでとらえる脆弱性（式（2））を防災の災害リスクの理解の式（1）に代入することを提案したい。防災の世界と、ソーシャルワーク（障がいの社会モデル）の世界は、脆弱性という同じ概念を扱っている。ソーシャルワークの脆弱性の概念を、防災の関数式に入れ込んでみると、まるでジグソーパズルのようにピースがつながってくる。

　（3）　災害リスク＝f（ハザード，f（主体，客体））

　防災が他人事ではないことがみえてきたのではないだろうか。利用者の災害リスクをとらえるのは、すでにソーシャルワーカーの本来の仕事なのだ。ここでの主体の条件は、例えば利用者の要介護度や機能障害の内容や程度となる。客体はその人が暮らす場所や、いざというときにすぐに支援者が駆けつけられるかといった社会環境である。この二つの要因によって、当事者の脆弱性が決まる。ソーシャルワーカーは、ハザードを存在しないものとして普段は仕事をしている。しかし、これからは、防災とソーシャルワークを連結させた考え方を広めていく必要がある[1]。

　ソーシャルワーカーといえども、いやむしろソーシャルワーカーこそ、いざというときのことを考えたら、地域のハザードについて知っておくことが必要である。利用者が住む自宅の想定浸水深はどれくらいか。地震が起こったときにはどれくらいの揺れが起きるのか。それらは地域で広く共有されているのか。こうしたことを知ったうえで、ハザードが起こったときに、そのハザードに曝された人たちの脆弱性にいかに手を打つのか。これからのソーシャルワーカーは、あるハザードが襲ったときにどうしたらよいかを考えるが、その仕事の内容、進め方の基本は変わらない。

　いざというときに安全なところに逃げることがまず必要だが、それだけでは終わらない。被災後の生活のなかでも、さまざまなことが起こる。そのような状況について理解し、アセスメントする枠組みを、実はすでにソーシャルワーカーは身につけているのである。

注

注1　日本社会では、慣習的に disabilities と impairments に同じ「障害」という用語を用い
てきた。しかし、これらは明確に区別する必要がある。そこで本章では、日本も締約国で
ある国連障害者権利条約で用いられる persons with disabilities に対応する日本語として
「障がいのある人たち」を原則として用いる（高齢者とセットで用いる場合などには一部
「障がい者」も用いている）。同条約は、disabilities が個人と環境の相互作用上の不調和や
欠損から生じるととらえる障がいの社会モデルの立場に基づいている。これは同時に、心
身の機能の impairments に障がいの根本原因を求める障がいの医学モデルから決別するこ
とも意味している。そこで障がいの社会モデルに基づいて disabilities 概念を指す場合には
「障がい」もしくは「能力障害」を、persons with disabilities を指す場合には「障がいのあ
る人」を、一方 impairments を指す場合には「障害」もしくは「機能障害」の語を意図的
に用いている。ただし、障がいのある人に関連する法・制度を指す場合、あるいは既往文
献を引用・参照する場合には「障害」を用いている。

引用文献

1）Tatsuki, S. Chapter 38：Persons with Disabilities and the Great East Japan Earthquake, In
Lena Dominelli（Ed.）, *The Routledge Handbook of Green Social Work*, pp. 464-477, 2018.

誰一人取り残さない防災のための根本的解決策

学習のポイント

● 高齢者や障がいのある人に、災害の被害がなぜ集中するのか、その根本原因をエビデンスから理解する。

● 平時の福祉といざというときの防災・危機管理が分断されているのが第一の根本原因であると知る。

● 危険な場所に高齢者等向けの施設が立地し、立地規制や移転誘導策の不在が第二の根本原因であると知る。

Ⅰ 実際の災害の分析における被害の特徴

2018年7月の西日本豪雨

　近年、水害や津波災害、あるいは地震災害のたびに被害が出ている。では、災害時に被害がどういった人々に生じるのかというと、高齢者と障がいのある人に集中しているのである。

　記憶に新しい水害に、2018年7月の**西日本豪雨★1**がある。このときには、岡山県倉敷市真備町での死者51人のうち、42人が**避難行動要支援者★2**だった。そのなかには、障がい当事者の立場からNHKのEテレの福祉番組に出演したことのある、Mさん（27歳）と娘さんのIちゃん（5歳）もいた。

　Mさんは、シングルマザーとして娘のIちゃんと真備町で自立生活を送っていた。軽度の知的障がいがあるMさんは、日々、娘のIちゃんの育児に奮闘していた。未婚での出産、子育てにも不安が多かったMさんを支えたのは、保健師による妊娠・出産や育児の相談、共同作業所での就労や、Iちゃんの保育所利用などである。また、家事についてはヘルパーの生活援助など、Mさんの生活全般に寄り添う地域の基幹相談支援事業所のコーディネートにより、さまざまな保健・福祉サービスが活用されて地域での暮らしを充実させていた。

　2018年7月6日、午後10時、倉敷市は真備町に避難勧告を発令した。そして結果的に51人が亡くなる災害が発生したが、そのなかにMさんとIちゃんも含まれていた。Mさんへの支援全般を統括していた基幹

★1 西日本豪雨：2018年7月5日から、西日本を中心に発生した豪雨とそれによる洪水・土砂崩れなどによる災害。降水量・降水時間ともに記録的な大雨となった。被害は死者237名（広島県115名、岡山県66名、愛媛県31名、他府県25名）、行方不明者8名、重軽傷者は432名。

★2 避難行動要支援者：災害などの、いざというときに自分の命を自力で守れないと市町村等に判断された人たち。2013年から名簿の作成が義務化された。

相談支援事業所の責任者の永田拓さんによれば、「地域の小学校に避難するようにと伝えたのですが、その地域の小学校の場所がわからないという話になり、急いで警察であるとかいろいろなところに連絡をとったのですが、誰も対応できる状況ではないことがわかり、ちょっとまずい状況なのかなというのは、そこで初めて感じた」と語っている。

その後も降り続く雨で、小田川の水位が上昇。午前1時30分、避難指示が発令される。すでに車での移動は困難で、隣の市に暮らす永田さんは助けに行くことができなかった。永田さんは、「何らかの形で、ご近所に住んでいる方とか、近くにいる誰かが彼女に声をかけてくれないかという期待」はあったものの、Mさんが近所の人たちと避難することはなかった。

Mさんの家事を支援していたヘルパーの石井智美さんも、周囲の人に助けを求められないのか、SNSで尋ねていた。Mさんからの返事に書かれていたのは、「近所付き合いないから」という言葉。石井さんも、Mさんの生活が「福祉のサービスが中心になっていた」「お隣近所の人とのかかわりといったお話は聞いたことはない」という地域での暮らしの現実——福祉中心の暮らしが地域とのつながりを奪っていたことをあらためて思い知る。

永田さんも以下のように語っている。

「ひょっとしたら、彼女が頼る先を僕とかみたいな支援者だけにしていたのって、多分僕らなのかなと思って、もっとご近所とのつながりをつくらせようという概念が全然なかったので、そこがあるとちょっと違ったのかなという後悔はあります、正直」

福祉のサービスを受けながら在宅で暮らせる仕組みが整い、そのなかでMさんとIちゃんは地域で暮らすことができていた。そのためのさまざまなサービスを利用していたけれども、その利用計画のなかにはいざというときの対策は含まれていなかった。ここにこの二人が亡くなった根本的な問題の一つがある。

高齢者・障がい者と東日本大震災

平時の福祉サービスと災害時の要配慮対応の分断が、より広範囲に表面化したのが東日本大震災だった。この震災で10名以上の直接被害が出た東北3県の被災31市町村について横軸に全体死亡率、縦軸にその市町村の障害者手帳をもつ人の死亡率をとり、3県それぞれに回帰直線

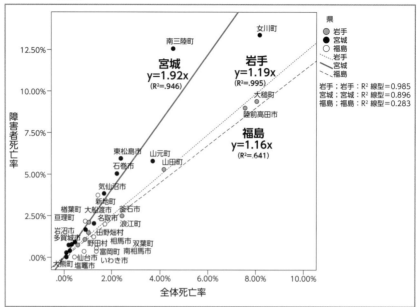

図13─3 東日本大震災における全体死亡率と障がい者死亡率の比較（市町村別）

出典：立木茂雄『災害と復興の社会学』萌書房, p.12, 2016.

を引いたものが 図13─3 である。

　この３本の直線は、それぞれ岩手、宮城、福島の市町村ごとの全体死亡率と、障害者手帳交付者の死亡率の関係（全体死亡率にどの程度の係数を掛けると障がいのある人の死亡率が推定できるか）を要約したものになる[1]。

　これをみると、宮城県でのみ傾きが倍近くになっている（全体死亡率を1.9倍すると障がいのある人の死亡率が推定される）。市町村単位の分析を行うことにより、各県の個別の状況がここで浮かび上がっている。なぜ障がいのある人の死亡格差（直線の傾き）が宮城県でだけ突出していたのか。理由は二つある。

　一つは、在宅で暮らしている障がいのある人の割合が、３県で極めて違っていた点だ。重度の身体障がいのある人の施設入所率は、岩手県3.1％、福島県1.3％に対して宮城県では0.7％だった。宮城県では施設入所者が圧倒的に少なかった。

　それでは、どこで暮らしていたのか。在宅である。宮城県では、福祉のまちづくりのサービスが進んでおり、在宅で暮らせる環境が整っていた。けれども、この福祉のまちづくり──ノーマライゼーション施策は、災害時の行動とは連動していなかった。そのために在宅で暮らして

いた多くの障がいのある人たちが集中的に被害に遭ったのである。

2 誰一人取り残さない防災のための根本問題とは

一つ目の根本問題——平時と災害時の対応策が縦割り

ここから、どういうことがみえてくるのか。地域包括ケアに代表されるような平時の福祉のまちづくりは、現在、一段と進められている。一方、災害のときはどうするのか。地域のなかで、防災部局や危機管理部局が自治会・町内会長などに名簿を渡し、「地域の住民の皆さんなりに頑張って個別支援計画をつくってください」とお願いする取組みをしている。

私たちの社会は、基本的に縦割りで物事を進めている。社会のさまざまな組織は、まるでタコツボのように、そのなかで仕事を最適化するような仕組みになっている。例えば、平時に配慮が必要な人々のサービスは、福祉のタコツボで取り組んでいる。地域包括ケアシステムという名前で呼んでいるものがそれだ。障がいのある人や要介護者が、なるべく在宅で暮らせるようなサービスをコーディネートする。

一方で、いざというときの備えは防災のタコツボで自己完結して進めている。具体的には、避難行動要支援者のリストを自治会に渡し、地域で支援者をリクルートして、配慮が必要な人とつなぐといった取組みが行われている。

深刻なのは、この二つの取組みが連結していないことだ。横断して解かなければいけない問題に対し、それぞれの取組みがそれぞれのタコツボのなかで最適化されて進められていて連結していない。地域包括ケアの政策で、在宅で暮らす配慮が必要な人を増やす一方で、いざというときについては、「それは防災でやるから」となっている。

宮城県で起こったことがまさにこれである。在宅での福祉制度の整備が、防災・危機管理の取組みと連結していないと、結果的に災害脆弱性を高めていた。これが、一つ目の根本問題だ。

二つ目の根本原因——施設の立地

そしてもう一つの理由がある。高齢者向け施設への入所中に被災した人の割合が、3県で違っている。東北地方ではとりわけ高齢になればなるほど、介護保険の申請時に障害者手帳も併せて申請する割合が高い。このようななかで、入所施設の入所者が被害を受ける割合も、岩手県

2.1％、福島県 0.4％に対して宮城県では 5.2％と突出して高かった。

　なぜなのか。大変残念で悲しいことに、社会福祉施設、あるいは高齢者向けの施設が全般的にどのようなところに建っているかという立地の問題がある。こういった施設は、どうしても地価の安いところに建ってしまう。そして地価の安いところは、危険な場所が多い。宮城県では、景観のよい——しかし津波ハザードに対して脆弱な海辺に建てられていることが多かった。日本社会の現状の枠組みの中では、〈地価が安い、でも危険〉という価値と、〈地価が高い、でも安全〉という価値、どちらに重きをおくのかというと、〈安い、でも危険〉のほうに傾くのである。

　土砂災害警戒区域あるいは津波の特別警戒区域については、2022 年度から施行される改正都市計画法で、「ここは危険な場所だから福祉施設を建てるのはだめです」という判断が地方自治体によって行われ、立地規制ができるようになる。

　2000 年に介護保険制度が始まってから現在までの 20 年間で建てられたさまざまな入所者向けの施設は、ほとんどが災害危険区域と言ってよいようなところに立地している。このような問題についても根本的な対策をしていかなければいけない。

　さらに人口構造の超高齢社会化に伴い、いわゆるエッセンシャル・ワークの多くの部分が、技能実習生といった名称でニューカマーと呼ばれる外国人労働者によって担われるようになった。各自治体には、国際交流の担当課などが在留外国人の支援活動を行っている。しかし、府県や市、国際交流協会の担当者などが災害時に積極的に避難所巡回や支援施設を立ち上げたり、報道機関でも多言語での情報提供やウェブサイトでの告知が一般化し始めたのは、2015 年の関東東北豪雨、2016 年の熊本地震、2018 年の大阪北部地震や同年の西日本豪雨災害など、ここ数年の動きに過ぎない[2]。

　根本的な解決は、平時と災害時の取組みを縦割りのままにするのではなく、両者を連結することにある。このときに鍵になるのが、高齢者や障がいのある人、病をかかえる人、子どもや妊産婦、そして外国人といった社会的少数者や弱者とかかわるソーシャルワーカーなのである。

引用文献

1) Tatsuki, S., Old Age, Disability, and the Tohoku-Oki Earthquake, *Earthquake Spectra*, 29 (S1), pp. S403–S432, 2013.

2) 田村太郎「災害時における外国人対応」『住民と自治』21-6, pp. 24-26, 2021.

第3節 防災と福祉を連結する
誰一人取り残さない別府モデル

学習のポイント

● 当事者力、地域力、行政力を高める別府モデルの三つの目標を知る。
● 別府モデルの六つの流れを知る。
● 個別支援計画の作成が高齢や障がいの当事者への合理的配慮の提供の一環であることを知る。

1 別府モデルが実現を目指す三つの目標

　被害が生まれる根本原因の一つは、平時の取組みと災害時の取組みが縦割りになっていて連結されていないことにあった。ならば、福祉のタコツボから出て、防災・危機管理のタコツボから出て、地域の人々とスクラムを組むこと、それが根本的な解決策になる。これが、別府市で始めた取組みの肝となる考え方である（**図13—4**）。

　では、具体的にはどうするか？　その答えは、高齢者や障がいのある人とかかわるソーシャルワーカーが平時につくっているケアプランに加えて、災害時版のケアプランをつくることである。

　別府モデルは三つの目標の実現を目指す。第一に、当事者が誰一人取り残されないようにしたい。そのためには、災害時に当事者や家族が自ら「私／私たちが自分でできることは準備する。でも、いざというときには周りからの支援も必要だ」と声を上げられるような災害を生き抜くための力、つまり〈当事者力〉を高める必要がある。そのための備えを、一人ひとりの支援プランのなかに入れ込んでいく。

　第二に、当事者が住む地域住民が、誰一人取り残さないように〈地域力〉を高める必要がある。そうした地域の取組みと、当事者の努力をつなげていく。

　そして、第三は、誰一人取り残させないルール、つまり〈行政力〉の基盤となる「正義の実践とは何か」の理解を踏まえて、この取組みを位置づけることである。

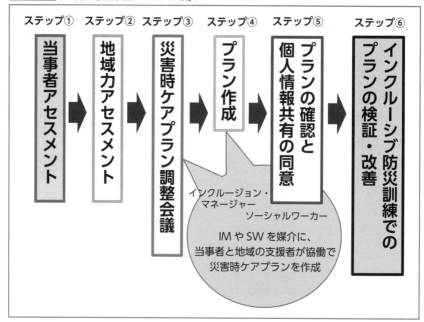

図13—4 個別支援計画づくりの流れ

ステップ① 当事者アセスメント

ステップ② 地域力アセスメント

ステップ③ 災害時ケアプラン調整会議

ステップ④ プラン作成

ステップ⑤ プランの確認と個人情報共有の同意

ステップ⑥ インクルーシブ防災訓練でのプランの検証・改善

インクルージョン・マネージャー ソーシャルワーカー

IM や SW を媒介に、当事者と地域の支援者が協働で災害時ケアプランを作成

2 別府モデルの六つのステップ

第1ステップ：当事者力（防災リテラシー）を高める

　別府モデルの第1ステップは、災害に備えた当事者力を高めるための現状把握と具体的課題の設定である。別府モデルでは、当事者力を〈防災リテラシー〉を高めることと翻訳し、現状と必要な備えの確認をソーシャルワーカーが伴走しながら支援する（図13—5）。

　〈防災リテラシー〉は決して目新しい言葉ではない。1995年の阪神・淡路大震災後に、文部省（当時）が防災教育のありようを提案するなかでつくられた言葉である。防災に関する情報の活用、防災情報を主体的に運用するために基礎となる力のことである。より具体的には、脅威を理解し、備えを自覚し、とっさに行動ができるような自信をもつことである。

　当事者や家族が、災害の脅威をどのように理解し、どのような備えをしているか、そしてどういうとっさの行動への自信をもっているかをアセスメントする。それを踏まえて、いざというときに備えた自己決定ができるように、伴走支援する。脅威の理解については、ハザードマップ上に利用者宅を位置づけて、どのような脅威や生活の支障が想定されているのか、利用者と一緒に読み解いていく。

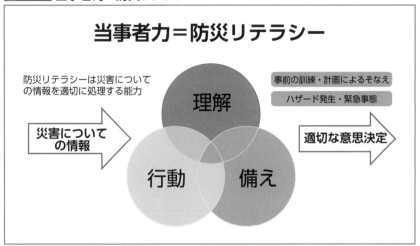

図13—5 当事者力＝防災リテラシー

当事者力＝防災リテラシー

防災リテラシーは災害についての情報を適切に処理する能力

災害についての情報

理解

行動　備え

事前の訓練・計画によるそなえ

ハザード発生・緊急事態

適切な意思決定

　高齢者や障がいのある人たちにとっての災害事態とは、環境のなかにバリアが突然生まれ、その結果として活動が制限され、社会参加が制約を受け、それによって当事者に不利益が生まれる事態である。

　想定される支障に対して、〈自分でつくる安心防災帳[1]〉を使うと、当事者あるいは家族と、今どんな備えをしているのか、そして備えているもののなかで被災したときに実際に役に立つものはどれか、心配なのはどれかといったことを、対話を通じて理解できる。心配なものについては課題としてリスト化し、それぞれの課題に対してこうするべきだという対策を考える。

　つまり、「わが家はこんなことを備えておこう」「安全なところへの移動は自分たちだけでは難しいから共助に支援を仰ごう」といったことも、備えの一部に入れる必要がある。そしてそれを当事者、家族に気づいてもらう。さらには皆で一緒になって逃げる避難訓練、これを通じてとっさの行動への自信を高めていく。最初のステップとして求められるのは、このような当事者力を引き出すプロセスである。

　外国人の当事者力を高める取組みでは、地震や津波、洪水や土砂災害といった地域のハザード脅威を事前に理解しておくことに加えて、「避難所に行くとどんなメリットがあるのか」「どこに避難したらよいのか」「避難するときには、どんなことに注意する必要があるのか」などの備えの自覚に関するリテラシーを高めることが必要である。例えば、避難所の支援物資としておにぎりがトレイに積まれていて、それを受け取るために長い列ができている場合に、たとえ「ご自由にお取りください」

第13章 防災に関する国際ソーシャルワーク実践

279

と張り紙があっても、「おにぎりは1人1個」という暗黙のルールがある、といったことなどを知るのが事前の「備え」になる[2]。

第2ステップ：地域力のアセスメント

　第2ステップは、地域力のアセスメントである。地域の自治会長はどんなことで頼りになるのか、どういったことに詳しいのか、役所のなかではどういう人を通じてなら会ってもらえるか。

　このようなさまざまなつてを頼って、取組みの鍵になる役所内や地域、当事者団体、福祉事業者などの関係者をつなぐことを専従で行うワーカーが役所には必要になる。ソーシャルワーカーは、そういったつなぎ役を介して地域でどういう資源があるのかを確認していく。

　高齢者や障がいのある人とかかわるソーシャルワーカーは、普段はフォーマルな資源とニーズのマッチングをしている。ところが、災害時ケアプランではマッチングする社会資源は、近隣というインフォーマルな人々からのものになる。そのため、そういったインフォーマルの資源に詳しいつなぎ役――インクルージョン・マネージャーが、何よりもここで一緒になって働いてもらうことが大切である。地域力のアセスメントは、そういう地域のつなぎ役、地域資源とのつなぎ役の人々と一緒になって進める必要がある。

第3ステップ：災害時ケアプラン調整会議

　第3のステップは、災害時ケアプラン調整会議となる。高齢者や障がいのある人とかかわるソーシャルワーカーは普段、利用者のアセスメントをして課題を抽出したら、それに見合うサービスをメニューのなかから選び、サービス等利用計画あるいはケアプランをつくっている。そのプロセスを、普段のように事務所や利用者宅ではなく、地域に出向き、地域の人々との調整会議の場で行う。ここが一番大きなポイントになる。別府モデルのなかでも、一番ユニークなところである。

　当事者が地域の調整会議に参加するときに、ソーシャルワーカーが同席して伴走する。そして自治会長、自治会の役員、自主防災会に対し、いざというときの支援のニーズを、インフォーマルな地域資源とマッチングさせる必要があることについて、場合によっては当事者の代弁をして、説明する。これを福祉専門職にお願いしたい。

　地域のインフォーマルな社会資源について、高齢者や障がいのある人

とかかわるソーシャルワーカーはそれほど詳しくないのが実情である。そこで、防災と福祉分野をつなぐ調整活動をしているインクルージョン・マネージャー[3]に、この両者の橋渡しをしてもらう必要がある。

　誰一人取り残さない防災の事業がうまくいくかどうかは、ソーシャルワーカーが頑張ることと、そしてインクルージョン・マネージャーが防災と福祉の連結に頑張って汗を流してくれること、それらにかかっているということが、別府で行った取組みからもみえてきた。

第4ステップ：災害時ケアプランの作成

　第4のステップが、災害時ケアプランの作成である。具体的には、平時に利用者がどのような社会資源を使っているのか、災害時にはどのようなニーズが生まれて、それは誰がどのように提供するのか、これをエコマップの形で表現する。図13―6の左側のエコマップは、平時の社会資源の利用状況である。併せて、図13―6の右側では、災害時に在宅中ならばどんな資源が必要になるか、インフォーマルな社会資源とどのようにマッチングするかを表現する。

　エコマップの右側が災害時ケアプランとなる。例えば、災害時には安全なところまで避難移動する必要がある。そのためには自治会から何人くらいの人に来てもらえたらよいかといったことだ。

　あっけないと思われるだろうか。基本的に、エコマップを描ける人は

図13―6 平時と災害時のエコマップづくり

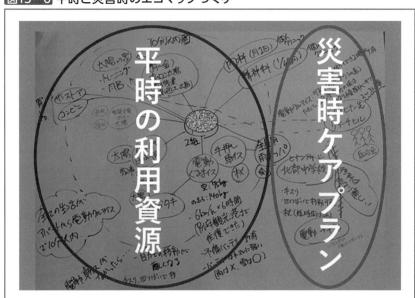

災害時のケアプランも描けるのだ。

これはソーシャルワーカーなら誰もが身につけている技術である。それを防災でも活かすのがこの取組みだ。最終的には、災害時に使っている社会資源の状況と平時に使っている社会資源の状況が、1枚の模造紙に反映され、それを地域の人々と共有化することによって、平時の取組みと災害時の取組みが切れ目なく連結される。状況認識を共有化し、平時の生活と災害時の避難体制を連結するための道具になる。

第5ステップ・第6ステップ

第5ステップでは、当事者と地域支援者の両者で細部を詰めた地域の支援（案）を、災害時ケアプランとして文書化するとともに、当事者の側で備えるべき事項の確認と、地域からの支援を求めるにあたって自身の情報を地域で共有することへの同意をセットにして署名を行う。

第6ステップでは、全員参加で誰一人取り残さない――インクルーシブな防災訓練に実際に参加し、第5ステップで作成した災害時ケアプランを実施し、その検証をもとにプランの改善を行う。

3 合理的配慮の提供

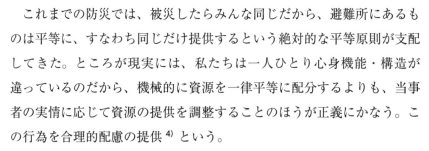

これまでの防災では、被災したらみんな同じだから、避難所にあるものは平等に、すなわち同じだけ提供するという絶対的な平等原則が支配してきた。ところが現実には、私たちは一人ひとり心身機能・構造が違っているのだから、機械的に資源を一律平等に配分するよりも、当事者の実情に応じて資源の提供を調整することのほうが正義にかなう。この行為を合理的配慮の提供 4) という。

合理的配慮が正義を考えるうえでの基盤となるきっかけは、2014年1月の国連障害者の権利条約の批准である。このための準備として障害者基本法が2011年8月に改正されたが、東日本大震災で障がいのある人に被害が集中した事実を受け、2011年3月からの国会での審議を通じて災害時の合理的な配慮の提供も、第26条として追加された。

さらに障害を理由とする差別の解消の推進に関する法律（障害者差別解消法）も成立させ、2016年4月には施行された。このなかでは当然、差別はだめだということが書かれているが、その差別の定義が非常に重要だ。

差別にはあからさまに不当な取り扱いという直接的な差別と、合理的

な配慮を提供しないという間接的な差別と2種類ある。そのどちらも国・地方公共団体はしてはいけないという規定である。2021年の障害者差別解消法の改正により、同じ義務が民間事業者にも課せられることになった。

　合理的な配慮の提供は、国や地方公共団体だけではなく、事業者にとっても義務である。それに基づいて、福祉や教育、交通だけではなくて、防災の分野でも合理的な配慮の提供の一環として、今私たちが取り組もうとしている誰一人取り残さない防災があるのだ。

引用文献

1) 国立障害者リハビリテーションセンター研究所福祉機器開発室 Web ページ「自分でつくる安心防災帳」 http://www.rehab.go.jp/ri/kaihatsu/suzurikawa/skit_02.html

2) 田村太郎「多文化共生時代の災害時対応に求められる自治体の役割——外国人とともに「安心感の醸成」をめざそう」『ガバナンス』26, pp. 26-28, 2019.

3) 立木茂雄「誰一人取り残さない防災に向けて、インクルージョン・マネージャーが身につけるべきこと——越境、連結、参画・協働」『消防防災の科学』No.144, 2021年春季号, pp. 40-47, 2021.

4) 立木茂雄「第10章　緊急事態」長瀬修・川島聡編『障害者の権利条約の実施——批准後の日本の課題』信山社, pp. 219-261, 2018.

第13章　防災に関する国際ソーシャルワーク実践

学習のポイント

- ● エクアドルでの別府モデルの社会実装について概要を知る。
- ● エクアドルでの実装を例として、グローバルな実践のための教材・カリキュラム設計と準備の概要を知る。
- ● エクアドルでの実装をもとにグローバルな展開で肝となるポイントを知る。

1 エクアドルでのインクルーシブ防災のための実施能力強化プロジェクト

　「誰一人取り残さない防災」は、防災と福祉を境界連結する日本発のオリジナルなイニシアティブである。根本問題が普遍的であり、根本的解決も普遍的であればグローバルな展開が可能である。本節では、普遍性や共通基盤に基づいたエクアドル共和国での「誰一人取り残さない防災」の実施能力開発の実践について紹介する。

概要

　根本問題に対する根本的解決策のグローバルな社会実装の一環として、2021年9月よりエクアドル共和国での国際協力機構（JICA）の「地域における障害者に焦点を当てたインクルーシブ防災の実施能力強化」プロジェクトを主宰している。

　エクアドルは、人口の約3％が障がい者であると推定されており、社会的弱者の所得格差があり、また環太平洋地域帯に位置するため地震、津波、火山噴火、水害などの多発する自然災害への脆弱性が、持続的な発展を阻む要因となっている。

　エクアドル政府は、「国家開発計画 2013 ～ 2017」およびそれに続く「国民福祉計画 2017 ～ 2021」において、社会的弱者に配慮した包摂的な防災対策を国家的に重要施策化した。しかしながら、高齢者や障がい者を含む社会的弱者に対する災害時の対応などのインクルーシブ防災についての具体的な取組みが遅れており、施設やコミュニティにおいて合

理的配慮のなされた災害時の対応が可能となるよう準備をすることが喫緊の課題となっている。

　そこでエクアドル政府は障がい分野と防災分野での協力の経験をもつ日本政府に対し、国際協力事業団（JICA）を通じた障がい者に焦点を当てたインクルーシブ防災能力の強化について協力を要請した。

　本プロジェクトの事業実施期間は 2020 年 8 月〜2024 年 3 月を予定している。

プロジェクトの活動

　プロジェクトの具体的な活動は、①-1 エクアドル国内における防災場面での障がいのある人のインクルージョンや、①-2 障がいのある人への障害福祉サービスにおける防災の観点の導入状況を分析し、①-3 アクションプランで定める課題と目標の設定を行う。

　これをもとに、②-1 日本におけるインクルーシブ防災についての法的・制度的整備状況と具体的な実践例を学び、②-2 両国におけるインクルーシブ防災についての法的・制度的整備状況と具体的な実践例を学び、②-3 活動①-3 において抽出された課題の解決・改善を目指し、活動②-1、活動 ②-2 で得た知見をもとに、エクアドルの国および自治体におけるインクルーシブ防災実施のアクションプラン（案）を立てることである。

2 エクアドルでの社会実装のための教材・カリキュラムの設計と準備

ハザードや脆弱性の分析・教材の多言語化

　エクアドル向けの防災対応力向上研修の設計に先だって、エクアドルの社会経済や地理に関する情報をインクルーシブな防災の枠組み（第 1 節の式（3）を参照）を使って整理し、現地社会の文脈の理解を図った。

　日本社会では、どの自治体でもハザードマップが整備され、国勢調査サイトから年齢や世帯規模といった情報を町丁目単位の小地域統計で簡単に入手できる。エクアドル共和国の地震・洪水・土砂災害・津波などのハザードマップに関する情報は、同国防災省を通じて電子地図（地理情報システム、以下 GIS）データを提供してもらった。

　一方、障がいのある人のデータについては、障がいのある人の社会参画を管掌する経済社会参画省を通じて、全国の小地域（パローキア）単

図13―7 エクアドルの地すべりハザードマップと社会的脆弱性地図

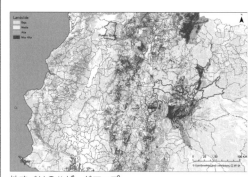
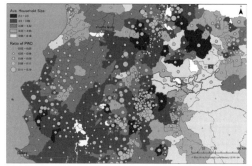

地すべりのハザードマップ　　　　　　　　社会的ぜい弱性マップ（平均世帯規模と障がい者の割合）

位の障害福祉サービス利用者データの提供を受けた。さらに、JICA エクアドル事務所を通じて同国の小地域単位の国勢調査データを入手した。

　小地域単位の高齢化率や平均世帯規模を GIS 上で地図化するための小地域の範域地図データ（シェープファイル）については、日本の防災科学技術研究所の研究員より国連人道問題調整事務所（OCHA）のサイトで整備されているとの教示を受け入手した。このようにして、プロジェクトを実施するパタテ、プエルト・キト、テナ、サリナスの 4 市のハザードマップおよび社会的脆弱性指標地図を用意した（図13―7）。

　さらに、「防災対応力向上研修」カリキュラム・テキスト（誰一人取り残さない防災に向けて、福祉関係者が身につけるべきこと、萌書房）の多言語化（英語・スペイン語への翻訳）を行った。併せて映像教材DVD（ひとりも取り残さないために――インクルーシブ防災、NHK 厚生文化事業団）の映像に英語・スペイン語の字幕をつけた（図13―8）。

研修カリキュラム

　初年度の 2021 年は、コロナ禍により講師の現地視察や研修員の来日がかなわず、すべてオンラインでのカリキュラム実施となった。日程は、2021 年 9 月 20 日～ 9 月 24 日の 5 日間が座学研修、9 月 25 日～ 11月 28 日が短期アクションプラン作成実習、11 月 29 日～ 12 月 1 日の 3日間は、インクルーシブ防災発祥の大分県別府市のオンライン・サイトビジットを 2 日目に挟みながら、短期アクションプランの発表と評価会を実施した。

　エクアドル側の研修員は、国レベルからは障害者福祉サービスを管轄

図13—8 原作テキスト・DVD とスペイン語版の表紙

萌書房、2020 年 9 月刊　　JICA エクアドル事務所、　NHK 厚生文化事業団、2021
　　　　　　　　　　　　2021 年 10 月刊　　　　　年 3 月刊

する国の経済社会参画省と防災省の技官が各 1 名、プロジェクトを実施
するパタテ、プエルト・キト、テナ、サリナスの 4 自治体の防災担当者
と、当該 4 自治体で障害福祉サービス提供を管轄する経済社会参画省地
方事務所の担当者がペアとなり、合計 10 名の研修員全員は首都キトの
ホテルに合宿し、日本とのオンラインでの双方向型講義を受けて、ホテ
ルの大会議室を演習会場にして午後のグループワークを行った。グルー
プワークは、現地コンサルタント 2 名が担当した。

　オンラインによる座学研修（**図13—9**）では、日本の夜 9 時半がエク
アドルの朝 7 時半となることを踏まえて、9 月 20 日から 5 日間にわたっ
て、日本時間の毎夜午後 9 時 45 分（現地午前 7 時 45 分）〜午後 11 時
45 分（現地午前 9 時 45 分）までの 2 時間、オンライン双方向型の講義
（通訳を含むので実質は 1 時間）を行った。その後、現地時間の午後 1
時〜 6 時（日本時間午前 3 時〜 8 時）は、演習課題の対応を、現地コン
サルタントのファシリテーションによるグループワーク形式で進めた。

　座学講義は、『誰一人取り残さない防災に向けて、福祉関係者が身に
つけるべきこと』のスペイン語版テキストをもとに各章単位で講義を
行った。すなわち第 1 日目に「第 1 章：防災とソーシャルワークの考え
方」（本章 1 節に相当）、2 日目に「第 2 章：根本問題」（本章 2 節に相
当）、3 日目に「第 3 章：当事者力を高める」、4 日目に「第 4 章：防災
とソーシャルワークを連結する別府モデル」、5 日目に「第 5 章：災害
時ケアプラン調整会議の実施」および「第 6 章：合理的配慮の提供」
（第 3 章〜第 6 章の内容は、本章 3 節に相当）の構成である。各回の講
義内容とグループワーク課題の概要は **表13—1** にまとめている。

表13—1 エクアドルの国・自治体担当者向け「誰一人取り残さない防災」実施能力向上研修のカリキュラム

日付 （エクアドル日付）	形態	内容	課題
2021/9/20（月） （9/19日）		オリエンテーション ・講師、研修員の自己紹介 ・3年間の研修全体像の説明 ・講義内容全体像の説明 ・毎日の課題とアクションプランについて説明 ・注意事項の説明 ・課題保存ならびに連絡用チャットツール利用方法の確認	
2021/9/20（月） （9/19日）	講義	第1章：防災とソーシャルワークの考え方 ・防災の視点 ・エクアドルにおけるハザードと社会の脆弱性を統計でみる ・ソーシャルワークの考え方の基本 ・防災とソーシャルワークの連結	・白地図上に各種ハザードと脆弱性（平均世帯規模・高齢化率）地図の透明シートを重ね合わせる。 ・自身の自治体の脆弱性の特徴についてPPT1枚（250ワード以内）でまとめる。 ・中央レベルの研修員は、4自治体（プエルト・キト、サリナス、テナ、パタテ）のうち、どこかの自治体に1名ずつ入り、課題を実施 ・講義の振り返り：質問事項をPPT1枚（250ワード以内）でまとめる。
	演習	課題対応	
2021/9/21（火） （9/20日）	研修生発表	出席確認、前回の振り返り	
	講義	第2章：根本問題 ・2018年7月の西日本豪雨 ・防災・減災の歴史と災害対策基本法 ・高齢者・障がい者と東日本大震災 ・宮城県における被害の特徴と、その理由 ・一つ目の根本問題 ・二つ目の根本問題	・ハザードと脆弱性の関数として災害リスクをとらえるを使って、自身の自治体について分析する。 ・ブックレットの3章を事前に読んでおく。 ・NPWO（NHK厚生文化事業団）のDVD：防災リテラシー動画を視聴する。 ・講義の振り返り：質問事項をPPT1枚（250ワード以内）でまとめる。
	演習	課題対応	
2021/9/22（水） （9月21日）	研修生発表	出席確認、前回の振り返り	
	講義	第3章：当事者力を高める ・防災リテラシーを高める ・耐震補強をするかしないか？ ・防災リテラシーと避難のタイミング ・演習	・防災リテラシー尺度をどのように活用するかを話し合い、自治体ごとにPPT1枚（250ワード以内）にまとめる。中央レベルの研修員は、4自治体（プエルト・キト、サリナス、テナ、パタテ）のうち、どこかの自治体に1名ずつ入り、課題を実施する。 ・ブックレットの4章を事前に読んでレポートを作成。 ・NPWOのDVD：安心防災帳動画を視聴する。 ・講義の振り返り：質問事項をPPT1枚（250ワード以内）でまとめる。
	演習	課題対応	
	研修生発表	出席確認、前回の振り返り	
		第4章：防災とソーシャルワークを連結する別府モデル、アセスメントの実施	・受講者でペアを組んで、視覚障害者のシナリオを元に安心防災帳によるアセスメ

2021/9/23（木） （9月22日）	講義	・平時と災害時のケアプラン ・個別避難支援計画づくりの流れ ・当事者参画型の東日本大震災草の根検証ワークショップ ・当事者アセスメントと地域アセスメント ・能登半島地震（2007年）における災害時要援護者への対応	ントをして、備えの課題の対策を検討する。 ・ブックレットの5章の各トピックを読む→該当箇所のDVD動画を視聴（読む→動画を見るを繰りかえす） ・以下のチャプターの動画を視聴する。 7〈スタジオ〉タイムライン ………………………… 2分14秒24 8〈VTR〉タイムラインづくり ………………………… 6分35秒25 9〈スタジオ〉避難先とタイムラインづくり ……………… 6分5秒26 10〈スタジオ〉専門職による地域との調整 ………………………… 2分20秒27 11〈VTR〉地域との調整会議 ………………………… 3分45秒28 12〈スタジオ〉調整会議のポイント ………………………… 2分17秒29 ・講義の振り返り：質問事項をPPT1枚（250ワード以内）でまとめる。
	演習	課題対応	
2021/9/24（金）	研修生発表	出席確認、前回の振り返り	
	講義	第5章：災害時ケアプラン調整会議の実施、第6章：合理的配慮の提供 ・地域との調整会議 ・災害時ケアプラン作成 ・風水害と警戒レベル、避難準備・高齢者等避難開始情報と〈タイムライン〉 ・災害時ケアプラン（避難生活編）調整会議 ・合理的な配慮とは何だろうか ・障害者の権利条約の批准	講義の振り返り：質問事項をPPT1枚（250ワード以内）でまとめる。
	アナウンス	アクションプラン作成の説明	
2021/9/25（土） から 2021/11/28（日）	実習	課題対応	4自治体と国レベルでの短期アクションプラン作成
2021/11/29（月） （11月28日）	研修生発表	バタテ市、プエルト・キト市、テナ市の短期アクションプラン課題報告10分、質疑応答5分（通訳入れて30分間）	
2021/11/30（火） （11月29日）	on-line ビジット	別府市オンライン視察（別府モデル関係者の講義＋質疑）	
2021/12/1（水） （11月30日）	研修生発表	サリナス市、経済社会参画省・防災省、テナ市（再報告）の短期アクションプラン課題報告10分、質疑応答5分（通訳入れて30分間）	
		閉講式	

オンライン研修の修了後に、研修員はそれぞれの職場である国の障がい者福祉や防災を所管する官庁や地元に戻り、自治体の防災担当と経済社会参画省地方事務所の障がい福祉担当として常にペアを組んで防災部局と福祉部局の庁内外での越境を通じた境界連結を実践し、短期アク

図13―9 オンラインによる座学研修の画面

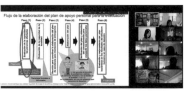

防災の基本的視点（ハザードと脆弱性の相互作用により災害リスクが産まれる）

別府モデルの6ステップの標準業務フロー

障がいの医学モデルから社会モデルへの変化

当事者力＝防災リテラシーの3要素（脅威の理解・備えの自覚・行動の自信）

ションプラン作成の実習に従事した。

　短期アクションプランの報告とフィードバックは2021年11月29日と12月1日の2日間にわたってオンライン双方向型の形式で実施した（図13―10）。なお、報告会2日目にあたる11月30日は、誰一人取り残さない防災の研究開発を共同で進めてきた大分県別府市の取組みを、関係者へのオンライン・ビジットの形式で視察した。短期アクションプランの発表とフィードバックをもとに、2022年5月にはアクションプランの最終報告会を実施する予定である（オンラインか現地訪問かは、2022年2月現在調整中）。

3 グローバルな実践から学んだこと

　インクルーシブな防災をエクアドルで実装するなかで、第一に学んだことは、グローバルに共有化された目標や概念枠組みが実践の共通基盤となることだ。具体的には、障がいのある人への合理的配慮の提供を行政の義務と位置づけた国連障害者権利条約[1]や、インクルージョンやダイバーシティに配慮した公・共・私の協働体制による防災を原則化した国連仙台防災枠組み[2]の意義を再確認した。

　しかも、これらの諸原則は「誰一人取り残さない」を共通ミッションとするSDGs[3]（持続可能な開発のための目標）の17の目標のなかに包摂されている。例えば目標1（貧困の撲滅）、目標10（不平等の解消）、目標11（持続可能な都市・地域）、目標13（気候変動）、目標17（協働

図13—10 サリナス市のアクションレポート発表で使用された写真・資料
（2021年12月1日）

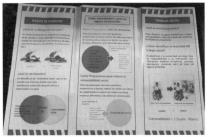

サリナス市でのソーシャルワーカーへの防災対応力向上研修の模様（2021年10月18日）　サリナス市のインクルーシブ防災の啓発パンフレット

による目標実現）といった諸目標が、インクルーシブな防災のグローバルな実践を共有化するうえでの共通言語であり共通基盤となることを実感した。

　9月末から11月末の2か月間は、各研修員が地元に戻り、自治体の防災部局と社会経済参画省地方事務所の障害福祉サービス部局間を越境し、境界連結を図り、地元のソーシャルワーカーや地域組織のリーダーとの協働を促し、障がいのある人本人や家族が個別支援計画の作成に参画するための短期アクションプランの実装実習を行った。

　11月末の短期アクションプランの報告会では、防災と福祉部局の縦割りは、エクアドルでも共通にみられること、部局を乗り越えて対話を始めること、その過程から組織相互の窓口となる担当者間の信頼関係が生まれること、その信頼関係をもとに多様な関係者がパートナーとして協働のスクラムに加わっていけること、これを使って地元でのインクルーシブな取組みを実現するための会議やワークショップを開催し、これまで交流のなかったより多くの関係者同士の間に共通の状況認識が生まれることについて、エクアドルの事例から多くを学んだ。

　上記のような短期アクションプランの実装を踏まえて、国の障がい福祉政策を司る経済社会参画省では、障がい者基本法を障がいの社会モデルに準拠した方向で改正し、そのなかに防災への配慮も含めることを計画している。また、四つのモデル自治体のすべてで、自治体の防災関係者と障がい福祉サービス提供の地方事務所やサービス事業者から構成されるインクルーシブ防災委員会を、条例を制定して正式に位置づけることが、2022年5月の最終アクションプランのなかに盛り込まれた。

　以上のようなエクアドル・プロジェクトの初年度の振り返りをもと

に、次年度ではコミュニティ単位での自主防災活動の組織化や、インクルーシブ防災を推進するための肝となる異なった部局間を越境し、境界連結を図る担当者（インクルージョン・マネージャー）養成といったカリキュラムへの進化を予定している。

引用文献

1) United Nations Department of Economic and Social Affairs（国際連合経済社会局）Webページ https://www.un.org/development/desa/disabilities/convention-on-the-rights-of-persons-with-disabilities.html

2) United Nations, Sendai Framework for Disaster Risk Reduction 2015–2030 https://sustainabledevelopment.un.org/frameworks/sendaiframework

3) United Nations Department of Economic and Social Affairs, Sustainable Development https://sdgs.un.org/goals

参考文献

・立木茂雄『災害と復興の社会学』萌書房, 2016.

・立木茂雄『誰一人取り残さない防災に向けて、福祉関係者が身につけるべきこと』萌書房, 2020.

・立木茂雄監『ひとりも取り残さないために～インクルーシブ防災～』（DVD）, NHK厚生文化事業団, 2021.

・徳田康之・村野淳子編著『当事者が語るインクルーシブ防災「別府モデル」』福祉フォーラム別杵・速見実行委員会, 2021.

あとがき：今後の国際ソーシャルワークへの課題と期待

　本書では、国際ソーシャルワークの実践が展開されているグローバルな背景を、国際ソーシャルワークの主要組織の取組みや文献から論じ解説した。また、この動きはグローバルだけでなく、ローカル（日本）でも生じている現象であることに触れた。グローカルな現象が加速化しており、日本で国際ソーシャルワークの実践が求められる理由、背景、課題について触れた。世界の五つの地域で生じている国際ソーシャルワークが対応している問題について現在の課題をあげ、ソーシャルワークのアプローチを説明した。また、それぞれの地域のグローカルな状況に対して、特色のある方法を示した。

　各論では、特に国際ソーシャルワークが求められている分野を選び、それぞれの領域のソーシャルワークアプローチについて概説を加え、事例を提示し、国際ソーシャルワークが日本のソーシャルワークにもたらす示唆について論じた。

　これらの作業を通して、世界の各地域でソーシャルワーカーが取り組んでいる課題、教育や実習が直面する課題、および研究を通して蓄積された成果についても触れた。

　グローバリゼーションが進展する世界のそれぞれの地域においては、社会文化的および政治経済的状況により、地域に即したソーシャルワークのモデルが模索され、当事者の知恵を含めて、地元の文化とコミュニティの組成に即したアプローチへとソーシャルワークが変化している状況も記述されている。本書を通して、世界と日本との関係をとらえる手がかりが提供でき、日本と世界がつながるグローカルソーシャルワークへの興味関心が高められることを願う。

　今日のソーシャルワークは、これまでの伝統的かつ分野別のアプローチではなく、多面的アプローチ（multi-faceted approach）が複雑化する社会状況に対応するうえで現実的なアプローチとなっているとの立場が一般的である。これは、社会福祉制度や財源に裏づけられた政策の立案やサービスとソーシャルワークによる当事者との関係樹立や問題の見立てと介入について、先進諸国も、開発途上にある国々においても、共通したソーシャルワークの立場であると総括されよう。

　多様な資源や制度が存在している国々では、これらを連結し、効果をもたらすソーシャルワークが展開されるであろう。また、それらが有機的に結びつけられ、より総合的な成果が期待されるシステムが構築できる可能性が高い。一方、制度の未整備な状況や財源が十分に社会福祉の分野に投入されていない国々においても、地元で長い間有用な資源として存在してきた支援の仕組みを資産（アセット）として見直し、活用し、人々やコミュニティが有する強みや内在する力に気づかせる介入の方法を採用し、多様な資源・資産を連

結・活用することにより、人間関係やコミュニティはさらに成長し、発展を遂げる可能性を生み出すことができる。ソーシャルワーカーはそこに触媒（ファシリテーター・仲介者）として機能し、多面的な機能を組み合わせて総合的な効果をもたらすことができるとの予測が立ち、現実に即した実践が可能となる。

　本書は共時性を重視して執筆されたが、執筆にあたり、先進国を含め、世界のグローバル化の加速度的進展や国際情勢に影響を受けた急速な人口移動によるグローバル都市の存在が認められる一方、ソーシャルワークの植民地主義の影響は未だに存在していることが、世界各地域のソーシャルワークの課題から浮かび上がっている。

　今日、国際ソーシャルワークは、脱植民地主義とその土地に即したソーシャルワークの展開という土着化の途を模索しており、ソーシャルワークの教育においても、テキストの作成や実習のあり方にこれらが反映されている。世界各地に生活する先住民、移住者に対する元の文化の特色を重要視し、かつ移住先での文化変容をも想定したソーシャルワーク、そして同じ文化をもつピアをボランティアや支援者として組み込んだ支援システムの構築が、グローバル化した多様性・多文化社会で模索される道であろう。持続可能で発展可能な道を探る開発型ソーシャルワークでも、こうした観点は不可欠とされる。

　現在の国際ソーシャルワークの領域で専門職に求められる課題は、国内制度を中心とした従来のソーシャルワーク教育と人材養成を越えたソーシャルワークの教育、実践、研究を求めている。国際ソーシャルワークとグローバリゼーションの文脈を視野に入れ、Coxと Pawar は、国際ソーシャルワークの教育・実践・研究の課題と方策を以下のようにまとめている。

・ソーシャルワークと社会開発に対する教育：グローバリゼーションの文脈を踏まえ、ソーシャルワーク教育では、広義の社会構造的貧困、不平等の問題を扱う必要がある。この場面には、強制移住がもたらす課題と葛藤を解決するソーシャルワークが含まれる。社会開発については、複雑かつ緊急な事態に対応する方策について学ぶ必要があり、対応力を培うために、学生はボランティア活動やインターンに参加し直接の経験を積み「リアルな世界のソーシャルワークの問題」に触れることが奨励される。

・ソーシャルワーク教育カリキュラムの水準の向上と標準化：ソーシャルワークのカリキュラムは欧米先進諸国の教育枠組みを基本として開発される一方、専門職の制度は自国の法制度で規定されてきた。グローバリゼーションの進展に伴い、実際的な状況理解とグローバルとローカルの接近によるグローカルな課題に対応する教育、実習を通じて、現在の実情とニーズに見合った教育内容へとカリキュラムを変容させてゆく必要がある。

・国際ソーシャルワークの知識と技術をコア科目に統合させる方策や工夫：国際ソーシャルワークに対応できる力量、問題に対する洞察力と実践力を培うことが必要である。同

分野の課題に対応する力をそれぞれの国と地域が共有し醸成するために、カリキュラムの整備は緊急性が求められる。

・人権を中心に据えた学問・実践として国際ソーシャルワークを浸透させる重要性と意義：国際ソーシャルワークの中心には、貧困撲滅、不平等の是正を含め、社会正義を促進させる価値観があり、周縁化された個人とコミュニティをエンパワメントするのがソーシャルワークの役割である。この価値観に基づき、社会正義を中心に据え、人権を守る国際ソーシャルワークの教育をコアカリキュラムに位置づけるべきである。

・国際ソーシャルワーク分野での集団的行動とソーシャルアクションの必要性：これまでの西欧および先進諸国のソーシャルワークの実践とソーシャルワーク教育カリキュラムの内容は自国の法制度の枠内での実践に留まっており、グローバルな挑戦的課題に対する対応が十分整備されていない。貧困問題、気候変動、災害マネジメント、強制移動や強制移住などの課題に対しては集団的・組織的介入とソーシャルアクションが求められる。こうした観点はソーシャルワークの定義に照らして、改革を求められる教育の課題である。

・グローバルアジェンダと国際ソーシャルワーク教育カリキュラムの適合性の課題：国際ソーシャルワーカー連盟・国際ソーシャルワーク教育連盟・国際社会福祉協議会の３組織はソーシャルワークのグローバルアジェンダを国際コミュニティに発信する行動について合意している。今後さらなるグローバルアジェンダの訴求性を高めると同時に、国際ソーシャルワークが求める人材に対応する教育カリキュラムの充実を実現させその範を示す必要がある。これは、グローバルな課題のみならず、ローカルな課題でもある。

　国際ソーシャルワークの実践とは、グローカルな実践である。本書を通じて、日本のソーシャルワークと世界のソーシャルワークの共通性をとらえ直し、日本のソーシャルワークと国際ソーシャルワークとの共通性に対する認識がさらに高まることを願う。

ソーシャルワーク専門職のグローバル定義

ソーシャルワークは、社会変革と社会開発、社会的結束、および人々のエンパワメントと解放を促進する、実践に基づいた専門職であり学問である。

社会正義、人権、集団的責任、および多様性尊重の諸原理は、ソーシャルワークの中核をなす。

ソーシャルワークの理論、社会科学、人文学、および地域・民族固有の知[注1]を基盤として、ソーシャルワークは、生活課題に取り組みウェルビーイングを高めるよう、人々やさまざまな構造に働きかける[注2]。

この定義は、各国および世界の各地域で展開してもよい[注3]。

注釈

注釈は、定義に用いられる中核概念を説明し、ソーシャルワーク専門職の中核となる任務・原則・知・実践について詳述するものである。

中核となる任務

ソーシャルワーク専門職の中核となる任務には、社会変革・社会開発・社会的結束の促進、および人々のエンパワメントと解放がある。

ソーシャルワークは、相互に結び付いた歴史的・社会経済的・文化的・空間的・政治的・個人的要素が人々のウェルビーイングと発展にとってチャンスにも障壁にもなることを認識している、実践に基づいた専門職であり学問である。構造的障壁は、不平等・差

注1 「地域・民族固有の知（indigenous knowledge）」とは、世界各地に根ざし、人々が集団レベルで長期間受け継いできた知を指している。中でも、本文注釈の「知」の節を見ればわかるように、いわゆる「先住民」の知が特に重視されている。

注2 この文の後半部分は、英語と日本語の言語的構造の違いから、簡潔で適切な訳出が非常に困難である。本文注釈の「実践」の節で、ここは人々の参加や主体性を重視する姿勢を表現していると説明がある。これを加味すると、「ソーシャルワークは、人々が主体的に生活課題に取り組みウェルビーイングを高められるよう人々に関わるとともに、ウェルビーイングを高めるための変革に向けて人々とともにさまざまな構造に働きかける」という意味合いで理解すべきであろう。

注3 今回、各国および世界の各地域（IFSW/IASSW は、世界をアジア太平洋、アフリカ、北アメリカ、南アメリカ、ヨーロッパという5つの地域＝リージョンに分けている）は、このグローバル定義を基に、それに反しない範囲で、それぞれの置かれた社会的・政治的・文化状況に応じた独自の定義を作ることができることとなった。これによって、ソーシャルワークの定義は、グローバル（世界）・リージョナル（地域）・ナショナル（国）という3つのレベルをもつ重層的なものとなる。

別・搾取・抑圧の永続につながる。人種・階級・言語・宗教・ジェンダー・障害・文化・性的指向などに基づく抑圧や、特権の構造的原因の探求を通して批判的意識を養うこと、そして構造的・個人的障壁の問題に取り組む行動戦略を立てることは、人々のエンパワメントと解放をめざす実践の中核をなす。不利な立場にある人々と連帯しつつ、この専門職は、貧困を軽減し、脆弱で抑圧された人々を解放し、社会的包摂と社会的結束を促進すべく努力する。

　社会変革の任務は、個人・家族・小集団・共同体・社会のどのレベルであれ、現状が変革と開発を必要とするとみなされる時、ソーシャルワークが介入することを前提としている。それは、周縁化・社会的排除・抑圧の原因となる構造的条件に挑戦し変革する必要によって突き動かされる。社会変革のイニシアチブは、人権および経済的・環境的・社会的正義の増進において人々の主体性が果たす役割を認識する。また、ソーシャルワーク専門職は、それがいかなる特定の集団の周縁化・排除・抑圧にも利用されない限りにおいて、社会的安定の維持にも等しく関与する。

　社会開発という概念は、介入のための戦略、最終的にめざす状態、および（通常の残余的および制度的枠組に加えて）政策的枠組などを意味する。それは、（持続可能な発展をめざし、ミクロ－マクロの区分を超えて、複数のシステムレベルおよびセクター間・専門職間の協働を統合するような）全体的、生物―心理―社会的、およびスピリチュアルなアセスメントと介入に基づいている。それは社会構造的かつ経済的な開発に優先権を与えるものであり、経済成長こそが社会開発の前提条件であるという従来の考え方には賛同しない。

原則

　ソーシャルワークの大原則は、人間の内在的価値と尊厳の尊重、危害を加えないこと、多様性の尊重、人権と社会正義の支持である。

　人権と社会正義を擁護し支持することは、ソーシャルワークを動機づけ、正当化するものである。ソーシャルワーク専門職は、人権と集団的責任の共存が必要であることを認識する。集団的責任という考えは、一つには、人々がお互い同士、そして環境に対して責任をもつ限りにおいて、はじめて個人の権利が日常レベルで実現されるという現実、もう一つには、共同体の中で互恵的な関係を確立することの重要性を強調する。したがって、ソーシャルワークの主な焦点は、あらゆるレベルにおいて人々の権利を主張すること、および、人々が互いのウェルビーイングに責任をもち、人と人の間、そして人々と環境の間の相互依存を認識し尊重するように促すことにある。

　ソーシャルワークは、第一・第二・第三世代の権利を尊重する。第一世代の権利とは、言論や良心の自由、拷問や恣意的拘束からの自由など、市民的・政治的権利を指す。第二

世代の権利とは、合理的なレベルの教育・保健医療・住居・少数言語の権利など、社会経済的・文化的権利を指す。第三世代の権利は自然界、生物多様性や世代間平等の権利に焦点を当てる。これらの権利は、互いに補強し依存しあうものであり、個人の権利と集団的権利の両方を含んでいる。

　「危害を加えないこと」と「多様性の尊重」は、状況によっては、対立し、競合する価値観となることがある。たとえば、女性や同性愛者などのマイノリティの権利（生存権さえも）が文化の名において侵害される場合などである。『ソーシャルワークの教育・養成に関する世界基準』は、ソーシャルワーカーの教育は基本的人権アプローチに基づくべきと主張することによって、この複雑な問題に対処しようとしている。そこには以下の注が付されている。

　文化的信念、価値、および伝統が人々の基本的人権を侵害するところでは、そのようなアプローチ（基本的人権アプローチ）が建設的な対決と変化を促すかもしれない。そもそも文化とは社会的に構成されるダイナミックなものであり、解体され変化しうるものである。そのような建設的な対決、解体、および変化は、特定の文化的価値・信念・伝統を深く理解した上で、人権という（特定の文化よりも）広範な問題に関して、その文化的集団のメンバーと批判的で思慮深い対話を行うことを通して促進されうる。

知

　ソーシャルワークは、複数の学問分野をまたぎ、その境界を超えていくものであり、広範な科学的諸理論および研究を利用する。ここでは、「科学」を「知」というそのもっとも基本的な意味で理解したい。ソーシャルワークは、常に発展し続ける自らの理論的基盤および研究はもちろん、コミュニティ開発・全人的教育学・行政学・人類学・生態学・経済学・教育学・運営管理学・看護学・精神医学・心理学・保健学・社会学など、他の人間諸科学の理論をも利用する。ソーシャルワークの研究と理論の独自性は、その応用性と解放志向性にある。多くのソーシャルワーク研究と理論は、サービス利用者との双方向性のある対話的過程を通して共同で作り上げられてきたものであり、それゆえに特定の実践環境に特徴づけられる。

　この定義は、ソーシャルワークは特定の実践環境や西洋の諸理論だけでなく、先住民を含めた地域・民族固有の知にも拠っていることを認識している。植民地主義の結果、西洋の理論や知識のみが評価され、地域・民族固有の知は、西洋の理論や知識によって過小評価され、軽視され、支配された。この定義は、世界のどの地域・国・区域の先住民たちも、その独自の価値観および知を作り出し、それらを伝達する様式によって、科学に対して計り知れない貢献をしてきたことを認めるとともに、そうすることによって西洋の支配の過程を止め、反転させようとする。ソーシャルワークは、世界中の先住民たちの声に耳

を傾け学ぶことによって、西洋の歴史的な科学的植民地主義と覇権を是正しようとする。こうして、ソーシャルワークの知は、先住民の人々と共同で作り出され、ローカルにも国際的にも、より適切に実践されることになるだろう。国連の資料に拠りつつ、IFSW は先住民を以下のように定義している。

・地理的に明確な先祖伝来の領域に居住している（あるいはその土地への愛着を維持している）。
・自らの領域において、明確な社会的・経済的・政治的制度を維持する傾向がある。
・彼らは通常、その国の社会に完全に同化するよりも、文化的・地理的・制度的に独自であり続けることを望む。
・先住民あるいは部族というアイデンティティをもつ。

実践

　ソーシャルワークの正統性と任務は、人々がその環境と相互作用する接点への介入にある。環境は、人々の生活に深い影響を及ぼすものであり、人々がその中にある様々な社会システムおよび自然的・地理的環境を含んでいる。ソーシャルワークの参加重視の方法論は、「生活課題に取り組みウェルビーイングを高めるよう、人々やさまざまな構造に働きかける」という部分に表現されている。ソーシャルワークは、できる限り、「人々のために」ではなく、「人々とともに」働くという考え方をとる。社会開発パラダイムにしたがって、ソーシャルワーカーは、システムの維持あるいは変革に向けて、さまざまなシステムレベルで一連のスキル・テクニック・戦略・原則・活動を活用する。ソーシャルワークの実践は、さまざまな形のセラピーやカウンセリング・グループワーク・コミュニティワーク、政策立案や分析、アドボカシーや政治的介入など、広範囲に及ぶ。この定義が支持する解放促進的視角からして、ソーシャルワークの戦略は、抑圧的な権力や不正義の構造的原因と対決しそれに挑戦するために、人々の希望・自尊心・創造的力を増大させることをめざすものであり、それゆえ、介入のミクロ－マクロ的、個人的－政治的次元を一貫性のある全体に統合することができる。ソーシャルワークが全体性を指向する性質は普遍的である。しかしその一方で、ソーシャルワークの実践が実際上何を優先するかは、国や時代により、歴史的・文化的・政治的・社会経済的条件により、多様である。

　この定義に表現された価値や原則を守り、高め、実現することは、世界中のソーシャルワーカーの責任である。ソーシャルワーカーたちがその価値やビジョンに積極的に関与することによってのみ、ソーシャルワークの定義は意味をもつのである。

※「IFSW 脚注」

2014 年 7 月 6 日の IFSW 総会において、IFSW は、スイスからの動議に基づき、ソーシャルワークのグローバル定義に関して以下の追加動議を可決した。

IFSW 総会において可決された、ソーシャルワークのグローバル定義に関する追加動議

「この定義のどの一部分についても、定義の他の部分と矛盾するような解釈を行わないものとする」

「国・地域レベルでの『展開』は、この定義の諸要素の意味および定義全体の精神と矛盾しないものとする」

「ソーシャルワークの定義は、専門職集団のアイデンティティを確立するための鍵となる重要な要素であるから、この定義の将来の見直しは、その実行過程と変更の必要性を正確に吟味した上ではじめて開始されるものでなければならない。定義自体を変えることを考える前に、まずは注釈を付け加えることを検討すべきである。」

2014 年 7 月メルボルンにおける国際ソーシャルワーカー連盟（IFSW）総会及び国際ソーシャルワーク学校連盟（IASSW）総会において定義を採択。日本語定義の作業は社会福祉専門職団体協議会と（一社）日本社会福祉教育学校連盟が協働で行った。2015 年 2 月 13 日、IFSW としては日本語訳、IASSW は公用語である日本語定義として決定した。

社会福祉専門職団体協議会は、（NPO）日本ソーシャルワーカー協会、（公社）日本社会福祉士会、（公社）日本医療社会福祉協会、（公社）日本精神保健福祉士協会で構成され、IFSW に日本国代表団体として加盟しています。

GLOBAL DEFINITION OF THE SOCIAL WORK PROFESSION

Social work is a practice-based profession and an academic discipline that promotes social change and development, social cohesion, and the empowerment and liberation of people.

Principles of social justice, human rights, collective responsibility and respect for diversities are central to social work.

Underpinned by theories of social work, social sciences, humanities and indigenous knowledge, social work engages people and structures to address life challenges and enhance wellbeing.

The above definition may be amplified at national and/or regional levels.

索引

編者・執筆者一覧

編 者

木村真理子	日本女子大学人間社会学部　名誉教授	
小原眞知子	日本社会事業大学社会福祉学部　教授	
武田　丈	関西学院大学人間福祉学部　教授	

執筆者（五十音順）

Virág Viktor	日本社会事業大学社会福祉学部　准教授	第7章
小原眞知子	日本社会事業大学社会福祉学部　教授	第11章、第12章
神田　歩	埼玉福祉保育医療専門学校社会福祉士養成科　教員	第9章第3節、コラム
木村真理子	日本女子大学人間社会学部　名誉教授	第1章、第3章
添田正揮	日本福祉大学社会福祉学部　准教授	第5章
武田　丈	関西学院大学人間福祉学部　教授	第2章、第4章、第9章第1・2・4節
立木茂雄	同志社大学社会学部　教授	第13章
原島　博	ルーテル学院大学　教授	第8章
Martha Mensendiek	同志社大学社会学部　准教授	コラム
松田寛史	認定NPO法人 難民支援協会	コラム
南野奈津子	東洋大学ライフデザイン学部　教授	第10章
村西優季	NGO神戸外国人救援ネット　事務局	コラム
森　恭子	日本女子大学人間社会学部　教授	第6章
李　慶姫	大阪府教育委員会　スクールソーシャルワーカー・スーパーバイザー	コラム

国際ソーシャルワークを知る

世界で活躍するための理論と実践

2022 年 4 月 25 日　　発行

編著者　　木村真理子・小原眞知子・武田丈
発行者　　荘村明彦
発行所　　中央法規出版株式会社
　　　　　〒 110-0016　東京都台東区台東 3 − 29 − 1　中央法規ビル
　　　　　TEL　03-6387-3196
　　　　　https://www.chuohoki.co.jp/

本文・装幀デザイン　　　株式会社ジャパンマテリアル／北田英梨
本文イラスト　　　　　　イオジン
印刷・製本　　　　　　　株式会社アルキャスト